幼儿园清单管理与督导实务

2018年度教育部人文社会科学规划基金项目
“幼儿教师核心职业素养养成机制研究”
（项目编号：18YJA880048）项目资助

幼儿教师核心职业素养养成机制研究课题成果

幼/儿/园/工/作/清/单/与/活/动/指/导/丛/书

主　编／李兴洲　孙　杰
副主编／唐立宁　林振宇　许　婷　孙占华
编　委／王春天　潘　帅　蔡　粤　苏晓娟　王浩然
李辉敏　许　坤　赵艳艳　王　娟

北京师范大学出版集团
BEIJING NORMAL UNIVERSITY PUBLISHING GROUP
北京师范大学出版社

图书在版编目（CIP）数据

幼儿园清单管理与督导实务／李兴洲，孙杰主编．— 北京：北京师范大学出版社，2021.3
ISBN 978-7-303-26819-1

Ⅰ．①幼… Ⅱ．①李… ②孙… Ⅲ．①学前教育－教育视导－研究 Ⅳ．① G612

中国版本图书馆 CIP 数据核字（2021）第 025005 号

营销中心电话　010-58802755　58800035
北师大出版社职业教育分社网　http：//zjfs.bnup.com
电子信箱　zhijiao@bnupg.com

出版发行：北京师范大学出版社 www.bnup.com
北京市西城区新街口外大街12-3号
邮政编码：100088
印　刷：天津旭非印刷有限公司
经　销：全国新华书店
开　本：889 mm × 1194 mm　1/16
印　张：15.25
字　数：280千字
版　次：2021年3月第1版
印　次：2021年3月第1次印刷
定　价：38.00元

策划编辑：鲁晓双　　责任编辑：朱前前
美术编辑：焦　丽　　装帧设计：金基渊
责任校对：郑淑莉　　责任印制：陈　涛

前　言

做任何事情都需要有管理者思维，也就是要有全局观，并把握好做事情的关键环节和原则，找到规范和专业的解决方案，实现最终的目标。在幼儿园工作中管理和督导是相辅相成的，管理是督导的前提，也就是说督导内容应该和管理内容一致，但要高于管理的标准；督导最终为管理服务，即通过督导发现问题，找到解决方案，优化管理清单，根据优化的管理清单同等优化督导清单标准，让幼儿园的管理和督导成螺旋式上升，不断地提升管理效率，提升幼儿园的保教品质，促进幼儿园可持续发展。

心理学家鲁夫特与英格汉提出了著名的“乔哈里窗（Johari Window）”模式，“窗”是指一个人的心理就像一扇窗，可以人为地分成 4 个范畴。这 4 个范畴为我们展示了自我认知、行为举止和他人对自己的认知之间在有意识或无意识的前提下形成的差异，简单理解这 4 个范畴分别代表了开放的我、盲目的我、隐藏的我、未知的我。这个理论被广泛应用到管理领域，也就是管理者与执行者对管理中的某些事情的了解：开放的我代表了大家都知道的；盲目的我代表我知道的，他人不知道的；隐藏的我代表了他人知道的，我不知道的；未知的我代表了大家都不知道的。这个理论告诉我们最有效的管理应该是开放的我，不仅是大家都知道的，而且行为和目标一致。我们在对幼儿园有关管理工作调查的总结中发现，很多园长的口头禅是“你怎么又……”或“这都是常规，还用说吗”，教师的回复则是“我根本不知道”或者“这也是我要做的吗”等。在调查中还发现，园长、教师和家长关注的问题重点各不相同，虽然园长会做各种计划，但由于管理与督导的标准不一致，也没有及时督导，有些工作没有做到位或根本没有做，归根结底是工作的方式不对。因此大部分幼儿园都不同程度地存在未知的我、隐藏的我和盲目的我。《幼儿园清单管理与督导实务》旨在引导大家思考什么样的方式才能做到“开放的我”，并通过“开放的我”共同探讨有效的管理方式。

《幼儿园清单管理与督导实务》是“清单管理”系列丛书中的一本，也可以单独使用，目的是保证教师的保教执行清单和管理者的督导清单的一致性。本书不是大而全的管理手册，主要聚焦了保教管理内容，因为保教管理是保教质量的保障。我们也希望通过保教管理的清单方式引发管理者的思考即清单思维。本书除提供了幼儿园每学期、每月、每周及每日的保教管理及督导清单，还提供了儿童观察记录，以帮助教师获得更多的儿童发展信息，以启发教师的思考，并为家庭提供有效的信息。通过 21 天家庭习惯养成计划，达到家园一致，支持孩子健康成长的目的。

如果单独把这本《幼儿园清单管理与督导实务》拿出来使用，你会觉得不够全面，因为本书主要聚焦于保教管理相关内容。虽然这本书的编写是遵照教育部《幼儿园办园行为督导评估办法》等要求进行设计的，只是提供普遍性的参考，不是特定的标准，各地幼儿园应该按照本区域的要求执行。本书园所总体督导部分特别参考了山东省人民政府教育督导室颁布的《2019 年幼儿园办园行为督导评估细则》，特此致谢！

需要说明的是，本书提供的管理清单与督导清单并不是让大家照搬照做，我们希望为大家提供管理的思路，做到“开放的我”。这也是本书反复强调的观点，清单标准不是大而全的操作工具，而是一种思维方式，引导我们关注事情的核心和关键，关注正确的做事方式。因此我们在这本书的每个章节针对关键性问题，都提出了需要共同思考和讨论的问题。关于孩子的教育没有唯一的答案，教育孩子也被喻为世界上最难的事情。孩子的成长是一次性的，每个孩子不同，每个孩子的每个阶段不同，每个孩子受家庭、社会等因素影响不同，因此我们希望教育管理者尊重教育的本质，共同探讨出合适的执行方案，以贯彻我国新时代的教育方针，培养出德智体美劳全面发展的、具有创新意识和社会责任感的社会主义建设者和接班人。

目　录　CONTENTS

模块一 幼儿园清单管理理论

清单管理是幼儿园运营使用的基本方法，通过清单来协调幼儿园所有资源和力量为班级教师提供支持和服务，从而构建幼儿园日常运营和管理体系。但是清单管理并不仅仅强调秩序和执行，还需要管理者在执行过程中真正站在保育教育的角度去思考，如应该怎么做才能真正促进保教策略的实施。因此在使用清单管理的时候需要思考：

第一，清单管理是否符合目标及教育理念。

第二，清单管理是否做到优化工作流程，提升工作效率。

第三，清单管理的执行是否一致。

第四，是否限制了管理者和教师的主动性等。

当然，对于清单相关的疑问还有很多，比如有人担心清单会限制教师的想象力，会让教师照本宣科，变成机械的执行者。其实清单管理只是日常工作的流程和标准，强调在日常工作中计划和标准的重要性，避免做重复的工作（如某项工作在同一个时间段一个老师已经去做，另一个老师不知道，又重新做了一次）。当然幼儿园有很多重复的工作，在这里想表达的是，即便是重复的工作，做法也应该一致，如此就会提高管理的效率。幼儿园的管理模式关乎教师的职业体验和感受，教师的言谈举止直接影响孩子和家庭，教育不仅传授知识技能，而且关注孩子的情感发展，当然也要关注教师的情感需要。只有教师对教育充满热情，激发了积极主动性，提升了职业自豪感，才会避免其产生职业倦怠感，才能对孩子付出情感。

一、清单管理的内涵

幼儿园有其独特的特点，如教师需要提前15～30分钟到岗(具体时间各个幼儿园要求不同)，尤其是主班老师作为班级管理的主导者，根据职责要求需要确认环境的安全和教学相关的物品齐全，生活老师需要确认幼儿的用品、安全及整洁，助教老师需要协助主班老师准备教学相关的用品,同时还要关注生活老师是否需要帮助。这些大概的流程各个幼儿园都会对教师进行培训，教师们也都知道自己的职责，但现实情况并非如此。我们在培训和督导时，与很多管理者和教师沟通，当问到教师们在早间准备的过程中会有哪些问题时，有的管理者会说，“你看，教具都没有准备好，真没办法”；有的主班老师会说，“算了，我自己来吧”；有的助教老师会说，“我每次做的她都不满意，我也不知道该怎么办了”；等等。从这样的对话中可以看出，这件事大家都去做了，但因为每个人对这件事情要求的标准不一样，所以结果就不一样。从教学管理的角度看，当主班老师进入教学环节的时候，教具应该放在老师方便拿取的地方，必要的时候可以由助教老师递过来，也就是主班老师不要起身走到比较远的地方去拿，因为这样做会分散孩子们的注意力。从班级教师合作的角度看，助教老师应该和主班老师确定今天的教具放在哪里更方便，或者助教老师应该在什么时候、什么地方递给主班老师更方便。这些看起来不是问题，但在某种程度上影响了工作的效率及教师之间的合作。有了清单与标准，这种情况就减少了很多。比如从管理者的角度来说，不仅仅需要给教师提供准备教具的清单，包括教具的名称、提前的时间、放的位置（教师不需要起身走动就可以拿到的地方）等，还要包括班级教师们需要谈论和确定每日和每个活动的准备清单等。因此清单管理的内涵是让管理者和教师关注当下最重要事情的正确做法，也就是说这个时间点应该做的事情和方法。

很多时候我们习惯性的做法是直接告诉教师不能这么做或不能那样做及其原因，如：

A. 你怎么把教具放在这么远的地方，孩子们刚刚安静下来，你一离开孩子就会分散注意力，也会影响教学效果，下次把教具放到离你比较近的地方。

老师听到这样的话是什么感受？

B. 我只能放在那里，因为只有那里才有空间，放在这个地方太拥挤，并且孩子们很容易被玩具吸引，就不听我在说什么了……

通过老师的表达，我们明显感觉到老师的情绪：我想做好，但没有办法！如果我们换一种方式和老师沟通：

A_1. 你可以把教具放在离你最近的那个台子上（或者其他地方），这样你就不需要走那么远（虽然没有多远），会更方便，因为孩子对你的分享特别感兴趣，孩子一定很期待你为他们准备的活动。

老师听到这样的话是什么感受？

B_1. 是呀，我可以试试。因为我觉得这个地方太拥挤，所以把玩具放在那里了。但我只要调整一下活动空间，就可以解决这个问题了。

从以上两种沟通方式来看，第一种就是在分析这样做的不良后果，讲了很多的道理，这会让老师感到自责，老师也会思考这样做确实不好，但应该怎么做呢？虽然这种思考不会占用教师太多的时间，但我们的评价会给教师消极的影响，他会认为自己没有做好。第二种沟通的方式，是直接给教师提供可参考的建议，特别提供了积极的信息，如“会更方便”“孩子对你的分享特别感兴趣”，这会启发教师思考怎样才能做得更好。这也是清单管理所传递的内涵和价值：使用积极正向的思维模式，关注当下正确的做事方式，强化正确的做法。比如教学中经常有这样的情况：两个小朋友因为玩具发生争执。遇到这种情况，大部分教师说：“你们不要抢玩具，这样不懂礼貌”等。这种做法，有时并不管用，下次这两个小朋友还会发生这种情况。有效的做法应该是：“你们想一起玩这个玩具是吗？那我们看看应该怎么玩呢。”这就是清单要求的，使用正向的引导方式，关注这件事的正确做法，关注孩子的感受，提出解决问题的方案，告诉孩子当下应该做的事，让孩子专注当下的事情。但在现实工作中，当孩子发生不当行为的时候，我们大部分时间是在告诉孩子不应该做的事，同时给孩子讲道理，这样会影响孩子判断，孩子搞不清楚到底该怎么做。

清单管理设计的原理是尊重孩子的生理和心理发展特点，一方面是因为孩子一次只能接受一个指令，而且孩子的理解能力也有限；另一方面孩子在成长过程中，是通过模仿来学习成长的，不仅模仿行为，而且会模仿教师及其他看护者的言谈举止及思维方式，因此清单管理强调正确做法的教育价值。

在医院临床工作中有一个重要的原则是“3 查 7 对 1 注意”，这组数字就是一份清单。为了避免医疗事故的发生，这份清单是在给病人用药时必须执行的。幼儿园管理清单与标准不仅是一套操作工具，而且强调了每一项工作所传递的关键的教育价值和原则，也就是在关注教育价值和原则的前提下，强调教育者之间行为的一致性、幼儿园与家庭的一致性、行为与所提供环境的一致性。这些一致性有利于孩子建立安全感及良好的行为习惯，同时激发孩子的探索欲和兴趣，促进孩子的身心健康发展。

清单与标准为管理者和教师提供了一套简单有效的工作指南，却并不禁锢管理者和教师的思维，而是倡导他们根据实际工作进行积极探索和创新，创造性地开展各项管理与教育工作。

我们在从事幼儿教育指导及培训的经历中观察总结发现，有时会发生这样的情况：

有一件事谁都知道可谁都没有去做，比如大部分幼儿园教师嗓子不好，如沙哑，或有咽炎（这是经常大声说话造成的）但很少有人去关注怎么做才能保护好嗓子。

也会发生这样的事情，如有一件事谁都不知道，更没有人去做，也许这件事的发生会造成严重的问题。如孩子使用的餐桌或操作台，我们都能保证桌面的清洁卫生，但没有想到桌子底下可能有突出的螺丝钉或者木刺，会划伤爬到桌子底下的孩子。

清单与标准即是把和教师有关的工作关键点提炼出来，让教师在任何时候都是有计划、有准备的工作，让自己的工作井然有序，同时最大限度地避免意外情况的发生。

我们知道有一部取材于真实事件的电影《中国机长》。那位英雄的机长就是依靠精细的操作清单和标准，以及和团队的合作清单与标准做到平稳安全降落的。在危机时刻每个人都按照清单与标准做好自己的工作，才能完成共同的目标。当然完成一项精细而复杂的操作远非我们说的那么简单，需要过硬的心理素质和胆略。在安全管理中有一个著名的事故因果连锁理论叫海恩法则。在对 75000 多起工伤事故调查研究后，调查人员认为 98% 的事故都是可以预防的，这些可以预防的事故中的 89.8% 和人的不安全行为有关。这些研究看似和我们从事的教育无关，但有内在的关联性。相信大家都遇到过孩子们的磕碰伤或抓伤，虽然这是不可避免的，但是也需要总结每个学期类似这种事情的发生数量，需要花费多少时间处理，对孩子及老师的影响，家长的反馈等。

那么如何避免这种情况的发生呢？有人说混乱的组织和有组织的混乱是两个完全不同的概念。清单与标准会帮助管理者和教师，逐渐从混乱的组织过渡到有组织的混乱，走向专业和规范，因为清单与标准的核心不是繁杂的操作手册，而是帮助教师和管理者聚焦工作的核心与关键。接受清单与标准并不是一件容易的事情，这需要改变之前做事的习惯。一旦使用了清单与标准，相信教师和管理者都会喜欢这种方式，因为清单与标准可以帮助我们拥有全局观，有目标地思考，确保正确稳定地做事，减少错误的发生。在这个系统里反复强调清单的核心要素不是清单，而是人，是帮助我们换一种思维看待教育教学的执行和管理。

二、清单管理的意义

清单与标准强调了每一项工作所传递的关键的教育价值和原则，也就是在关注教育价值和原则的前提下，强调教育者之间行为的一致性、幼儿园与家庭之间的一致性、行为与所提供环境的一致性。这些一致性有利于孩子建立安全感，激发孩子的探索欲望和兴趣，促进孩子身心的健康发展。

1. 保障保育优先原则的规范落实

保育优先，关注婴幼儿生理及心理发展的个性化需要

当下幼儿园大多数都只关注教学的实施，忽略了保育对婴幼儿身心发展的重要性。因此清单与标准特别把保育内容放在第一位，即首先关注婴幼儿的生理和心理需要，如饮食、睡眠等生活习惯，还有孩子的情感情绪等社会情感发展的需要。在一日生活的任何情况下，如果孩子有生理和情感的需要，教师都应该首先满足，因为这是孩子的第一需要，积极有效的回应有利于孩子建立安全感。安全感是孩子一生所有关系的基础。孩子会通过与陪伴者的互动方式来确认自己的需要，体验自己的成长。埃里克森八阶段理论提到，孩子通过满足其最基本的生理需要和照顾者建立信任关系，信任关系是安全感的基础。同时教师还要关注孩子的性格特点，根据不同孩子的性格特点满足孩子个性化需要。清单与标准为教师提供了对待孩子的原则和要点，也确保教师同样对待每一个孩子。这就保证在同一个环境中的孩子能得到同样的对待和照顾。也就是说教师行为的一致性，有利于孩子形成健康的依恋关系及安全感，这也是幼儿园教师首先需要具备的职业素养。

2. 提升管理水平和效率

（1）让管理更简单更规范

清单与标准为教师和管理者提供每一项工作的关键、教育价值和原则，通过这些关键要素规范教师的行为，帮助管理者把教学的管理明细化、可视化和规范化，找到教师成长最简单有效的方式。同时清单与标准可作为教师职业晋升的重要参考依据，因为清单与标准建议管理者把权力下放，让每个教师做自己工作的主导者，激发教师工作的积极性，凝聚团队的力量和智慧。

（2）降低意外发生率，提高管理效率

目前大部分的幼儿园都在为了提升教学质量服务，从而只关注课程及教学方案，不遗余力地购买高端课程，在某种程度上忽略了对教师保教的管理工作。大量事实证明，有效的管理是提升保教质量的基本保证。管理者可以思考一下，每学期因孩子安全问题而产生的纠纷有多少，如孩子的意外抓伤、磕碰伤等。清单与标准可以有效地帮助我们减少这种情况的发生，因为清单与标准为教师提供在不同活动环节科学的站位和规范的做法。

（3）降低员工流失率

据统计，幼儿园教师的流失率大概是15%，近几年还有上升趋势。培养一位好的幼儿园教师需要花费很高的成本，因为幼儿教育必须做到理论和实践结合，同时具有职业性和专业性。清单与标准把管理作为可视化的操作体系，可纳入员工晋升体系，如每月、每季度的评估成绩，再结合其他考核项目等，让员工对自己的职业晋升有清晰的目标和规划，也让管理公平公正，降低员工流失率。

（4）融合教学中的课程关系

清单与标准虽然不是具体的活动课程，但确是课程管理的核心。显课程、潜课程、微型课程3个维度的课程组成了幼儿园的核心课程。清单与标准把3个维度的课程有机地结合在一起，是教学管理的综合体现，实现最终的教育价值。可以说，清单与标准是幼儿园的核心管理体系。实际上，清单与标准本身也是潜课程的重要组成部分，是幼儿园建构文化和传递教育理念的重要方式。

（5）提升品牌价值

品牌的价值在于差异性和可持续性，每个幼儿园都希望获得可持续发展的驱动力，要做到这一点，必须构建自己的品牌体系。品牌体系的建构应该具有较强的底层逻辑，只有这样才能支持品牌的可持续发展。清单与标准就是建立一个底层逻辑系统，也是品牌建构的基础。

3. 提高幼儿教师的专业素养

（1）提升职业自豪感

清单与标准最大限度地规范教师的职业行为，让教师感受到真正的职业性。认知理论研究表明，如果不断重复正确有价值的行为，可以改变人的思维方式。在笔者近 20 年的工作生涯中，通过调查发现，清单与标准可以帮助教师梳理做事情的思路，让教师的行为可视化，帮助教师体验行为背后的教育价值，也让教师体验到自己工作的价值，以及其对自己思维方式的影响。

（2）提升教师职业素养

对于职业素养最简单的理解就是一个人的言谈举止。清单与标准的要点及原则是规范教师的行为举止，使其更加符合幼儿教育者的行为规范，例如蹲下来和孩子说话，当孩子有不当行为时走近孩子并轻声告诉孩子正确的做法，通过提示让孩子有准备地结束活动，等等。清单与标准也能让教师更好地聚焦工作中的关键点，并在不断重复正确、规范的行为准则中，帮助教师反思教学行为，思考教育的终极目标。

4. 帮助婴幼儿健康成长

（1）有利于孩子安全感的建立

清单与标准最重要的目的就是规范教师和孩子互动时的行为。在任何时候任何情况下，教师都需要遵守一致的行为原则。在一致的环境中，孩子会获得更多的安全感。

（2）有利于孩子养成良好的行为习惯

清单与标准含有活动的规则与要求，通过规范教师的行为来塑造孩子的行为，这也是按照孩子行为模仿的特点来设计的。学龄前的孩子大部分以行为模仿为主，并且行为习惯养成及激发学习和探索的兴趣对学龄前的孩子极其重要。只有不断重复规范的、正确的行为，才有利于孩子养成良好的行为习惯。

（3）喜欢上托育中心或幼儿园

清单与标准建议教师和孩子分享一天的活动计划，虽然孩子未必能全部听懂，但每天坚持分享会让孩子感受到一天的生活是有计划的。有计划的生活让孩子有所准备和期待，让孩子感觉自己可以掌控自己的生活，体验自己的成长，喜欢上托育中心或幼儿园。

（4）提升自我管理能力

清单与标准建议教师在活动时告诉孩子清晰的规则，如在进入区域活动、集体活动时要排队等待等。在这些过渡环节中，教师可以通过微型课程的方式让孩子有事可做，提升自我管理能力。

（5）激发孩子的兴趣

清单与标准建议教师通过提问的方式和孩子讨论活动方案，以激发孩子的兴趣，启发孩子的思维创造能力。

5. 促进家园共育的实现

（1）有效的家园共建方式

清单与标准会让家长体验到教师的规范行为，让家长更好地理解幼儿园的教育理念，同时彰显出幼儿园的专业性及管理的规范性。

（2）提高家园一致性

几乎每个幼儿园都在强调家园一致，虽然花费很多精力，但依然达不到理想的效果。调查发现，常见的原因有：教师提供的信息不是家长最需要的；教师忽略了一日活动中核心的信息；信息不清晰导致家长的焦虑；再就是教师在某种程度上没有主导沟通的形式和内容等，最终导致家长对教师的不信任。清单与标准帮助教师筛选核心的信息和要点，也就是帮助教师为家庭提供简单有效的方案，降低教师和家长沟通的成本，避免不必要的误会。

（3）提高家长满意度

家长总希望通过多个渠道了解孩子在幼儿园的情况，了解幼儿园的管理及教师的教学方式。清单与标准可以向家长充分展示幼儿园教学管理的规范性，同时减少家长由于部分教师离职产生的焦虑情绪。清单与标准会规范教师的行为与环境的标准，大大降低了不确定因素对孩子的影响。

三、清单管理的理念

任何教育模式都需要有理念支持。理念是教育模式的灵魂，所有的教育行为都要围绕理念来完成，才能实现教育的目标。清单与标准用于规范教师保教行为，同样需要科学的理念支持。我们认为教育的终极目标是让一个人学会健康生活、快乐发展成为优秀的自己。而生活则代表着承担责任，包括承担个人责任，管理好自己，同时承担社会责任，为社会做贡献。教育的最高境界是培养具有创新思维的人，从不同的角度看待问题，找到不同的解决方案。

1. 儿童健康成长理念

婴幼儿时期是人的生命成长发展的奠基时期，身体和心理的健康发育和成长至关重要。婴幼儿健康成长不仅仅是指身体的健康，还应该关注其心理的健康。随着现代社会物质生活水平的不断提高，每个家庭都非常重视婴幼儿的喂养，这无疑是非常正确的。但是，我们也经常发现一些家庭过度喂养，造成婴幼儿营养过剩或不均衡的情况，从而导致婴幼儿过度肥胖、体弱多病。还有一些家长只关注孩子的喂养，忽视了孩子心理发展等方面不容易觉察到的问题，导致儿童日后身心发展障碍。鉴于此，我们研发出这套婴幼儿保育清单和标准，就是要纠正婴幼儿养育过程中那些不正确、不科学、不规范的观念和行为，倡导用科学、规范的知识和方法，帮助管理者和教师执行科学育儿的方法，促进婴幼儿身心健康成长。

2. 科学保教理念

婴幼儿时期是个体生命能力最需要帮助和科学养育的时期，非常需要成人和周围环境的大力支持。然而，在日常的家庭生活和幼儿园园所保育过程中，时常会出现一些儿童伤害事件，有些是因为对婴幼儿身心发展的无知而无意造成的，还有些是因为错误的观念或不科学的信息指导而造成的，更有些是因为不规范的操作而造成的，等等。保教清单和标准按照婴幼儿身心发展的科学知识和规律，遵循科学保教理念，为教师和家长提供科学保教、科学养育的知识指导和规范的操作流程，实现科学保教、科学养育。

3. 工作过程导向理念

20 世纪 90 年代，德国人最先提出“学习领域”——工作过程导向的课程模式，强调理论与实践的一体化融合，重视掌握工作过程的知识和结构，强调工作过程的系统化，而不是仅仅追求学科架构的系统化。“工作过程”是指为完成一项工作任务并获得工作成果而进行的完整的工作程序。基于工作过程的课程模式指向的是工作过程而非学科，课程开发的起点是职业需求而非知识，课程内容选择标准以过程性知识为主，以成熟性知识为辅，以怎样做和怎样做得更好的知识为主，更多的是关注工作过程中工作对象、内容、手段、组织、产品、环境，以及知识的应用。传统的教学方法只注重知识的传授，不能提高学生的实践动手能力和解决实际问题的能力，培养的学生职业能力欠缺，直接影响就业。清单和标准突破了传统的婴幼儿保育以知识点为基础的学科课程体系，通过设计接近幼儿园园所真实工作环境的学习情境，使幼儿园教师和学前教育专业的学生在学习过程中掌握幼儿园园所的“工作过程知识”和岗位工作能力，不断提升他们的科学保教能力和专业发展水平。

4. 规范操作理念

清单和标准是一套完整的保教管理工作流程和操作规范，是在我们多年的实践探索和经验总结的基础上开发而成的，具有广泛的适用性和推广价值，其显著特点就是标准化、规范化操作，最大限度地避免幼儿教师在保教过程中的随意性、不科学性行为。这一方面有利于标准化的管理和督导，另一方面也避免了因教师流动给保教工作带来的不连贯性风险，有利于保教工作的连贯性开展。

5. 家园协调共育理念

婴幼儿保教工作非常需要幼儿园园所和家庭密切合作、协调共育，而这也恰恰是婴幼儿保教工作的难点。许多家长因为工作、生活、知识储备、技能水平等因素，没有时间、精力、能力配合幼儿园园所，甚至在思想观念上不愿意与幼儿园园所积极配合，或者有的家长愿意积极配合但又找不到合适的方式方法，这些都增加了家园协调共育的难度。清单和标准一方面为幼儿教师提供科学化、标准化的保教规范，另一方面也可以成为家长了解掌握幼儿园园所日常教育教学活动的有效途径，再结合我们的“幼儿家长清单养护理论与实务”，就能够与幼儿园园所无缝对接，相互协调，形成合力，共同促进婴幼儿健康成长。

总之，清单和标准充分体现了现代婴幼儿保育过程中积极倡导的以“儿童为本”的理念，为孩子提供安全、简单、有序的成长环境，给予孩子科学、规范的智慧保育，让保教更为科学合理，让管理变得简单、规范、有效，不断提高幼儿教师的专业素养，增强其职业自豪感，为孩子的健康成长保驾护航。

四、清单管理的理论支持

1. 脑科学研究成果

脑科学研究表明，新生儿出生时的脑重量已达到成年人脑重量的 25%。儿童出生后，脑重量随着年龄以先快后慢的速度增长，第一年脑重量增加最快，2.5～3 岁时脑重量发展到相当于成年人脑重量的 75%。此后几年发展渐缓，到 6～7 岁接近成人水平，达到成人脑重量的 90%，此后缓慢增长，到 20 岁时停止增长。脑结构与功能的复杂化、完善化是出生后大脑发育的主要方面。根据大脑生理学的研究，孩子大脑重量的增加并不是脑神经细胞的增殖，而主要是神经细胞结构的复杂化和神经纤维的生长。

3 岁之内不仅大脑发展最快，而且是心理发展最迅速的时期。蒙台梭利曾说过，人从出生那一刻起就具备自发展的积极力量。儿童这种与生俱来的“潜在生命力”是一种积极的、活动的发展存在。教育的任务是激发和促进儿童的潜能发展。蒙台梭利认为儿童从出生起就具有吸收性的心理，年龄越小发展越快，丰富的环境刺激会更好地激发孩子的各种能力。婴幼儿的智力发展源自视、听、嗅、触、操作等，丰富的环境和活动可以满足其能力的发展，同时满足其情绪情感的发展需要。儿童在活动中获得的体验会储存在大脑里成为永久的记忆。儿童在出生后最初几年获得的经验多少，很大程度上影响大脑的发育。相关研究表明，如果孩子的主动要求得到满足，早期环境及活动越丰富，孩子对自身和生活的满意度越高，会更加自信和独立。当然，满足要求必须是在安全和遵守规则的前提下。

2. 埃里克森的人生八阶段理论

埃里克森的人生八阶段理论详细说明了人在成长过程中的每一个阶段都有其特殊的任务或危机。这一任务或危机要在这个阶段解决，才能很好地进入下一个阶段。这说明孩子发展过程中具有连续性，上一个阶段的能力是为下一个阶段能力打基础的；如果上一个阶段的能力没有发展好，就会影响到下一个阶段能力的发展。比如，生命的前 2 个阶段分别是：0～1 岁建立信任感和不信任感的阶段，2～3 岁建立自主与害羞怀疑。当孩子在 1 岁以内建立很好的信任感后，2～3 岁就会表现出自主和独立。0～1 岁的信任感的培养需要温暖的、慈爱的养育，也就是通过日常生活中养育，积极回应孩子的需求，建立信任感。2～3 岁建立自主与害羞怀疑阶段，对养育者产生信任后，幼儿开始发现自己可以控制的行为，并逐渐会独立并按照自己的意愿行事。如果孩子在每一个阶段成功解决发展危机，那么将有利于孩子健康的自我调节，适应周围环境，积极地社会化，成为具有文明素养的人。这就是清单与标准的教育价值和原则的体现，在保证孩子的安全和遵守规则的前提下，允许孩子按照自己的意愿做事情，满足孩子能力发展的需要，为后续的发展奠定良好的基础。

3. 布朗芬布伦纳的发展生态理论

美国问题学前儿童启蒙计划的创始人布朗芬布伦纳在他的《人类发展生态学》中提出，环境系统因素也是影响孩子发展的最重要的因素之一，尤其是在 3 岁之前。布朗芬布伦纳的发展生态理论证明了个体的发展与周围的环境之间构成了 4 个系统，即微观系统、中间系统、外层系统以及宏观系统。

（1）微观系统

微观系统指个体亲身体验到的并与之有着紧密联系的环境，如家庭、学校、同伴等。在微观系统中，每一个因素都会对个体的发展产生积极或消极的影响。例如不同的家庭对孩子教养方式不同，个体发展的状况也不同，比如对因饥饿哭闹的婴儿，父母是否积极给予回应及回应的方式，婴儿的感受是不同的，得到积极平静回应的婴儿会感觉更快乐，更有安全感。因此父母及其他看护人的回应方式对孩子的成长具有重要影响。

（2）中间系统

中间系统指个体会受到 2 个或 2 个以上微观系统之间的相互关系的影响，如学校和家庭、家庭与邻居等之间的相互联系，也就是说，各个微观系统之间积极的配合及良好的互动，会有效地促进儿童身心的健康发展。

（3）外层系统

外层系统指在个体成长过程中，一些对个体产生直接或间接影响的因素系统，包括父母的工作单位、当地的教育主管部门等。

（4）宏观系统

宏观系统指个体成长所处的整个社会环境及其文化历史背景，如社会的结构、政治、经济、文化、法律等，以及当代人们所拥有的价值观、生活方式、教育观念等。布朗芬布伦纳的发展生态理论强调个体发展不仅受单一系统的影响，而且会受到各系统之间的交互影响。因此在婴幼儿时期要关注到家庭、教育机构、社会环境中各种因素，这也是幼儿园应该重点关注的系统因素。清单与标准要点里特别强调了环境系统及看护人的行为一致性，属于潜课程的一部分。

4. 多元智能理论

哈佛大学霍华德·加德纳教授所提出的多元智能理论已被广泛应用。他在1983年出版的《智力的结构》中，首次提出多元智能理论的基本结构，人类的智能至少可以分成 8 个，后来增加到 9 个，具体内容如下：

（1）语言智能

语言智能指听说读写能力，表现为个人能够顺利而高效地利用语言描述事件、表达思想并与人交流。

（2）逻辑数学智能

逻辑数学智能指有效运用数字和推理的智能，表现为喜欢提出问题并寻找事物的规律及逻辑顺序等。

（3）空间智能

空间智能指人对色彩、线条、形状、结构、空间及它们之间关系的高敏感性，感受、辨别、记忆、改变物体的空间关系并借此表达思想和情感的较强能力。

（4）肢体运动智能

肢体运动智能指善于利用身体语言来表达想法和感觉，以及运用双手灵巧地生产或改造事物的能力。表现为能够较好地控制自己的身体，对事件能够做出恰当的身体反应。

（5）音乐智能

音乐智能指人敏感地感知音调、旋律、节奏和音色，并通过作曲、演奏和歌唱等表达音乐的能力。

（6）人际关系智能

人际关系智能指能够有效地理解别人及其关系，以及与人交往和相处的能力，包括组织能力、协商能力、分析能力，人际关系等。

（7）内省智能

内省智能指有效的自我认知能力，能正确把握自己的情绪、意向、动机、欲望，对自己的生活有规划。

（8）自然探索智能

自然探索智能可进一步归结为探索智能，包括对于社会的探索和对于自然的探索 2 个方面。

（9）存在智能

存在智能指人们表现出的对生命、死亡和终极现实提出问题，并思考这些问题的倾向性。

每个孩子的智能发展都是不同的，而这些智能在生活中通过不同的方式的结合，以完成不同的任务。对托幼机构来说，需要为孩子提供安全、有序、适宜、丰富的环境，让孩子有多种体验机会，满足孩子多元智能的发展。

5. 蒙台梭利教育

意大利教育家蒙台梭利倡导为孩子准备丰富的材料和环境，让孩子通过互动完成自我纠正，并提出了儿童在早期发展阶段存在“敏感期”，或称“关键期”的观点。0~3 岁婴幼儿相关的敏感期包括：口腔敏感期、运动敏感期、手的敏感期、触觉敏感期、健康依恋关系的敏感期、模仿敏感期、秩序敏感期、独立的敏感期、语言敏感期等。在敏感期阶段，儿童接受某种刺激的能力是异乎寻常的。同时蒙台梭利教学法鼓励孩子自我约束和独立探索，这也要求教师为孩子提供简单而丰富的环境，做到关注而不打扰，让孩子在互动中完成自我纠正，并通过反复的操作完成自我教育。

五、清单管理的原则

清单管理的原则必须符合新时代党的教育方针要求和指导思想。我国新时代党的教育方针核心是围绕“培养什么人、怎样培养人、为谁培养人”这一战略决定性意义的根本问题，确定了教育的性质、目标、任务和实现教育目的的基本路径，同时强调扎根中国大地办教育，培养德、智、体、美、劳全面发展的担当中华民族复兴大任的社会主义建设者和接班人，明确了教育的根本目标。因此清单管理最终极的目标是为实现教育的最终极的目标服务的，即为孩子未来成为什么样的人打下坚实的基础。从孩子的发展规律来说，0~3 岁是孩子安全感建立的关键期。安全感是一个人一生所有关系的基础。孩子安全感的建立与看护人的看护方式、环境等有关。3~6 岁是孩子独立意识建立的关键阶段。如果 0~3 岁孩子有足够的安全感，孩子就会有很好的独立性，在社会环境中表现得独立自信，具有很好的社会适应性。同样，孩子的独立性也和教养方式及环境有关。因此教师在教学的过程中要思考：

第一，用什么方式让孩子在一个陌生环境里体验到安全感？

第二，用什么方式有利于孩子独立意识的发展？

第三，用什么方式有利于孩子德、智、体、美、劳全面发展？

在教学过程中教师始终要围绕“培养什么人、怎样培养人、为谁培养人”这个根本问题去思考。因此清单管理应从有利于孩子成为对未来社会有用的人的角度去实施，不能成为控制教师和孩子的工具。

在清单管理过程中，除了关注教师的个体行为，还应注意到班级的总体目标，因为幼儿园的班级就是一个小的团队，班级教师岗位职责有详细的分工也有合作，教师不能认为只要把自己分内的事情做好就行了，更要考虑到团队的合作关系，思考如何更好地实现团队的目标。清单与标准可以保证大家在面对任何事情时，能保证团队协作。在清单管理里包含了对团队合作的检查项目，如班级的总体目标以及活动结束后共同完成的项目等。

具体来讲，清单与标准规范教师日常保教中的行为，而岗位职责则是让教师在执行清单与标准时清楚地知道自己应该完成的事情，也就是强调教师围绕共同的保教目标，在同一时间内教师在不同岗位的具体分工。主班老师是班级的主导者，配班或助教老师更多地协助主班老师的教学，而生活老师更多地关注孩子的生活需要。班级3个老师既有合作又有分工。但需要明确的是，无论做任何的工作，标准都是一致的。清单与标准是教师在执行岗位职责时的行为标准，是一体化的，而不是分隔开的。简单地说，岗位职责告诉教师做什么，清单与标准告诉教师应该怎么做。管理者和教师在使用清单与标准时需要注意以下问题：

第一，清单帮助教师相互之间了解对方的工作要点，避免重复的工作，提升工作效率，同时避免漏掉重要的工作。

第二，清单要点是幼儿园一日活动常规，每个幼儿园在使用时可以根据自己的情况进行调整，生成适合自己园所的清单。

第三，清单要点提供的是工作的原则和要点，允许教师根据实际情况做出调整，进行具体和优化。

第四，清单提供的时间只是一个参考，幼儿园可随不同季节进行调整。

第五，清单要点看起来很复杂，只是把每一件事情分解成了比较详细的步骤，以帮助规范教师的行为。这也符合教师成长过程的规律，先使用加法，再使用减法。

第六，清单要点与标准提炼了幼儿园中通用的、普遍的要求和规范，是可以复制和推广的，但由于教育行为面对的是孩子，每个孩子不同，孩子每天也都不一样，因此教育不能简单地复制。

清单管理的原则有利于教师在工作中分工合作，因此既有独立性，又有合作性，其终极目的就是完成共同的目标，即为我国培养德、智、体、美、劳全面发展的担当中华民族复兴大任的社会主义建设者和接班人奠定坚实的基础。“德”不仅仅包括品德，还包括政治素质和思想素质；“智”也不仅仅是掌握科学文化知识和技能，发展智力，还包括养成科学态度和探索精神；“体”同样不仅仅包括体格、体能和体质，还包括掌握体育知识和技能、娱乐身心、培养高尚情操等。德、智、体全面发展将促进脑力劳动与体力劳动相结合，实现人的全面发展。

模块二 幼儿园管理清单与标准

在日常工作中我们经常会讨论目标和计划的关系，目标和计划哪个更重要。其实两个同等重要，如果只确定了目标没有具体的计划，目标就不可能实现；如果只有计划而没有清楚的目标，那么在执行过程中就不太聚焦，甚至有的行动会远离目标。这也是有些人在工作中非常的忙碌，但是就是没有效果，而有些人也会忙碌，但会有条理的原因。当然目标需要符合实际，是能够实现的，有时效性的，并且是可以衡量的等。目标有长期目标，也有短期目标。目标的达成需要有具体的计划和步骤，也就是关键点和节奏。完成目标的最简单的方式就是将目标的关键点分别列出清单，并根据团队每个人的岗位职责和特长，授权给团队的每一个人，让每个人在目标实现的过程中体验责任和成就感。因此清单可以让我们将目标更加具体，还可以帮助我们思考要完成目标需要具体做什么，应该把握的节奏，可能遇到的问题及解决方案等。清单中的节奏可以提高我们的执行速度，也可以帮助我们分析可以整合的资源。对于管理者和教师来说制订计划的第一步就是预先确定幼儿园或班级所要达到的目标，然后再去做具体的计划。如果把目标和计划做出清单，就会更加便于目标的达成和计划的执行。

一、幼儿园每年度或每学期管理清单

1. 原则与意义

在一次研讨会上，一位园长和我们交流的时候说："我们今年的目标是以教研为主，希望今年研发出自己的教研体系。"我们说："研发教学体系的目标是什么？教学体系都包括哪些内容？组织好研发人员了吗？有没有具体的计划？……"我们建议她做一个目标和计划的清单，这样会更加清晰。对于幼儿园来说，既然需要建立自己的目标和制订计划，那么完成目标和计划的最有效的方式就是做好管理清单，因为清单会让管理更加清晰，更重要的是清单会让大家的思维同步。在设计每学期或每年度的管理目标时，为了利于员工更加明确高效地工作，为了管理者对员工实施绩效考核提供考核目标及标准，既保证考核的科学化、规范化，又要保证考核的公正、公开与公平，可以根据 SMART 原则制订，即：

S 代表具体（Specific），指有特定的工作指标，不能笼统；

M 代表可度量（Measurable），指数量化或者行为化的，验证这些绩效指标的数据或者信息是可以获得的；

A 代表可实现（Attainable），指绩效指标在付出努力的情况下可以实现，避免设立过高或过低的目标；

R 代表相关性（Relevant），指绩效指标是与工作的其他目标相关联的，绩效指标是与本职工作相关联的；

T 代表有时限（Time-bound），注重完成的特定期限。

虽然在幼儿园的工作中很多的内容不能够量化，但依然可以参考 SMART 原则中的核心要素，在管理工作中使用清单达到效果。

根据幼儿园的具体工作，幼儿园确定每学期或每年度管理清单的意义在于管理团队聚焦核心工作，减少沟通的成本，提高工作效率。对于教师来说，制定保教计划要根据幼儿园的教学目标，确定班级管理所要达到的目标。因此在制订每学期或每年度的目标时要考虑以下的因素：

（1）创造积极的学习氛围，提升教师的职业荣誉感。

（2）为教师提供有效的管理支持。

（3）帮助教师提升班级的管理效率。

（4）支持教师提升教学技能。

总之，幼儿园的终极目标是为孩子提供安全适宜的生活和学习环境，培养孩子良好的习惯，启发孩子的探索欲望和兴趣。因此作为管理者应该通过各种管理方式，一方面完善各种管理制度及做好执行，另一方面通过管理制度给予教师最需要的支持。教师是最直接的实施者。管理者还要清楚地告诉教师考核的最终目的不是绩效，而是提升教师的职业性和专业性，更好地实现教育的终极目标。

2. 每年度或每学期清单管理的内容

每个幼儿园都会做每年度或每学期计划清单，应该参考教育主管部门的要求及核心目标，同时结合幼儿园的具体情况，制订清单管理。在制订清单时可以思考以下内容：

第一，上一年度或学期工作中存在的问题有哪些，具体的解决方案是什么。

第二，是否聚焦了工作的核心。

第三，需要加强的工作有哪些。

第四，反复出现的问题是否需要放到清单管理里。

第五，目前的清单是否过于复杂，哪些部分需要修改。

第六，对清单的理解是否一致。等等。

如前所述，清单不是大而全的操作工具，而是把工作关键点和原则列出来。清单管理是一种思维模式，是强调在有限的时间里关注当下最重要的事情，选择正确的做事方式和做正确的示范。虽然清单管理为大家提供了参考标准，但并不是禁锢大家的思维。清单管理的模式是鼓励大家去思考和优化管理的流程和标准，找到最适合自己机构的清单管理模式。我们结合幼儿园的专业特点，每学期和每年度计划清单要点分为“6+1+1”个主题，其中6个管理清单，1个会议清单，1个学期的校历。在这里需要特别说明的是本清单的内容是参考山东省人民政府教育督导室颁布的《2019年幼儿园办园行为督导评估细则》的内容，由于各省标准不同，可以根据所在区域的要求进行调整。

（1）幼儿园园所建设清单

表2-1-1　园所建设管理清单

项目	主题分类		清单要点
园所建设	园舍建筑	主体建筑	1. 幼儿园是独立的建筑群体，符合国家现行规划，不属于违章建筑。
			2. 面积：根据各地要求，数字仅供参考。（山东标准：城市及乡镇中心幼儿园建筑面积2270m^2以上，农村社区幼儿园723m^2以上）
			3. 主体设计符合学前期儿童的特点，如空间的大小与链接、色彩不要过于复杂。
			4. 安全要素：远离工厂及交通复杂地段，避免噪声，符合消防、防震、卫生等有关规定。有相关部门的验收合格证书。
			5. 所有材料符合安全规定，无污染，并提供相关的证明材料。
		办公及功能场地	1. 行政办公室、教师办公室。
			2. 独立的卫生保健室。
			3. 独立的厨房。
			4. 水冲式厕所。
			5. 教师图书阅览室、教具资料室、科学实验室。
			6. 多功能活动室面积不少于120m^2。寄宿制幼儿园应设隔离观察室、浴室、洗衣间、值班室。
		教室要求	1. 面积：活动室（60m^2）、寝室（40m^2）、卫生间（10m^2）。活动室兼作寝室的，其面积不少于80m^2。
			2. 宽敞明亮，通风，每个教室配套设施完善，如床、玩具柜、桌椅、洗手间等。
			3. 寄宿制幼儿园必须有独立的寝室。（无寄宿儿童，本项忽略）
		食堂	1. 食堂独立设置，布局合理。操作间瓷瓦到顶。
			2. 使用材料符合标准，卫生整洁。有防尘、蝇、虫、鼠设备。

续表

<table>
<tr><th>项目</th><th colspan="2">主题分类</th><th>清单要点</th></tr>
<tr><td rowspan="31">园所建设</td><td rowspan="31">设备设施</td><td rowspan="5">生活设施</td><td>1. 有适合幼儿使用的桌、椅、床。不得使用上下床。</td></tr>
<tr><td>2. 开放式的玩具橱。</td></tr>
<tr><td>3. 开放式的图书架。</td></tr>
<tr><td>4. 饮水、室内消毒等设备。</td></tr>
<tr><td>5. 防暑降温及防寒保暖设备（空调或暖气）。</td></tr>
<tr><td rowspan="4">安保设施</td><td>1. 每个楼层或走廊配备一定数量的消防设施。</td></tr>
<tr><td>2. 设有易于老师和幼儿识别的标识。</td></tr>
<tr><td>3. 所有楼层或走廊都要有意外事故紧急出口标识。</td></tr>
<tr><td>4. 消防通道保持畅通。</td></tr>
<tr><td rowspan="5">办公自动系统</td><td>1. 应配备园长办公自动系统。</td></tr>
<tr><td>2. 幼儿园应创建自己的自媒体，加强宣传。</td></tr>
<tr><td>3. 幼儿园需配有摄像机、照相机、电视机。</td></tr>
<tr><td>4. 有音响设备等教育设施。</td></tr>
<tr><td>5. 每班配备一架钢琴或电子琴。</td></tr>
<tr><td rowspan="5">玩教具或区角配备</td><td>1. 建构类。</td></tr>
<tr><td>2. 角色表演类。</td></tr>
<tr><td>3. 科学活动类。</td></tr>
<tr><td>4. 音乐类。</td></tr>
<tr><td>5. 美工类。</td></tr>
<tr><td rowspan="2">自制玩具区域</td><td>1. 有适合幼儿使用的自制玩具，不少于 10 种，每种都能满足幼儿使用需要。</td></tr>
<tr><td>2. 幼儿玩教具无毒无害、安全卫生。</td></tr>
<tr><td rowspan="2">绘本等图书</td><td>1. 有适合幼儿阅读的图书，人均不少于 10 册，并经常更新。</td></tr>
<tr><td>2. 供教育和教研使用的各类参考资料 100 种以上，订阅的学前教育刊物不少于 2 种。</td></tr>
<tr><td rowspan="5">保健室</td><td>1. 配有预防和治疗必需的药品、治疗床、注射器、消毒锅。</td></tr>
<tr><td>2. 身高体重测量器、视力检测表。</td></tr>
<tr><td>3. 体温表、血压计。</td></tr>
<tr><td>4. 听诊器、手电筒。</td></tr>
<tr><td>5. 紫外线消毒器等设备。</td></tr>
</table>

续表

项目	主题分类		清单要点
园所建设	设备设施	厨房	1. 厨房配有和面机、切肉机。
			2. 烤箱。
			3. 冰箱。
			4. 消毒柜。
			5. 蒸饭车等。
	环境场地	地面与区域	1. 有硬化场地、游戏场地。
			2. 软场地。
			3. 有活动器械场地。
			4. 有不小于 30 米直跑道。
			5. 有玩水池、沙池。
			6. 有种植园地和饲养区。
		大型玩具	1. 有 3 件以上大、中型室外玩具，固定安装在软质地面上，并有防护。
			2. 有秋千或跳跳床、三轮车等。
			3. 有滑滑梯或钻爬玩具或其他设施。
		绿地	有与幼儿园规模适宜的户外活动场地。

（2）幼儿园人力资源清单

表 2-1-2　园所人力资源管理清单

项 目	主题分类		清单要点
队伍建设	人员配备条件	教职工与幼儿比例	1. 按照国家及省市有关规定配齐教职工。全日制普通幼儿园按 1:5~1:7 师生比例配齐，半日制校按 1:8~1:10 师生比例配齐。
			2. 每班至少配备 2 名专职教师，全日制幼儿园每班加配 1 名保育员。
			3. 寄宿制幼儿园应在全日制基础上加配 1 名教师和 1 名保育员。
		园长资格	1. 应具备幼儿师范专业（含职业学校学前教育专业）毕业及以上学历。
			2. 有 3 年以上学前教育工作经历。
			3. 取得园长岗位培训合格证书。
		教师资格	1. 要取得幼儿园教师任职资格证书，持证上岗率达 100%。
			2. 专职教师 90% 以上达到幼儿师范专业毕业（含职业学校学前教育专业）及以上程度，有 30% 以上教师达到学前教育专业专科及以上程度。

续表

项 目	主题分类		清单要点
队伍建设	人员配备条件	保育员	1. 保育员必须达到高中毕业以上文化程度。
			2. 有 80% 以上受过专业培训，并持有上岗证。
		保健医	1. 医务人员应具有中专以上水平或医士以上职称。
			2. 持有对应的岗位证书。
		厨师	1. 炊事人员必须有 80% 以上受过当地组织的卫生保健专业知识培训。
			2. 持有《食品从业人员健康证》。
		财务人员	1. 财会人员应获得专业合格证书或具有高中以上文化程度。
			2. 受过会计专业知识培训。
		保安	1. 幼儿园至少配备 2 名专业安保人员。
			2. 经过相关培训，年龄不得超过 50 岁。
	人员培训	培训内容	1. 加强教职工的职业道德教育，热爱教育事业。
			2. 有正确的儿童观，关注儿童生理和心理健康。
			3. 教姿教态：举止端庄，言行文明。
			4. 以身作则，给儿童正确的示范。
			5. 禁止行为：虐待、歧视、恐吓、侮辱幼儿人格等损害幼儿身心健康的行为。
		培训计划	1. 设定一年或学期培训目标，有清晰的培训计划。
			2. 有考评措施，并有明显效果。
		普及普通话	工作人员在园期间必须讲普通话。

（3）幼儿园行政管理清单

表 2-1-3 园所行政管理清单

项 目	主题内容		清单要点
管理工作	依法办园	注册与督导文件	1. 严格按照规定进行登记注册，有登记证明。
			2. 年检资料有记录。
			3. 主动配合上级教育部门检查、监督和指导。
			4. 无教育违规现象和违法案件。
			5. 所有文件有独立的档案及档案柜，保存完整。

续表

项 目	主题内容		清单要点
管理工作	依法办园	人员设计合理	1. 领导机构健全，符合目前园所规模。
			2. 人员结构合理，岗位职责清晰。
			3. 园所有长期工作规划和年度工作计划。
		制度与执行	1. 各项规章制度健全。
			2. 各种计划清晰。
			3. 清晰的督导评估计划和考评制度。
			4. 定期的反思和总结。
			5. 各类人员岗位职责明确，并悬挂上墙。
			6. 园所文件有独立档案及档案柜，保存完整。
	班级与常规	班级容量	1. 小班为 25 人，中班为 30 人，大班为 35 人。幼儿园规模不少于 6 个班。
			2. 寄宿制幼儿园每班人数酌减。
		一日常规与标准	1. 科学合理地设计幼儿一日生活作息制度。
			2. 对各环节均有明确的清单与标准。
			3. 有定期的督导措施及考核记录。
	档案管理	行政、教学档案	1. 幼儿园行政档案、工作人员档案及健康档案、园史材料档案。
			2. 幼儿档案（健康档案）。
			3. 教育教学档案，教研科研档案。
			4. 会计档案。
			5. 家长工作档案。
			6. 安全档案、会议记录档案等。
		信息收集与整理	1. 定期的资料和信息收集、整理。
			2. 有专人负责管理，专橱存放，分类科学，管理规范，查找方便。
	财务管理	收费	严格按照收费标准收费，在正常教育时间及教育内容范围内不得以培养幼儿某种专项技能为由，另外收取费用。
		资产明细	1. 固定资产、账簿设置规范。
			2. 手续完备，产权明晰。
			3. 管理人员职责明确。
			4. 单独设账，账目清楚。
			5. 经费使用合理。

续表

项 目	主题内容		清单要点
管理工作	安全管理	组织	1. 成立安全工作领导小组，层层签订安全责任书。
			2. 各项安全制度健全，应用信息化手段加强管理，措施到位。
			3. 定期检查，有记录，做到有问题及时纠正。
		安全	1. 树立“安全第一，预防为主”的意识，定期对教职工和幼儿开展安全教育，有计划、有方案。
			2. 未发生较大意外事故和责任事故。

（4）幼儿园教育教学管理清单

表 2-1-4 园所教学管理清单

项目	主题内容		清单要点
教育工作	教育思想		1. 认真贯彻执行《3-6 岁儿童学习与发展指南》。
			2. 树立正确的儿童观、教育观。
			3. 面向全体幼儿，坚持积极鼓励、启发式的正面教育。
			4. 促进幼儿德、智、体、美、劳全面和谐发展。
			以上需全部符合。
	教育管理	原则	1. 开展全面的教育活动，合理安排教育活动。
			2. 注意动静结合及室内外活动相结合。
			3. 保证幼儿每天有 2 小时户外活动时间。
		教学计划和记录	1. 每班有学期工作计划。
			2. 有月重点。
			3. 有周安排。
			4. 有一日活动清单计划。
			5. 教师有备课记录，有观察记录。
		教材	1. 使用经全国教材审定委员会和省幼儿园教材审查专家组审查通过的教材，提倡园本课程。
			2. 无小学化、成人化教育倾向。

续表

项目	主题内容	清单要点	
教育工作	教育方法	内容和形式	1. 教育内容、形式、方法符合幼儿年龄特点。
			2. 以游戏为基本活动形式。
			3. 灵活开展集体、小组、个人多种教育活动。
			4. 充分调动幼儿的积极性、主动性。允许幼儿按照自己的方式进行活动。
		方法	1. 采取科学方法启迪和开发幼儿智力。
			2. 培养幼儿的求知欲望、创新能力，初步地感觉美、表现美的情趣和能力。
		情感与习惯	1. 重视幼儿情感教育，根据幼儿期道德教育的特点，培养幼儿良好的品德行为习惯及活泼开朗的性格。
			2. 关注幼儿的行为习惯培养。
		个体差异	1. 重视幼儿的个性差异，因人施教。有针对性教案及反馈。
			2. 支持和引导每个幼儿都在原有水平上得到发展。
	教育环境	区域	1. 每班创设的活动区域不少于 5 个，提供丰富的活动材料并定期更新。
			2. 创设丰富的教育环境，符合教育内容和幼儿发展的需要。
		玩具	每学期需适时增添玩教具，引导幼儿主动发现、探究，幼儿主动参与率高。
	教研观摩	教研	1. 幼儿园设有教科研组织，有专人负责。
			2. 幼儿园整体教研及班级教研活动计划和记录。
		观摩	幼儿园定期组织具有教学示范性、研究性的教育观摩活动，在本地发挥示范、辐射作用。
	幼儿发展	身体发育参考	1. 幼儿各项身体发育指标均达正常标准；各种动作灵敏协调，姿势正确。
			2. 幼儿能初步掌握唱、跳、朗读、绘画、手工等粗浅的知识与技能，有一定的欣赏美和表现美的能力。
			3. 幼儿具有良好的生活习惯、能做力所能及的事情，有初步的生活自理能力和自我保护能力。
			4. 具有良好的语言表达能力，同伴间能友好相处，个性开朗活泼。
			5. 想象力、创造力等得到充分发挥，有较强的动手操作能力和良好的求知欲望。
		科学的评估体系	1. 科学客观地评估幼儿的发展，建立科学的幼儿发展评估体系，有客观真实的幼儿成长记录。
			2. 每学期将幼儿发展评估情况通知家长。

(5) 幼儿园保育保健管理清单

表 2-1-5 保育保健管理清单

项目	主题内容		清单要点
保育工作	制度建设		1. 认真执行《托儿所幼儿园卫生保健工作规范》。
			2. 有幼儿健康查体、体弱儿童管理记录。
			3. 有疾病预防与急救制度及记录。
			4. 有卫生消毒制度及记录。
			5. 幼儿园营养管理等有记录。
	健康检查	员工	1. 工作人员持有《托幼工作人员健康合格证》。
			2. 教职工每年查体一次，有记录。
			3. 炊事员每半年查体一次，有记录。
		幼儿	1. 新入园幼儿须持有各项检查合格的健康查体表，体检率达 100%。
			2. 在园幼儿每年体检一次，每半年测身高一次，每季度测体重、视力一次。
		接种	幼儿按年龄完成计划免疫、预防接种工作，建卡率达 100%。
	卫生常规	预防与检查	1. 坚持预防为主，做好疾病预防工作，降低发病率。传染病流行季节有预防措施，并有成效。
			2. 幼儿晨、午、晚三检，进行全日观察，发现问题及时处理。
		个人卫生与用品消毒	1. 教职工和幼儿个人卫生符合要求，一人一巾一杯，保证幼儿按需饮水。
			2. 流水洗手，洗手池有 7 步洗手法图示。
			3. 配备消毒设备。
			4. 室内外环境，教具、玩具、用具、餐具定期消毒。
			5. 所有的消毒需要有记录。
		室内通风和光线	保持室内空气流通，光线充足。教师教给幼儿正确的坐姿，注意保护幼儿视力。
	健康教育	卫生习惯	1. 一日生活中对幼儿进行渗透性生活常规和卫生常识教育。培养幼儿良好的生活卫生习惯。
			2. 饭前、便后按照 7 步洗手法洗手。
			3. 饭后及时漱口。随时清理餐桌上、掉在地上的食物或其他垃圾，所有的用品用完归位。
		心理关注	重视幼儿心理卫生教育，及时发现和纠正幼儿的偏异行为，引导幼儿心理健康发展。

续表

项 目	主题内容		清单要点
保育工作	膳食管理	食品卫生	1. 幼儿食堂严格执行《食品卫生法》及“五四”制，保持清洁卫生，将生熟分开。
			2. 每餐留有食品小样 48 小时。
		营养食谱	1. 严格按照幼儿年龄和季节特点，科学制定代量食谱。
			2. 每周更换食谱，保证幼儿进食量和营养量。

（6）幼儿园家园共建管理清单

表 2-1-6　家园共建管理清单

项目	主题内容		清单要点
家庭社区联系	幼儿园内部	成立家长委员会	1. 建立家园联系制度。及时成立家长委员会，有专人负责。
			2. 民主选举家长委员会，并制定家长委员会制度。
			3. 定期召开家长委员会会议，为幼儿园的发展提供建设性建议。
		家教宣传栏	1. 宣传栏应设在方便所有家长看到的地方。
			2. 使用多种形式宣传科学育儿知识及和教学相关的内容。
			3. 每周更换宣传栏内容，有专人负责。
		开放日	1. 每学期设 1～2 次家长开放日，让家长了解幼儿园的教育及饮食情况等。
			2. 开放日应该提前预约或控制数量，避免影响幼儿。同时避开传染病季节。
		一对一家长会	1. 对新入园或有特殊情况的幼儿，经家长允许后可以进行家庭访视。
			2. 每学期至少 1 次邀约家长到幼儿园，和家长沟通幼儿本学期情况及幼儿园学期教学安排。教师给每个幼儿准备本学期的所有的记录及作品等材料。
			3. 听取家长意见，并有记录。
		家长会	1. 根据幼儿园情况每学期可开 1 次家长会。
			2. 主题讲座。每学期至少开展 1～2 次和家庭教育相关的主题讲座。
			3. 家庭主题活动。每学期可以开展 1～2 次的家庭主题活动，确保幼儿安全。
	联合社区	社区共建	1. 配合和支持社区开展有益的文化教育活动，有专人负责。
			2. 适当开展社区机构参观活动。带幼儿去消防部门、商店及其他机构参观。
			3. 邀请社区人员参观幼儿园，并接受社区提出建议。

3. 学期会议

幼儿园需要定期召开会议安排相关的工作，但也要根据具体的工作确定会议的时间、参会人员和会议形式，避免开无效会议。在工作中调查发现大概有 3 种情况：

一是定期开会，有主题，责权清晰，有结果，执行快。

二是经常开会，主题不聚焦，责权不清晰，经常会而不决。

三是偶尔开会，领导一言堂，员工被动执行没动力，会议效果不理想。

我们在调查中发现有的幼儿园开会前目标确实不明确，参会人员不知道开会内容，甚至会有人抱怨事情都做不完又开会。还有的幼儿园把教学会议开成了“训诫”会，给教师讲了很多的道理而仔细观察发现，教师都低头安静地听，也没有机会发言。和教师沟通后发现，教师普遍反映这种会对他们没有帮助，老师希望通过开会能学习新知识或者解决自己的问题。这样的会议确实浪费了大家的时间，也让大家感觉到会议只是种形式。因此会议组织者首先要弄清楚开会的目的和意义是什么。开会的首要目的是统一思想和树立目标，同时传递幼儿园文化，次要目的就是帮助大家解决问题，最终目的是让所有人体验自己的价值。因此组织会议时需要思考以下的问题：

第一，会议主题：确定会议主题，即开会要解决什么问题，达到什么目的。

第二，确定时间：什么时间比较合适，开多长时间比较合适。

第三，确定人员： 确定需要哪些人员参加会议。

第四，带着问题或建议来开会：提前明确会议的主题，提出自己的建议或问题。

第五，会议氛围：头脑风暴，允许所有人提出自己的想法和解决问题的方案，但需要聚焦核心。

第六，发现问题时思考：是以前的问题还是新问题。反复出现的问题就需要制订制度与清单，并确定负责人。

第七，形成决策：需要有方案，有计划，责任到人，确定支持者和负责人。

第八，跟踪与支持：不仅要跟踪事情的节点，而且给予有效的支持。

第九，切忌一言堂和训诫：这会严重影响大家的积极主动性。

任何会议都要有流程和标准，以提高开会的效率。除了原则性的事情，很多会议都应该是开放性的。把问题交给大家，这样可以调动大家的积极性。从幼儿园的业务范围来看，会议大概分为 3 大类。当然，每个幼儿园管理模式不同，也可以根据自己的情况做调整。以下的会议清单供参考。

表 2–1–7　学期会议管理清单

主题	会议清单要点	会议周期	参加人或负责人
行政管理类			
1. 园所行政管理会议	配合教育主管部门的会议	每月 1 次或根据需要安排	部门负责人
	内部管理会议	每月 1 次或根据需要安排	
2. 专题会	幼儿园安全	每学期 1～2 次，有紧急情况时，随时召开	部门负责人及班级负责人
	卫生保健与疾病预防	每学期 1～2 次，有紧急情况时，随时召开	部门负责人及班级负责人
	管理制度及相关的会议	每学期 1～2 次	部门负责人及班级负责人
	专业及相关的培训	每学期 1～2 次	部门负责人与全体员工
3. 园长办公会	日常行政事务安排	每周或隔周 1 次	支持部门的负责人（管理层及班级负责人）
4. 员工谈话	新员工（入职一年内的员工）沟通	新员工入职开始每月 1 次，或根据情况随时举行	人事部门及班级负责人
	老员工沟通	每学期 1 次	
5. 每月的总结及下月计划	月总结及下月计划安排	每月月末 1 次	部门负责人及班级负责人
6. 毕业典礼	策划清单	每年 1 次	部门负责人及班级负责人
	执行清单		
7. 大型活动	策划清单	每年 1～2 次	部门负责人
	执行清单		
教学管理类			
1. 学期总结及学期计划	教育主管部门要求的教学目标	每学期 1～2 次	教学负责人及主班老师 教学负责人 班长（主班老师）
	本学期教学目标及计划清单	每学期 1～2 次	
	上学期优秀教学案例分享计划清单	每学期 1～2 次	
	学期教师培训计划清单	每学期 1～2 次	
2. 教学研讨	全体教学研讨	每学期 1～2 次	教学负责人及班长
	年级教学研讨	每月 1 次	
	班级教学研讨	每周 1 次	各班级老师

续表

主题	会议清单要点	会议周期	参加人或负责人
3. 督导与反馈	按照督导流程和标准进行	每月 1 次	部门负责人
家园共建类			
1. 学期家长会	集体家长会，定主题	根据情况决定是否开展	部门负责人和班级负责人
2. 家长委员会	工作总结及计划	每学期 1 次	家委会负责人及部门负责人
3. 一对一家长会	做好流程和方案，包括沟通的话术，如孩子在幼儿园的学期成长记录及了解家长的需要	每学期 1 次	班级负责人，特殊情况可以求助园长
其他会议			
由于特殊情况需要召开的临时会议	根据需要，定主题		确认需要参加的人

4. 学期校历

制定学期校历的重要意义在于：让所有人都清楚幼儿园这学期的重点工作安排，并做好相应的准备。例如，节日活动、假期、户外郊游、员工培训及家长会等。通过校历，大家知道了这学期幼儿园的整体安排，每个教师都能够心中有数。重要的是让大家形成习惯，关注幼儿园整体安排，制订自己的工作计划。同时避免反复通知，以降低管理成本。幼儿园的校历也是学期重点工作清单，是为了完成本学期的教学目标来设计的，不是为了做校历而做校历。有些幼儿园做了非常完美的校历，但是很多的工作并没有开展。在和教师沟通的过程中，教师觉得有些事情执行起来比较烦琐或者有一定的风险，因此设计时需要考虑以下因素：

第一，结合活动的特点，评估本园的资源，确定活动的可执行性。

第二，确定节日活动主题、时间及所需要的资源。

第三，所有活动都应有应急预案或备选方案。

第四，户外参观或体验活动必须确保师生安全。

第五，如果是员工培训，那么需要确认培训的主题和内容是否是教师需要的，并考虑教师的时间。

第六，每次活动后的总结与复盘。

表 2-1-8　幼儿园校历

2020年2月—8月校历									
	日	一	二	三	四	五	六	节假日	活动
2月							1	1—4日 寒假	5—7日　教师培训日（学校关门） 10日　新学期开学 12日　消防演习 18日　家委会会议 19日　雨水节令课程 24—28日　各班家长会
	2	3	4 立春	5	6	7	8		
	9	10	11	12	13	14 情人节	15		
	16	17	18	19 雨水	20	21	22		
	23	24	25	26	27	28	29		
3月	日	一	二	三	四	五	六		
							1		5日　惊蛰节令课程 7日　三八妇女节手工活动 12日　消防演习 18日　家委会会议 20日　春分节令课程 21日　主题活动
	2	3	4	5 惊蛰	6	7	8 妇女节		
	9	10	11	12 植树节	13	14	15		
	16	17	18	19	20 春分	21	22		
	23/30	24/31	25	26	27	28	29		
4月	日	一	二	三	四	五	六		
				1	2	3	4 清明	4—6日 清明节放假	3日　清明节令课程 8日　消防演习 17日　谷雨节令课程 注：幼儿体测
	5	6	7	8	9	10	11		

续表

2020 年 2 月—8 月校历									
4 月	12 复活节	13	14	15	16	17	18		
	19 谷雨	20	21	22 地球日	23	24	25		
	26	27	28	29	30	31			
5 月	日	一	二	三	四	五	六		
						1 劳动节	2	1—5 日 劳动节假期 9 日　工作日	6 日　立夏节令课程 8 日　母亲节手工活动 （家长不参加） 13 日　消防演习 20 日　小满节令课程 22 日　主题活动
	3	4 五四 青年节	5 立夏	6	7	8	9		
	10 母亲节	11	12 护士节	13	14	15	16		
	17	18 博物 馆日	19	20 小满	21	22	23		
	24	25	26	27	28	29	30		
	30								
6 月	日	一	二	三	四	五	六		
		1 儿童节	2	3	4	5 芒种	6	25—27 日 端午节假期 28 日　工作日	1 日　儿童节活动 5 日　芒种节令课程 10 日　消防演习 19 日　父亲节手工活动 主题活动 22 日　夏至节令课程 24 日　端午节活动
	7	8	9	10	11	12	13		
	14	15	16	17	18	19	20		

2020年2月—8月校历									
6月	21 夏至 父亲节	22	23	24	25 端午节	26	27		注：幼儿牙齿涂氟、视力测试、大体检
	28	29	30						
7月	日	一	二	三	四	五	六		
				1 建党节	2	3	4		6日　小暑节令课程 8日　消防演习 17日　毕业汇报表演 17—22日　大暑节令课程 24日　主题活动 24—28日　家委会会议
	5	6 小暑	7	8	9	10	11		
	12	13	14	15	16	17	18		
	19	20	21	22 大暑	23	24	25		
	26	27	28	29	30	31			
8月	日	一	二	三	四	五	六		
							1		7日　立秋节令课程 12日　消防演习 10—14日　各班家长会 21日　处暑节令课程 27日　班级七夕节活动 31日　本学期结束
	2	3	4	5	6	7 立秋	8		
	9	10	11	12	13	14	15		
	16	17	18	19	20	21	22 处暑		
	23/30	24/31	25 七夕节	26	27	28	29		

二、幼儿园月管理清单

1. 原则与意义

我们在日常工作中，常说：“我记着呢，怎么又忘了？”设计和使用清单就会减少遗漏。我们在和管理者沟通时经常问到一个问题：“你有工作日志吗？可以看一下你的工作日志吗？”通过工作日志就能看出一个人做事的计划和逻辑。最简单的就是把工作分类。通过设计工作清单，有利于聚焦当下最重要的事情，如把常规工作和紧急的工作进行分类，并把事情的节点记下来。做清单的时候切忌把很多事情都做成紧急重要的事，这样就会让自己始终处于忙碌的状态。一定要根据当下的情况分清楚哪些是真正紧急重要的事情，哪些是重要而不紧急的事情，同时还要思考哪些事情是其他人可以做的，等等。一旦确定是紧急重要的事情，就不要被其他事情干扰，清单管理一直强调的是关注当下最重要的事情。当管理者制订自己的清单时，请思考以下问题：

一是本月核心工作。根据幼儿园本学期的工作重点，如配合教育主管部门的安全督导、春秋季节传染病预防培训、教学管理抽查等，制订工作计划。

二是列出重点工作的清单，确定重点工作的负责人。

三是列出常规工作的清单，确定常规工作的负责人。

四是确定每项工作的周期和频率，确定负责人。

五是列出哪些工作是可以分配给其他人的。把有些工作交给具有这个能力的人去执行，同样要有目标和时限。

六是及时督导和支持等。

在开始做清单的时候，一定要把所有的工作都写进去，然后进行分类。清单让我们聚焦当下重要事情的正确做法，因此清单不是简单的操作工具，而是一种思维模式。而改变思维模式是比较难的一件事。

2. 每月管理清单示例

说明：表格里所有的时间供参考。

（1）适用于管理者的每月管理清单

表 2-2-1　月度管理清单

项目	主题	清单要点	周期	负责人
每周或每日常规工作	早间接待	教室安全检查（地面、区域、桌椅等）	7:30—7:40（每天）	当班的老师
		早间会议：安全提示	7:40—7:50（每天）	园长
	查岗	确认教师到岗时间	教师到岗时间	园长
	午间巡视	巡视各班教师在岗情况	12:00—14:30（每天）	园长
	离园检查	到班级检查，在接待门口检查老师和家长沟通情况，定期回访家长	17:00—17:30（每天）	园长
	一日清单	有目的地去教室或在教室外看一下课程的执行情况及教师的状态	每个环节的关键点（每周 2~3 次）	园长与教学负责人
	月例会	总结与计划	每月固定在某一周的周几	园长、教学负责人及全体主班教师
突发事件	突发事件	每一种突发事件均做出流程和标准，形成文件，并进行相应培训，避免同类事件的发生	随机	园长与相关负责人
教学管理（做每周、每月和每季度的工作计划）	公开课（内部学习）	提前 1 周确定公开课内容	每周或隔周进行（固定时间）	园长、教学负责人
	教学研讨	全园研讨	每月 1 次（固定时间）	教学负责人与所有教师
		班级研讨	每周 1 次（固定时间）	班级所有教师
	培训	确定培训主题	参考学期计划制定培训计划	所有员工或相关人员
	教学督导	一日清单与标准	每周固定时间进行（按照督导表格要求）	园长、教学负责人
		班级管理档案	每周或 2 周检查	园长与教学负责人
	季度督导	教委安全督导	固定时间	园长及相关负责人
		幼儿园内部督导	固定时间	园长及相关负责人
	卫生与安全	室内（教室、厨房等）	每周（按照督导表格要求）	园长、保健医生、安保人员
		公共区域		
		教师公寓	每学期 1 次	

续表

项目	主题		清单要点	周期	负责人
行政管理	员工管理	新入职员工	培训企业文化、教育理念、规章制度、岗位职责及每日工作流程等	1周或2周培训结束	园长或教研主任、班组长
			每月1次沟通（主要是岗位职责）	月初或月末	园长
		在职员工	沟通岗位职责及对目前工作的看法等	每月1次	园长和人力资源负责人
	家园共建		确定每周沟通5～10个家长，单独预约一对一（准备沟通资料）	离园时3～5分钟或特别安排一对一	主班教师或求助园长支持
			是否安排家长会	参考学期计划	教学负责人
			家长回访（考虑是否需要）	根据需要安排	主班教师和配班教师
招生	线上		转发微信及公众号活动	根据学期计划安排	相关负责人
	线下		沙龙或者讲座等招生活动	根据学期计划安排	相关负责人
			户外活动或节日活动	根据学期计划安排	相关负责人
其他					

（2）每月会议清单

表 2-2-2 每月会议清单

主题	清单要点	周期	参加人或负责人
行政管理类			
1. 每日晨会	安全及重点工作	每天3～5分钟早接待时完成	管理层及班级负责人
	临时发生的事情	当天解决	确认负责人
2. 园长办公会	日常行政事务安排	每周或隔周1次	管理层及班级负责人
3. 员工谈话	岗位职责（了解员工适应情况及困惑）	新员工第一个月入职开始每月1次，或根据情况随时进行	人力资源部门及班长支持
	岗位职责（了解员工动态）	老员工每个学期	
4. 每月的总结及下月计划	月总结 下月计划安排	每月最后一周	部门负责人及班级负责人
5. 安全专题会	总结本学期的安全事故，分析发生的原因	每学期一次 紧急情况时，随时召开	部门负责人及班级负责人
	制定预防措施，做培训计划		

续表

主题	清单要点	周期	参加人或负责人
6. 毕业典礼	策划和执行	每年1次	部门负责人及班级负责人
7. 大型活动	策划和执行	根据教学需要安排	部门负责人
教学管理部分			
1. 教学研讨	教学课程	隔周1次	教学负责人及班长
2. 学期总结及下学期计划	学期总结：教学活动有关，最有价值的活动	下学期 培训计划和校历要在本学期末设计完成	教学负责人及班长
	根据本学期制定下学期目标及教师培训计划	每学期1次	教学负责人 班长
3. 督导与反馈	按照督导流程和标准进行	每月1次	部门负责人
家园共建部分			
1. 学期家长会	集体家长会，定主题	根据情况决定是否开展	部门负责人和班级负责人
2. 家长委员会	工作总结及计划	每学期1次	家委会负责人及部门负责人
3. 一对一家长会	做好流程和方案，包括沟通的话术，如孩子在幼儿园的学期成长记录及了解家长的需要	每学期1次	班长，特殊情况可以求助园长
其他会议			
其他相关会议	根据会议内容制定清单	随时安排	对应负责人
应急情况会议	根据会议内容制定清单	随时安排	对应负责人
说明： 1. 以上内容是园长管理工作中的会议参考内容。可以根据具体情况安排。 2. 会议安排在学期初，最好做好计划，并发给相关责任人，形成制度，减少沟通成本。 3. 会议要有流程清单和标准，参会人员带着问题和方案来开会。除了原则的事情，很多会议都应该是开放式的，提出问题让大家来共同解决，这样可以调动大家的积极性。 4. 会议要有结果。并确定具体负责人和完成时间，同时要进一步督导。 5. 会议中有些事情需要求助支持，有些需要得到具体做事的人的支持。			

（3）家园共建21天好习惯养成——家庭亲子活动打卡清单

家园共建是幼儿园管理中的一项重要工作。虽然幼儿园花费很多时间和精力做了很多工作，但总觉得收效甚微，家长也觉得没有真正得到帮助。我们在家园共建过程中特别设计了21天好习惯养成的家庭打卡活动。通过大量的调查和实验发现，这个活动真正实现了家园共建的目标。活动形式非常受老师和家长的欢迎，因为 21 天的家庭打卡活动一方面增加了教师和家长的有效沟通，让家长了解幼儿园的教育理念和教学模式，另一方面可以引导家长在家里更好地和孩子互动，在互动中家长更多地了解孩子，给予孩子真正需要的支持，同时也提高了陪伴孩子的质量。在这个过程中看起来改变的是孩子，最终改变的是家长和家庭的氛围。家长通过和孩子一起制定目标、打卡活动的过程，深深感受到作为家长应该做的是什么。首先是给孩子树立榜样，正确的示范大于一切道理，这也是清单与标准反复强调的，关注当下正确的做法，重复正确的做法会养成正确的思维方式。

当然坚持 21 天并不是一件容易的事，这既需要幼儿园做好统筹安排，又需要班级教师进行分工合作。最有效的方式就是发动家长的力量，分成小组，5～8 个家庭为一组，一个老师带一个小组，同时选一个家长作为组长，负责收集打卡过程中的问题等，每周固定的时间进行集中的分享和解答等。在开展 21 天好习惯养成的活动时需要考虑以下因素：

第一，如何调动家长和教师的积极主动性？

第二，最有效的管理方式是什么？

第三，打卡的目标是否清楚明了？

第四，如何看待打卡活动的有效性？

第五，最后思考，打卡最终的目的是什么。

以下 3 个主题打卡活动是针对幼儿园的家园共建设计的，也是家长参与度比较高的。

1）变说教为讨论——有效沟通方式

表 2-2-3　家庭主题打卡——有效沟通

孩子的姓名		年龄		班级		
主题	目标	清单要点		＿月＿日	＿月＿日	＿月＿日
		清单内容	清单关键点			
变说教为讨论	掌握有效的沟通方式，建立安全健康的依恋关系	听到自己说	慢下来、听到自己的语气语调			
		情绪控制行为	有情绪时深呼吸 3～5 次			
		讨论的原则	听孩子说完			
时间	家庭讨论决定时间和地点	家庭环境安静无干扰		＿＿＿	＿＿＿	＿＿＿
地点		地点清洁舒适		具体地方	具体地方	具体地方

续表

孩子的姓名		年龄		班级		
主题	目标	清单要点		月 日	月 日	月 日
		清单内容	清单关键点			
分享与总结	爸爸	结合清单建议，分享自己的感受				
	妈妈	结合清单建议，分享自己的感受				
	孩子	如果孩子不能清晰表达，可以问孩子的感受，或观察记录孩子的表现				
每月总结						

2）变行为为清单——培养良好的行为习惯

表 2-2-4　家庭主题打卡——习惯养成

孩子的姓名		年龄		班级		
主题	目标	清单要点		月 日	月 日	月 日
		清单内容	清单关键点			
变行为为清单	重复正确的行为，养成良好的行为习惯，是身体健康的基础	早睡早起	晚上睡觉时间：______ 早晨起床时间：______ 整理自己的物品：______			
		每日阅读	绘本书名：______ 时间：______ 地点：______			
		每日运动	运动名称：______ 时间：______ 地点：______			
分享与总结	爸爸	结合清单建议，分享自己的感受				
	妈妈	结合清单建议，分享自己的感受				
	孩子	如果孩子不能清晰表达，可以问孩子的感受，或观察记录孩子的表现				
每月总结						

3）变问题为提问——培养学习兴趣

表 2-2-5 家庭主题打卡——兴趣培养

孩子的姓名		年龄		班级		
主题	目标	清单要点		＿月＿日＿	＿月＿日＿	＿月＿日＿
		清单内容	清单关键点			
变问题为提问	培养学习兴趣，启发思维创造力	向孩子求助的事情	求助＿＿＿＿问题 解决方法：＿＿＿＿			
		最有创意的 1～3 件事	具体事情：＿＿＿＿ 时间：＿＿＿＿ 地点：＿＿＿＿			
		最开心的 1～3 件事	具体事情：＿＿＿＿ 时间：＿＿＿＿ 地点：＿＿＿＿			
分享与总结	爸爸	结合清单建议，分享自己的感受				
	妈妈	结合清单建议，分享自己的感受				
	孩子	如果孩子不能清晰表达，可以问孩子的感受，或观察记录孩子的表现				
每月总结						

三、幼儿园周管理清单

1. 原则和意义

每个幼儿园都有自己的周计划。周计划就是本周的保教安排。在工作中观察发现，有的幼儿园的周计划特别简单，有的做得比较细致。严格意义上来说，周计划就是一个幼儿园保教模式的展示。如果把周计划张贴在幼儿园的宣传栏里，就是一种对幼儿园很好的宣传。另外配合周计划，教师也有自己的一周工作的清单和计划，清单计划让教师的工作更加清晰，同时让教师关注这周重要的事情及正确的做事方法。教师做好保教周计划以后，还应该设计班级工作的管理清单，以保证班级工作与教师工作的同步，更好地完成每周的保教计划。对班级教师来说，每个教师都应该有自己的周计划清单，但需要注意的是每个教师的清单都是为了完成班级的工作设计的，因此清单的设计既要有分工又要有合作。每个教师在设计自己的清单时应该思考以下的因素：

一是清单是否包括了月计划或者校历工作的重点等，如公开课、教学研讨、家长沟通、员工培训等。

二是清单是围绕周计划完成的吗？

三是清单设计包括自己的岗位职责了吗？

四是清单内容是否有利于班级合作？

五是清单内容是工作的重点吗？

六是清单内容和其他教师讨论过吗？

七是需要其他教师协助的部分有哪些，等等。

2. 周计划管理清单

（1）教师每周管理清单示例

表 2-3-1　教师每周管理清单

项目	主题	清单内容	说明
常规工作	签到	整理仪表及妆容	按照要求着装
	早间安全检查工作	1. 教室安全检查（地面、区域、桌椅等）	安全第一
		2. 班级安全提示	
	一日流程清单工作	参考一日流程与标准	关注每个环节的关键点
	遵守岗位职责	按照岗位职责要求列出工作清单	关注独立和合作
	环境和物品卫生工作	活动室及所有用品的卫生	所有物品的卫生与消毒
	处理突发事件	按照流程及时上报，每一种突发事件均做出应急预案，形成文件，并进行相应培训，避免同类事件的发生	记录过程，分析原因，做出应急预案及预防方案，总结经验教训
教学管理	班级研讨	针对上周活动及本周活动研讨	全体教师参加
	班级培训	针对工作中的问题进行班级培训	根据具体情况安排培训时间和周期
	观摩课的准备	配合幼儿园的教学安排执行	集体准备
行政管理	班级管理问题的讨论	和班级管理有关的事物，如材料购买等	和日常工作相关的行政方面的事情
	家庭沟通	根据需要安排合适的沟通方式	做好家园共建
其他	根据幼儿园要求的工作，同样做出清单		

（2）观摩课程清单示例

观摩课是提升教师专业技能的重要方式。为了提升观摩课的质量，可以为教师提供清单（见表 2-3-2）作为参考。

表 2-3-2 观摩课程管理清单

	主题	清单要点
职业性	教姿教态	1. 着装得体
		2. 站姿、坐姿及肢体语言（表情、眼神、手势等）
	语气语调	1. 声音不要太大，最好在走廊里听不到教师在教室里发出的声音
		2. 语气语调抑扬顿挫，吸引孩子
专业性	教学活动的名称	1. 需要的区域名称
		2. 是集体教学还是分组教学
	活动准备要求	1. 活动区域准备（玩具柜、地垫或桌椅等清单）
		2. 活动的材料清单
		3. 确认安全
	活动流程清单	1. 有效提示孩子活动开始（按照清单要求提示）
		2. 微型课程集合到指定区域
		3. 进入区域时阅读区域规则
		4. 进入区域开始活动
	观察和指导	1. 观察和引导的原则——关注但不打扰
		2. 记录儿童区域活动的创意表现和有趣表现，并记录在成长册中
		3. 关注特殊儿童，防止意外情况发生，如推搡、抢玩具等造成意外
	分享	1. 活动介绍后教师进行集中分享
		2. 分享的时间根据教学计划安排进行
	过渡	微型课程进入下一个活动环节

除了教师每周工作的清单模板、观摩课程的清单模板，还有幼儿园周计划的清单模板。周计划的清单模板是一个幼儿园课程模式的展示，也是保教理念的展示。我们看一下下面的 2 个周计划，你觉得哪个周计划更符合自己的保教理念和保教模式？ 结合自己的幼儿园的保教理念和保教模式，你觉得应该如何设计周计划，才能更好地发挥幼儿园的优势和特色？

（3）保教活动周计划示例 1（时间供参考）

表 2-3-3　保教活动周计划示例 1

时间	活动			
8:00—8:45	早餐			
8:45—9:15	自由活动			
9:15—9:25	如厕、洗手、喝水			
9:25—9:55 集体活动				
星期一	星期二	星期三	星期四	星期五
烘焙	科学	音乐	艺术	阅读
9:55—10:05	如厕、洗手			
10:05—10:20	上午加餐、喝水			
10:20—11:20	室外活动 （如有天气原因，转室内活动）			
11:20—11:30	如厕、洗手			
11:30—12:15	午餐			
12:15—12:30	餐后散步			
12:30—14:45	午睡			
14:45—15:00	起床后整理			
15:00—15:15	下午加餐、喝水			
15:15—15:30	区域活动			
15:30—16:10	室外活动 （如有天气原因，转室内活动）			
16:10—16:20	如厕、洗手			
16:20—16:50	晚餐			
16:50—17:00	清洁、换衣服			
17:00—17:30	离园			

（4）保教活动周计划示例 2（时间供参考）

表 2-3-4　保教活动周计划示例 2

<table>
<tr><th>时间</th><th>星期一</th><th>星期二</th><th>星期三</th><th>星期四</th><th>星期五</th></tr>
<tr><td>7:30—8:00</td><td colspan="5">幼儿入园晨检</td></tr>
<tr><td>7:30—8:00</td><td colspan="5">餐前准备或区域自由活动</td></tr>
<tr><td rowspan="2">8:00—8:50</td><td colspan="5">幼儿早餐
（用餐音乐）</td></tr>
<tr><td>区域活动
美工区</td><td>区域活动
娃娃家</td><td>区域活动
建构区</td><td>区域活动
植物区</td><td>区域活动
音乐区</td></tr>
<tr><td>8:50—9:20</td><td>早间分享
我的爸爸</td><td>早间分享
我的爸爸</td><td>早间分享
拔萝卜</td><td>早间分享
拔萝卜</td><td>早间分享
复习：
1. 我的爸爸
2. 拔萝卜</td></tr>
<tr><td rowspan="2">9:20—10:00</td><td>区域活动
建筑区</td><td>区域活动
美工区</td><td>区域活动
娃娃家</td><td>区域活动
拼插区</td><td rowspan="2">体验馆</td></tr>
<tr><td>形状积木</td><td>涂鸦</td><td>娃娃穿衣服
角色扮演</td><td>颜色排序</td></tr>
<tr><td>10:00—11:00</td><td>户外活动
1. 万象组合：越障碍走、跳及钻
2. 自由活动</td><td>户外活动
1. 万象组合：越障碍走、跳及钻
2. 自由活动</td><td>户外活动
1. 滑滑梯
2. 踢球入门
3. 自由活动</td><td>户外活动
1. 滑滑梯
2. 踢球入门
3. 自由活动</td><td>户外活动</td></tr>
<tr><td>11:00—11:10</td><td colspan="5">过渡环节：回教室、盥洗</td></tr>
<tr><td>11:10—11:20</td><td colspan="5">分享时间 / 咏读（微型课程或其他）</td></tr>
<tr><td>11:20—12:00</td><td colspan="5">午餐 / 区域活动 （微型课程）</td></tr>
<tr><td>12:00—14:30</td><td colspan="5">午睡 / 睡眠音乐</td></tr>
<tr><td>14:30—14:50</td><td colspan="5">起床及间点 / 音乐</td></tr>
<tr><td>14:50—15:10</td><td>分享活动
摇呀摇</td><td>分享活动
摇呀摇</td><td>分享活动
大苹果</td><td>分享活动
大苹果</td><td>分享活动
复习：
1. 摇呀摇
2. 大苹果</td></tr>
<tr><td>15:10—16:10</td><td>户外活动
1. 万象组合：越障碍走、跳及钻
2. 自由活动</td><td>户外活动
1. 万象组合：越障碍走、跳及钻
2. 自由活动</td><td>户外活动
1. 滑滑梯
2. 踢球入门
3. 自由活动</td><td>户外活动
1. 滑滑梯
2. 踢球入门
3. 自由活动</td><td>户外活动
1. 万象组合
2. 开汽车
3. 自由活动</td></tr>
</table>

续表

时间	星期一	星期二	星期三	星期四	星期五
16:10—16:20	餐前准备				
16:20—16:40	晚餐				
16:40—17:00	分享时间 集体音乐活动				
17:00—17:30	离园				

四、幼儿园日管理清单

1. 原则和意义

蕾蕾老师是一位有 5 年幼教经验的管理者，在接触到清单与标准之前，感觉对教师的指导和评估只停留在说教和评判上。很多时候教师希望去修正和提升，但是不知道该怎么做才能达到标准。蕾蕾老师很苦恼，不知道如何给予教师实际有效的帮助，总有摁下葫芦起了瓢的感觉。清单与标准不仅让教师的管理更加清晰简单，而且提升了教师积极性。

清单让教师为了共同的目标关注正确的做事方法，关注当下最重要的事，让大家的工作同步，主要表现在以下 8 个方面。

第一，营造积极的学习氛围来支持幼儿的活动。

第二，在满足幼儿需要的同时，让教师相互保持合作与支持。

第三，当面对幼儿的不当行为时，不去惩罚和说教，而是正确的示范。

第四，让幼儿过有计划的生活、有准备地开展当下的活动，可以提升幼儿的自我管理能力。

第五，清单管理的规则能帮助幼儿锻炼解决冲突的能力，以及与他人合作的能力。

第六，启发教师思考如何利用自己所学的专业知识，创设适合幼儿发展的环境，并给予幼儿有效的支持。

第七，清单管理旨在创设一种可以分享和讨论的有情感的教育环境。

第八，清单管理为教师提供和家长沟通的具体方法。

总之，清单管理帮助教师确定每天的常规工作，使教师做到心中有数，同时感受团队的力量以及领导有效的支持，让教师在和谐一致的条件下工作，提升自己的职业自豪感。

2. 日清单管理示例（时间仅供参考）

表 2-4-1　每日管理清单

时间 / 主题	内容	清单要点
7:30—8:00 入园准备	上班打卡	每日打卡
	着装	符合要求
	教学环境准备和确认	1. 音乐准备
		2. 环境确认
		3. 教具确认
		4. 班级文档
		5. 卫生
8:00—8:20 早间接待与区域自由活动	早间接待	1. 接待的状态与姿势
		2. 和家长、孩子打招呼
		3. 协助晨检
		4. 更换衣服和室内鞋
		5. 接待晚到的孩子
	区域自由活动	区域自由活动
	收玩具及洗手	收玩具、洗手
8:20—8:30 分享时间及准备	分享时间	餐前分享
	餐前准备	餐前准备
8:30—9:00 进餐时间及餐后管理	进餐时间	餐桌礼仪
	先吃完饭的孩子的管理	引导进入区域
	餐后整理	清洁卫生
9:00—9:10 过渡环节、去户外活动时教师站位	准备环节	有效提醒
	过渡	使用微型课程
9:10—10:10 户外活动	场地及玩教具安全确认	确认户外安全
	活动过程	集体活动和分组活动相结合
	集合回教室	微型课程结束后回教室
10:10—10:30 间点 / 饮水准备及活动环节	准备	餐前准备与分享
	间点过程	随时关注有需要的孩子
10:30—10:45	准备	微型课程组织孩子围坐在一起

续表

时间 / 主题	内容	清单要点
早间分享准备	分享活动	分享今天的活动安排
10:45—10:50 活动准备	区域教具与规则	展示教具
10:50—11:20 分组及集体活动过程	分组活动过程	根据年龄或特点分组
	集体活动	集体活动
	作品展示	展示孩子的作品
11:20—11:30 分享时间及餐前准备	分享时间	餐前分享
	餐前准备	餐前准备
11:30—12:00 进餐时间及餐后管理	进餐时间	餐桌礼仪
	先吃完饭的孩子的管理	引导进入区域
	餐后整理	清洁卫生
12:00—12:15 午睡准备	餐后散步	餐后散步 15 分钟
	准备床铺	准备床铺
12:15—14:30 午睡环节	检查和观察孩子的情况	观察孩子睡眠情况
14:30—15:00 起床及如厕、洗手、饮水	起床、如厕、洗手、饮水	关注孩子的安全
15:00—16:00 户外活动	场地及玩教具安全确认	确认户外安全
16:00—16:20 盥洗、间点 / 饮水	准备	餐前准备与分享
	间点过程	随时关注有需要的孩子
16:20—16:50 分组及集体活动过程	分组活动过程	根据年龄或特点分组
	集体活动	集体活动
	作品展示	展示孩子的作品
16:50—17:00 分享时间及餐前准备	分享时间	餐前分享
	餐前准备	餐前准备
17:00—17:30 进餐时间及餐后管理	进餐时间	餐桌礼仪
	先吃完饭的孩子的管理	引导进入区域
	餐后整理	清洁卫生

续表

时间 / 主题	内容	清单要点
17:30—17:35 离园准备	准备	清洗与整理物品
17:35—17:45 离园环节	离园分享	离园分享与离园
安全与规则	对教师管理的 4 个基本原则	1. 行为
		2. 与家长沟通
		3. 着装
		4. 给孩子制定规则
	意外伤害与防护清单要点	意外伤害处置的 4 步法
	卫生管理制度及原则	管理制度
	班级档案清单要点	班级档案清单要点

3. 研讨与复盘示例

表 2-4-2　研讨与复盘清单

主题	内容	清单要点
讨论复盘	班级的研讨	1. 幼儿园开始执行的第一个月应每天对清单与标准进行讨论和复盘
		2. 根据实际情况，优化清单与标准，以提高班级的工作效率
		3. 有研讨记录
		4. 结合班级管理进行讨论和研讨，制定属于本园的清单与标准

清单的使用方法在《幼儿教师清单保教理论与实务》中做了详细的讲解。开始使用可能感觉有些麻烦，因为使用清单与标准完全改变了原来的工作习惯。为了让大家适应这种方法，在开始的时候我们可以从 1～2 个环节开始，慢慢地适应这种做事的方法和逻辑，要给予大家足够的时间。一旦教师们理解了清单设计的逻辑和方法，就能很快掌握了。因此在开始的时候，需要每天进行研讨和复盘，沟通当天的 1～2 个环节中做得比较好的和做得不好的地方，出现的问题、解决方法，等等。当第二天工作时大家互相提醒，同时再记录今天的问题，依次反复进行。通过这种方式，大部分的教师都会在 1.5～2 个月完全掌握。到那时，管理者会发现，幼儿园的管理规范有序，教师的精神面貌焕然一新。

模块三 幼儿园清单督导理论

教育部于 2017 年 4 月 18 日印发《幼儿园办园行为督导评估办法》是为了建立和完善幼儿园督导评估制度，推动各地加强和改进对幼儿园的管理，促进幼儿园规范办园行为，保障幼儿身心健康、快乐成长。依据《教育督导条例》和《幼儿园工作规程》的要求，《幼儿园办园行为督导评估办法》规定的督导评估内容包括办园条件、安全卫生、保育教育、教职工队伍和内部管理 5 个方面。

督导评估工作由教育督导部门组织实施。督导评估的方式包括现场观察、问卷调查、座谈访谈、资料查阅和数据统计等。

督导评估工作方案由各省级督导部门根据《幼儿园办园行为督导评估办法》负责制定本省《幼儿园办园行为督导评估实施方案》，县级教育督导部门遵循属地原则负责具体实施。省、市两级教育督导部门对县级督导评估工作的情况进行监督和指导。《幼儿园办园行为督导评估办法》规定，幼儿园办园行为督导评估结果应作为幼儿园年检、确定级类和园长评优评先的重要依据。对符合要求的规范幼儿园，给予更多的政策优惠和扶持。同时对于督导结果的评估报告，地方各级教育督导机构报送本级人民政府可以作为制定学前教育政策、加强幼儿园管理的依据。

一、清单督导的内涵

教育部制定的《幼儿园办园行为督导评估办法》，是幼儿园办学质量的保证。除了配合教育主管部门的督导，各地幼儿园需要根据自己的情况成立督导团队，按照督导的要求，对幼儿园管理及保教体系进行定期和不定期的督导，促进幼儿园实现管理及保教目标。清单管理与督导既是独立的又是相互关联的。管理清单是日常工作中的执行方案。督导清单则是确认完成的质量。管理清单与督导清单共同构成幼儿园的核心支持系统，也是幼儿园的核心竞争力。

管理清单是告诉管理者一些不能被忽略且必要的环节，而督导清单则是保证清单执行达标的有效方法。管理清单与督导清单为教师的职业规划及绩效考核建立清晰可视化的管理标准。除此之外清单管理与督导清单还可以有效地帮助我们应对各种复杂的突发情况，如孩子的意外伤害及意外事故——停电或火灾等。在使用清单督导时需要注意的是，解决问题的是人，而不是清单，因此如何合理使用是关键。清单管理与督导清单是幼儿园内部的管理体系。在使用督导清单时需要考虑以下因素：

一是督导清单并不是简单的对项目的评分，而是培养团队及建立自律的企业文化。

二是督导清单不是一成不变地执行标准，要结合使用不断优化升级。

三是客观看待督导的结果。

四是根据结果反思管理中存在的问题。

五是思考现有清单的适用性和合理性。

六是对于督导中发现的问题，尽可能转化成可使用的管理清单与督导清单，避免再次发生同样的问题。

管理清单和督导清单的核心应该是一致的，管理者通过有效的督导提升教师的职业性和专业性。对于教师来说他们需要科学理念引导下的执行方案，清单要点就为教师提供了简单清晰的执行方案。比如我们经常强调爱孩子，那么在教师的教学过程中如何体现出爱孩子？清单的要求是当教师看到孩子的时候或者和孩子进行任何互动时，首先蹲下来；如希望孩子遵守规则时，不要对孩子隔空喊话，要走近孩子告诉他应该做什么，而不是告诉他不应该做什么等。这些既是教师行为的管理清单内容，又是管理者督导的清单内容。因此管理者使用督导要点时，不仅是对教师的督导，而且是反思自己的教育管理行为的过程。管理者对待教师的态度，也决定了教师对待孩子的态度。因此管理清单和督导清单的一致性，是建立高品质幼儿园的根本。

幼儿园的工作相对烦琐零散，园长更应该做好时间管理。实施清单管理和督导会让工作变得可视化和量化，也会让园长切实感受到管理的效果、效率，感受到看得见的成长，如教师的进步、教学品质的提升等。

二、清单督导的意义

我们在工作中做过这样的调查，让幼儿园的管理者大概统计一下，在日常工作中，同样的事故反复出现的概率，以及处理这样的事情所花费的人、财、物的成本。大家觉得除了付出的成本外，还会给园长和教师造成很大的压力，有时还要付出很大的代价，如对幼儿园造成负面影响，必要时的危机公关等。有时觉得有些事情（尤其是孩子的磕碰伤）很难避免，在幼儿园发生是比较正常的，但是否应该思考减少或避免这种情况发生的有效方法。管理清单和督导清单可以帮助我们发现和避免很多潜在的问题，如合理的站位可以降低意外事故发生率，有效的提示和微型课程会减少孩子们之间的推搡，及时回复家长投诉可以提高家长满意度等。清单督导既是简单、可测、高效的工作方法，又是一种理性思维的工具，帮助管理者在众多繁杂的日常工作中抓住关键，聚焦工作中的关键环节，保证正确的做事方式，减少意外事故的发生，有效地提高工作效率。因此清单督导的意义在于以下几方面：

1. 建立属于自己的管理体系

在工作的过程中，每到一家幼儿园我们会做一个问卷调查，分别发给教师和管理者，统计发现同样的问题大家回答都不一样。经过现场讨论发现，每个人角色不同，理解也不同。因此督导不仅是简单的考评和评估，而且更重要的是统一认识，凝聚团队的力量，为完成共同的目标而努力。因此，幼儿园通过督导清单建立属于自己的内部管理体系，使内部的管理趋向标准化，通过内部督导完成自我评估。但在自我评估和督导过程中思考以下因素：

第一，督导的目的和意义是什么？

第二，督导的项目是目前最重要的吗？

第三，保教管理中是否强调了教育理念？保教环境和体系是为保教理念服务的吗？

第四，人力资源的组织架构是否合理？有的幼儿园组织架构不清楚，导致分工混乱，岗位职责不清。有些工作不能落实，尤其是一线教师的工作，教师不知道去向谁汇报和求助，这在幼儿园里非常常见。

第五，园所设施的安全检查是否有规定的制度和流程，如定期检查、维修和更换等。应对突发事件的应急预案，是否人人都知道。

第六，任何品牌的价值都有自己的独特性，除了拥有自己独特的教学内容外，品牌体系的建立依赖自身完善的管理体系，这也是品牌建构的基础，也是提升品牌价值的保障。

幼儿园要通过上级部门的督导和自我的督导，不断完善内部管理体系，提升自己的教育品质。大量事实证明决定一个幼儿园品质的不是课程，而是管理的机制。因为有效的管理机制会提升教师工作的积极性，从而提升教育质量。这也是本书反复强调的，管理清单和督导清单的核心不是清单本身，而是执行清单的人。

2. 提升幼儿园的品质

在目前的教育环境下，有的幼儿园引进了特色课程，并按照课程内容去培训教师。但现实情况是教师没有完全理解课程的教育理念及课程设计的逻辑，只是照搬课程的内容，因此效果大打折扣，也没有做出特色。这就需要幼儿园的管理者明确自己幼儿园的定位，明白真正提升幼儿园品质的核心要素有哪些。当然优质的课程是幼儿园必备的内容，除此之外还要考虑以下因素：

一是确认课程的理念和模式。

二是管理的规范化。督导强调管理明细化、可视化和规范化，强调正确做事的方法。

三是增强团队意识。督导是对一个班级的整体考核，让大家聚焦班级甚至幼儿园的目标，并让大家体验责任感和自豪感。

四是提高家园共建的质量。要通过各种方式给家长分享我们的教育理念及管理模式，让家长感受幼儿园的专业和规范，得到家庭的支持。

3. 储备人才，建立人才培养机制

企业的发展离不开人才。幼儿园对人的依赖性很大。家长选择一家幼儿园，很多时候是因为幼儿园拥有优秀的教师。因此幼儿园要建立自己的人才培养机制，让每一位教师明确自己的职业规划，同时在这里能实现其教育理想和自身的价值。合理地使用管理清单和督导清单，可以通过不同阶段、不同形式的培训和考核，给予教师清晰的职业规划，让教师对自己的职业生涯有很好的期待。我们在实际工作中，经常给教师上职业规划的课程。这个课程是开放讨论式的课程，通过讨论了解大家的想法。我们都知道教育行业也是成长比较慢的行业，教师的经验是通过教育孩子慢慢积累的，因为每个孩子不同，每个孩子的每个阶段不同。很多教师特别期待自己在一个机构里能有清晰的职业规划和成长的阶梯，如明确一线岗位上工作几年，能达到什么样的能力，才有机会晋升高一级的岗位等。幼儿园的督导清单也是幼儿园培训人才的有力工具和参考。因此在设计和使用督导清单时应该思考以下的因素：

一是督导清单是否符合教师职业规划，也就是能否让教师清楚自己职业成长的节点。

二是督导清单需要有清楚的原则和计划，如每学期督导几次，每次督导内容的权重占比等。

三是督导的标准是否客观和公平。

四是督导清单是否激发教师的积极主动性，等等。

园长是幼儿园管理的第一责任人，因此除了要依照法律法规管理好自己的幼儿园，也要建立好内部的管理机制，只有这样才能留住人才，提升幼儿园的教学质量。

在管理中经常提到高效管理和有效管理，不管是高效还是有效，最核心的问题就是激发员工的主动性，提升员工的职业自豪感，最基本的还是源自规范的制度。管理清单和督导清单是实现高效管理的有效工具，因此要在动态过程中通过观察、协调和督导评估等形成适合本园的质量评估体系及人才培训体系。

三、清单督导的组织

督导最终的目标是提升幼儿园的教学品质，终极目标以一定的教育目标为基础，首先遵守学前教育纲领要求，其次符合国家教育方针，最后结合幼儿园的实际情况，来制定适合自己的管理和督导体系。管理清单和督导清单就是帮助管理者对幼儿园的人、财、物、时间、信息等因素进行有计划、有组织的安排，并通过规范的方式激发员工的积极主动性，优质高效地完成幼儿园的工作，提升幼儿园的教学质量。幼儿园工作比较烦琐，最重要的管理就是对人的管理。因此首先制订相应的制度，在制度允许的范围内进行执行和调整，尽量做到公平、公正、公开透明，让每个人都自觉遵守各项制度，感受到自己是制度的受益者。

督导就是对幼儿园制度及管理方式进行验证的最好方式，因此幼儿园除了配合上级主管部门的督导还要建立自己的督导制度，这就需要大家的积极参与和讨论，共同制订督导的制度和方式、内容及反馈机制等。

1. 建立督导制度

教育主管部门每学期甚至每个月都会对所管辖的幼儿园有针对性的督导，帮助幼儿园发现问题，以及提出整改建议。但幼儿园需要建立自己的督导自评制度，幼儿园的内部督导和评估能够发现自身的不足。幼儿园把自行评估的结果和上级部门督导的结果相互结合起来，综合评估幼儿园的工作，会更好地促进幼儿园的工作的提升。幼儿园的核心工作是为孩子提供身心健康发展的场所，要始终把保教并重、教养结合的理念贯穿幼儿园整个管理过程。所有工作都是以孩子的身心健康发展为最终目标的，因此督导工作应关注幼儿园的管理体系，不仅仅局限于某个方面，而是从全局出发去开展管理工作。因此制定督导制度需要思考以下因素：

一是建立专业的评估团队，岗位清晰。

二是督导应该集中和抽查相结合的方式。

三是督导应该有清晰的主题和目标。

四是督导要围绕教学目标制定，督导的定位应该为一线教师提供支持。

五是督导清单的督导的周期和频率是否符合教学规律？

六是督导清单和管理清单应该是相辅相成的。

七是督导评估的结果，应该结合教师反馈综合评估。

八是督导后的反馈很重要，有利于督导清单及时优化。

对于幼儿园来说，督导属于涉及幼儿园相对范围比较大的工作，比如看到班级的材料不够丰富，影响教师教学活动开展，这一方面很有可能是教师没有及时准备教学材料，另一方面可能是幼儿园对教学材料购买的预算不够。这看似是教师的教学问题，但如果按照管理体系梳理就是管理的问题，简单来说是对教师教学支持不够，或者不知道教师需要什么支持，等等。因此督导也是帮助幼儿园发现自身问题，在不断反思中提升自己的教学质量。

2. 建构督导团队

在现实工作中发现，再好的制度如果执行不到位，效果就会大打折扣，甚至起不到什么作用。因此幼儿园首先须建立督导团队，并确立每个人的岗位职责。需要选择工作能力、个人素质、职业道德等综合能力比较强的管理及工作人员。督导小组既可以是长期的组织，又可以是临时组建的，要求每个人工作时都要全力以赴，担当责任。幼儿园在建立督导团队的时候，应该考虑以下因素：

（1）职业性要求

1）在以往的工作中，认真履行自己的岗位职责，忠于职守。

2）完全认同和理解幼儿园的教学理念和教学目标。

3）在工作中完全执行幼儿园教育体系中清单管理的理念及方式。

4）对待事情客观公正。在督导过程中做到对事不对人，遵守规则。

5）有良好的沟通能力，能够清晰地表达问题和建议，同时接纳他人的建议。

6）有良好的团队合作能力。

（2）专业性要求

1）督导人员必须具备足够的本体系的工作经验。因为督导工作不是督导人员简单地在督导标准上评分打叉，需要有一定的洞察力，发现真正的问题，并要提出建设性的建议。

2）督导团队组成人员应该是包括幼儿园的主管部门负责人及各年龄阶段教学管理的负责人，并能完整地掌握各年龄阶段的工作清单与标准的管理人员。

3）教育背景或学术背景也应该是选择督导人员的条件之一。深厚与扎实的理论基础，能对教学过程中的问题觉察更敏锐，对解决方案的制定更有针对性。

4）要有丰富的家长工作经验，督导过程中需要解决家长关心的问题，并把督导反馈的方案有效地反馈给家长。

确定了督导人员以后，就要根据督导的岗位，设定督导岗位责任书，让每一位参加督导的人员清楚地知道自己的责任、权利、义务，让大家知道督导工作的重要性，以便更好地完成督导评估工作。督导小组组成不要太复杂，主管领导负责制，组织专业人员组成督导小组，如图：

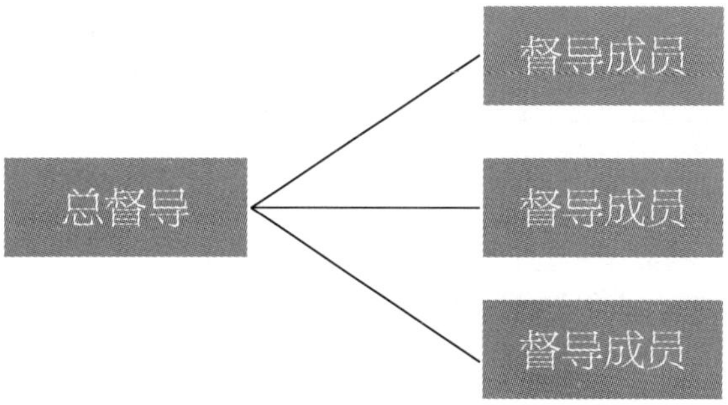

图 3-3-1

（3）总督导岗位责任书

表 3-3-1　总督导岗位责任书

姓名		目前职务	
督导岗位名称	总督导	任职期限	
工作范围	园内所有班级		
结果汇报			
岗位职责			
工作主题	职责清单		权重
组织督导团队	1. 组建督导团队，统一目标		负责
	2. 根据正在使用的管理清单与标准及教育主管部门的要求确认督导成员		负责
	3. 制订督导成员岗位职责，明确督导的目标和要求		负责
制订计划	1. 和督导团队共同制订督导的计划		负责
	2. 督导工作计划包括每学期、每月与每周工作计划		负责
	3. 确定督导周期和频率		负责
	4. 确定督导内容及方式		负责
督导过程	1. 采取多种方式，如集中观摩和随时抽查和沟通相结合		负责
	2. 遵守督导规则，保证客观公正		负责
	3. 收集督导数据，汇总资料		负责
总结与反馈	1. 督导结束后的一周内，书写督导分析报告		负责
	2. 和接受督导的相关人员一起讨论督导结果及解决方案		负责
	3. 持续支持接受督导工作人员直至问题解决		协助

续表

岗位职责		
工作主题	职责清单	权重
研讨与优化	1. 虚心接受大家对督导的反馈意见	负责
	2. 组织大家研讨，不断优化督导清单与标准	负责
其他	1. 承担和督导相关的研发和培训任务	协助
	2. 定期总结督导工作的问题并提出合理化建议	协助
	3. 督导期间配合幼儿园完成其他相关工作	协助

幼儿园工作比较烦琐。幼儿园管理有很多时限性，一日生活中很多的事情需要在固定的时间内完成，同时要处理好各种具体事情，也就要求教师最大限度地做好各项工作，并且必须围绕既定目标，注意各项工作的全面安排和协调，做到有条不紊。督导的目的是帮助教师找到正确的工作方式，减少忙碌状态，提高工作效率。

四、督导类型与形式

幼儿园的督导一般包括了教育主管部门对幼儿园的督导和幼儿园自己的内部督导。本部分内容所说的督导主要针对幼儿园内部督导。幼儿园内部督导可以采用多种方式，以便全面了解幼儿园真实的情况。大部分幼儿园采用集中和随机相结合的方式进行综合督导，有时也会针对某个项目进行专项督导。

1. 督导的类型

（1）集中督导

根据每年度或每学期的计划进行集中督导，也就是由总督导或督导负责人组成督导小组，督导成员按照自己负责的领域或范围进行督导。集中督导分为全面督导和专项督导。全面督导一般是教育主管部门每年一次的督导和审核。专项督导就是针对某一领域进行督导，比如安全消防、传染病预防、主题教学等。一般情况下幼儿园每月需要进行一次集中督导，因为督导评估的成绩会和教师绩效考核相关联。当然督导评估的成绩是集中督导和随机督导的综合评分。幼儿园应建立自己的督导考评机制。

（2）不定期督导

督导小组可以进行不定期的督导，根据幼儿园的运营情况，进行不定期的全面或专项督导。

（3）随机督导

督导成员和管理者在每日工作中随时都可以按照管理清单的标准进行督导。在集中督导期间大家都比较小心，担心出现错误，平时没有督导的时候就会放松下来。通过随机的督导是希望大家知道，督导的最终目的不是为了考核，而是为了培养教师职业性和专业性，提升大家的职业自豪感。希望通过督导找到差异，给予老师们更好的支持。

2. 督导的形式

（1）实地观摩，记录实情

督导人员通过现场的观摩，了解督导项目的实际情况，如教育主管部门去幼儿园实地考察办园的场地、安全、教学设施等，走进班级观摩教学、了解教育理念及办园宗旨等。如果幼儿园内部督导，走进班级，跟随班级一日流程，按照管理清单记录教师工作的实际情况，也可以通过视频或照片的形式记录当时的情景，便于做到督导有理有据，真实再现当时的情景，便于老师发现自身的问题。对于提升教师的教学水平和幼儿园的品质有重要的作用。

（2）参加教研，深入了解

教学活动的组织是教师教学水平的展示，除了教学内容设计，还要关注教师的教姿教态及对孩子的引导方式。尤其是要关注教学过程中的潜课程和微型课程部分，这也是教学活动重要的部分。潜课程部分包括了教师关系、教师和幼儿之间的关系、教学环境等，可以体现教师教育思想和态度，同时可以观察到课程设计是否合理、班级管理是否有序、班级氛围是否和谐等。

（3）随机沟通，收集信息

在督导过程中，可以找机会和教师进行沟通，了解教师对幼儿园教育理念的理解和执行，了解教师目前需要的支持。如果可能，也可以和家长进行沟通，了解家长对幼儿园的看法及要求。

（4）查看资料、综合信息

幼儿园在进行内部督导时，除了查看教学管理的档案，还要查看《家园共建手册》及《儿童观察记录》，从这2份记录里可以了解更多的信息，例如教师关注的问题是什么，给家长传递的重要信息是什么。如很多教师在写《家长联系册》时，经常会把孩子不太好的表现记录下来，如不好好吃饭、和别的小朋友抢玩具等。这些消极的信息不仅会让家长变得焦虑不安，而且会增加教师的工作压力。通过查看资料可以帮助幼儿园制定更适合的培训方案。

在幼儿园的管理工作中，不仅是对教职员工，而且还有对全体幼儿和幼儿家长的管理。在这个人员系统中，员工相对以女性居多，幼儿年龄小，幼儿家长来自各行各业，背景不同需求不同。因此需要管理者思考使用什么样的方法既能调动全体员工的工作积极性，又能实现幼儿园管理的目标，这是幼儿园管理中至关重要的问题。

五、督导流程

幼儿园自我督导流程应该按照幼儿园的组织结构图进行集中或分阶段的督导。每个幼儿园都有属于自己的机构设置，可以根据自己的组织机构去设计。一般情况下督导内容，应该包括幼儿园所有相关的业务内容，只有这样才能发现问题，解决问题。督导的内容可以参考以下流程图：

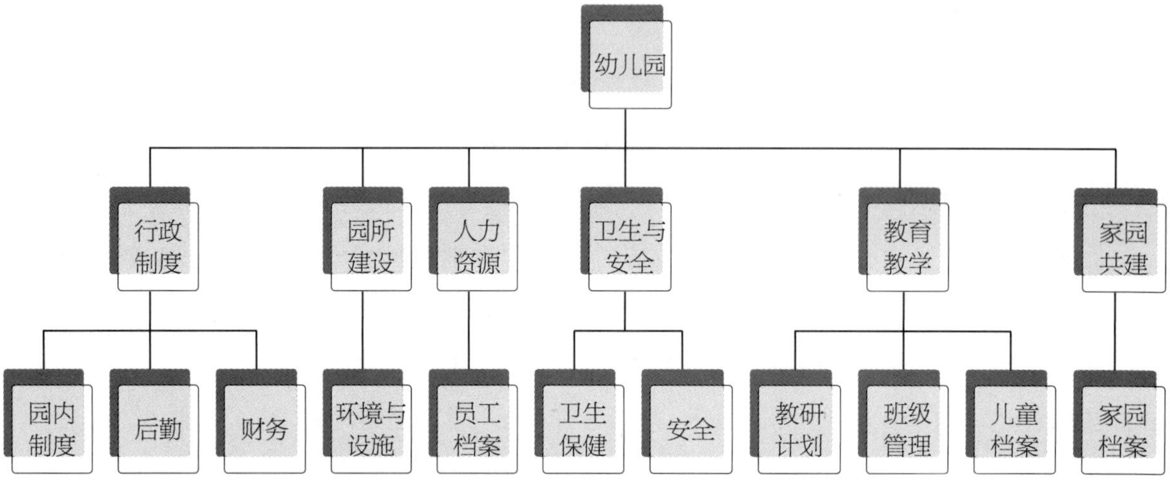

图 3-5-1

1. 幼儿园集中督导流程清单

表 3-5-1　园所集中督导流程清单

项目	内容清单	地点	时间	负责人	说明
督导小组集中确定督导内容	分配督导任务	办公室或其他指定地点	30 分钟内	总督导	

续表

项目	内容清单	地点	时间	负责人	说明
分组督导（查看资料）	园所建设	指定地点	根据工作量确定时长	小组负责人	园内自行督导时，可以一人兼多职
	行政制度				
	人力资源				
	卫生与安全				
	教育教学				
	家园共建				
现场观摩	实地查看园所设施	幼儿园整体环境		小组负责人，分别去对应的场所	根据督导的内容，去现场实地督导
	查看安全设施	指定地点			
	查看卫生保健设施	指定地点			
	查看教室教学环境	教室			
	观摩教师教学	教学活动场所			
	入园与离园时和家长的沟通	接待和离园的地方			
和教师调研	相关主题	随机		主要是负责教学督导的人员去调研，其他督导人员也可以随机调研，因为关注点不同	调研不影响教师的教学活动
和家长调研	相关主题	随机			不要引起家长的反感
讨论与汇总	督导小组讨论	指定地点		总督导或督导负责	综合大家的意见
	汇总核心问题				
反馈与建议	口头反馈与建议	指定地点		总督导或督导负责	
	书面反馈与建议				
整改措施与时间	园长根据督导反馈，提出整改方案	指定地点		相关负责人	
	确定整改时间				
重复督导与支持	督导小组给予整改支持			总督导或督导负责人	
	确定重复督导的时间				

2. 班级集中督导流程清单

表 3–5–2　班级集中督导流程清单

项目	内容清单	地点	时间	负责人	说明
督导小组集中确定督导内容	强调一日常规清单与标准	办公室或其他指定地点	10 分钟之内	总督导	
督导分组	按照班级进行分组	班级			全天在一个班级里，能够发现班级所有问题
	按照督导的内容和环节分组	班级			能发现不同班级执行同一清单的做法
实地观摩	按照清单管理标准执行	班级或活动场地			发现问题记录，不打断教师的教学，特殊情况例外
档案管理	班级档案	班级			
和教师调研	相关主题	随机			调研不影响教师的教学活动
和家长调研	相关主题	随机			不要引起家长的反感
讨论与汇总	讨论、汇总核心问题	指定地点			
反馈与建议	口头反馈与建议	指定地点		督导负责人反馈	
	书面反馈与建议				
整改措施与时间	提出整改方案	指定地点		教学负责人和班长	
	确定整改时间				
重复督导与支持	督导小组给予整改支持			督导负责人与班长	
	确定重复督导的时间				

3. 班级自行督导流程清单

表 3-5-3　班级自行督导流程清单

项目	内容清单	场合	时间	负责人	说明
确定督导内容	一日常规清单与标准	本班级教室	5 分钟之内	班长	督导可以围绕一日清单进行，分主题和环节
	某个教学活动				
	某个环节				
实地观摩	按照督导内容	班级或活动场地		班长	发现问题记录，不打断活动，特殊情况例外
档案管理	班级档案	班级		班长	
和老师调研	相关主题	不影响孩子活动的时间		班长	调研不影响教师的教学活动
和家长调研	相关主题	入园或离园、家长会时		班长	不要引起家长的反感
讨论与汇总	讨论、汇总核心问题	本班级		班长	
反馈与建议（给相关人员）	口头反馈与建议	本班级		班长	
	书面反馈与建议				
整改措施与时间	提出整改方案	本班级		班长与班级老师	
	确定整改时间				
寻求支持	书面上报教学主管部门			班长	如有问题解决不了，上报有关部门，寻求支持
重复督导与支持	确定重复督导的时间			督导负责人与班长	可以要求教学主管部门协助督导

4. 随机督导

幼儿园应该把督导作为常规的工作，虽然督导的标准是提前确定的，但督导的时间可以随机安排。主要的目的不是完成督导计划，而是提升幼儿园的教育质量。

（1）随机抽查班级

随机选择小、中、大班的一个班级进行随机督导，可以观察督导一日清单中的某个环节或班级管理的某一项内容。必要时可以让班长或教师示范。

（2）随机观察孩子的状态

督导人员可以在日常工作中，关注孩子在一日活动中的状态，孩子的状态也是教师工作的状态。当然不能以一个孩子的状态来评估教师的工作状态，至少要观察班级 1/3 以上的孩子的状态才能做出综合评估。

六、督导周期与频率

教育主管部门督导的周期和频率要结合幼儿园具体的工作情况，除了随机的抽查外，一般都会把每年度或每学期的督导计划下发到管辖的幼儿园，让幼儿园根据督导的计划来安排自己的工作。但是幼儿园不要为了应付督导工作做表面工作而应认真对待每次督导。因为督导是帮助幼儿园提升管理品质的重要方式。

表 3-6-1　督导周期与频率清单

督导内容	督导项目	周期	频率	督导部门
年检	综合督导	每年	1 次	内部督导
	综合督导	每年	1 次	教育主管部门
学期督导	综合督导	每学期	1 次	内部督导
	综合督导	每学期	1 次	教育主管部门
	专项督导	每学期	1 次	教育主管部门
	班级督导	每学期	1～2 次	内部督导
每月督导	专项督导	每月或根据专项项目需要	1～2 次	内部督导
	教师个人督导	每月	1 次	内部督导
	班级督导	每月	1 次	内部督导
每周督导	专项督导	根据情况确定周期		内部督导

1. 教育主管部门综合督导

教育主管部门每年的年检是对幼儿园进行全面的督导，帮助幼儿园保持良好的运营状态。幼儿园要做好充分的准备，积极主动配合督导工作。

2. 幼儿园内部总督导

幼儿园在新学期的第一个月的月末或第二个月的月初，可自行进行全方位的督导，以便及时发现问题。具体时间幼儿园可以自行安排，幼儿园是为孩子提供生活的场所，需要考虑两方面，一方面孩子需要适应新的环境，另一方面老师也要充分了解孩子。因此需给予老师和孩子相互适应的时间，以保证督导结果的客观真实。

3. 新项目的督导

当幼儿园开展新项目，或者做幼儿园整体升级时，教育主管部门会根据园所实际情况，对照创建目标与任务要求，及时给予督导和支持，帮助幼儿园完成新项目或升级工作，从而提高幼儿园的办园水平。督导的时间和周期可根据情况确定。

4. 专项督导与支持

根据幼儿园的需要，有计划地或随时提供专项督导和支持，如消防安全、传染病防治、厨房管理等，幼儿园的工作有其特殊性，所有的工作都是围绕孩子的身心健康发展开展的，因此会面临家庭、社区、专业及国家政策等问题。督导人员在督导过程中，要给幼儿园提供多方面的支持，如提供、解读相关政策信息、解决家长与社会投诉问题、解决教师专业培训及招聘等问题。

5. 幼儿园保教管理督导

幼儿园保教管理督导要每月一次，结合幼儿园的绩效考核制度安排在月末或月初。班级自行督导也要每月进行一次，具体督导时间结合幼儿园的实际情况统一安排。

七、注意事项

不管是集中督导还是随机督导，除了按照制度、流程之外，督导的内容应该是一致的。同时建立统一的反馈机制，反馈机制要尊重幼儿园的组织架构图，按照管理体系进行逐级反馈。如总督导反馈给项目负责人，项目负责人根据反馈情况，统一安排修订方案及负责人，以起到督导的作用和效果。因此需要注意以下的问题：

1. 督导根据幼儿园的实际情况制订科学有效的督导计划。

2. 建立自己的督导管理体系。

3. 严格按照已确定的标准实施督导。

4. 幼儿园有一致的督导标准，明确建立督导的基本依据。

5. 建立一致的反馈机制。

6. 发现不合理的督导标准需要及时优化。

7. 督导必须实事求是，记录看到和听到的事实。

8. 督导成员必须了解被督导人的工作流程。

9. 随机督导可以不做任何通知，但不能干扰被督导对象的正常工作。

10. 在规定时间内反馈督导意见。

11. 认真客观对待督导过程，不能带有自己的感情色彩。

12. 督导结束后关注督导时发现的问题，并及时给予支持和指导。

幼儿园管理模式和教学体系存在一定差异性。有些幼儿园可能不具备某些条件，在督导时可以适当放宽时间，允许在一定时间范围内完成督导中发现的问题。

模块四 幼儿园督导清单与标准

《幼儿园办园行为督导评估办法》的颁布是教育主管部门对幼儿园的办园水平、人员管理、教学质量、卫生保健等全面工作进行督查、指导，帮助幼儿园发现问题及解决问题的重要举措。但在现实工作中通过调查发现，不少幼儿园对教育主管部门的督导有自己的看法。有些幼儿园的园长感觉督导给予幼儿园的帮助不大，有些问题在幼儿园看来不是问题，而有些问题是督导根本解决不了的问题，尤其是师资问题，机构普遍反映留不住人。由于教师更换频繁，给幼儿园带来不好的连锁反应，如保教质量上不去、家长满意度不高等。教育行业是对人和区域依赖性比较大的行业，有其自身的特点，如：

第一，不可触摸。如我们买一本书、一部手机都可以触摸到，但教育活动是触摸不到的。

第二，不可展示。教育的过程不能马上展示，尤其是教育的成果，需要漫长的积累才能展示出来。教育的过程展示需要环境和时机，不同的教师、不同的教学环境、不同的时间展示的效果不同。

第三，不可转让。我们购买任何产品，不喜欢或不需要都可以转让。但教育是有个体差异性的，虽然好的幼儿园大家都喜欢，但也不适合所有的孩子。

第四，有时效性。孩子每天都在成长，到了入园的年龄就应该入园。今年的课程不能存到明年。每个阶段的教育内容和活动形式是不同的，因为孩子年龄不同，个性不同，需要也不同。

第五，过程决定结果。同样的教学活动，教师的教学方式不同，结果不同。

第六，受教育政策和管理方式的影响等。

不管是教育主管部门，还是幼儿园本身，在督导过程中要重视发现共性和个性的问题，然后针对共性问题，可以采取集中培训的方式给予幼儿园有效的支持，如教学活动设计、保健知识与管理、家园共建等。针对个性问题，采取一对一指导，比如安全、区域教学、特色课程等。在督导的过程中思考以下因素：

第一，督导的标准和管理标准是否一致。督导的标准必须以管理标准为主导，不能管理是一个标准，督导是另外一个标准。这样既起不到督导的作用，又给幼儿园和教师制造混乱。

第二，督导的月度计划、周计划是否围绕年度督导计划制订。每个阶段评估的重点有哪些。

第三，如何做好督导评估等。

督导组成员在督导过程中，应该以客观、公开、公正的方式积极探讨适合的督导方法，共同讨论如何利用有限的督导时间，最大限度地开展幼儿园的督导工作，为幼儿园提供有效的支持。《幼儿园办园行为督导评估办法》要求每个省结合自己的情况制订自己的督导计划，如督导的周期、督导上报的流程，等等。本书所提供的督导清单通过分类把督导的关键内容清单化，让大家在执行过程中更加一致，同时更加聚焦当下的工作，以提高工作效率。

由于地域区别，各省根据教育部下发的《幼儿园办园行为督导评估办法》制订了适合本区域的督导标准，下面的幼儿园督导标准主要参考了山东省《2019 年幼儿园办园行为督导》的督导标准，其中每项分值设置仅供参考。

一、幼儿园年督导清单

1. 园所建设部分

表 4-1-1 园所建设督导清单

项目	主题分类		清单要点	评分	满分	说明
园所建设（250分）	园舍建筑（80分）	主体建筑	1. 幼儿园是独立的建筑群体，符合国家现行规划。不属于违章建筑。	6	30	不是独立建筑群体或建筑面积不达标本项为 0 分，即不具备办园资格。
			2. 面积：根据各地区要求，数字仅供参考。（如山东的标准：城市及乡镇中心幼儿园建筑面积 2270 m^2 以上，农村社区幼儿园 723 m^2 以上）。	6		
			3. 主体设计符合学前期儿童的特点如空间的大小与链接、色彩不要过于复杂。	6		
			4. 安全要素：远离工厂及交通复杂地段，避免噪声，符合消防、防震、卫生等有关规定。有相关部门的验收合格证书。	6		
			5. 所有材料符合安全规定，无污染，并提供相关的证明材料。	6		
		办公及功能场地	1. 行政办公室、教师办公室。	3	20	无多功能活动室得分减半。多功能活动室面积不达标扣 5 分。其他少一室扣 3 分。
			2. 独立的卫生保健室。	3		
			3. 独立的厨房。	3		
			4. 水冲式厕所。	3		
			5. 教师图书阅览室、教具资料室、科学实验室。	3		
			6. 多功能活动室面积不少于 120m^2。寄宿制幼儿园应设隔离观察室、浴室、洗衣间、值班室。	5		

续表

项目	主题分类		清单要点	评分	满分	说明
园所建设（250分）	园舍建筑（80分）	教室要求	1. 面积：活动室（$60m^2$）、寝室（$40m^2$）、卫生间（$10m^2$）。活动室兼作寝室的，其面积不少于 $80m^2$。（根据不同的设计评分）	10	20	三室（或二室）不配套得分减半（有寄宿儿童的，第三项记 5 分，第二项记 5 分）。
			2. 宽敞明亮，通风，每个教室配套完善，如床、玩具柜、桌椅、洗手间等。	10（如有寄宿本项记 5 分）		
			3. 寄宿制幼儿园必须有独立的寝室。（无寄宿儿童本项忽略）。	如有寄宿本项记 5 分		
		食堂	1. 食堂独立设置，布局合理。操作间瓷瓦到顶。	6	10	厨房未独立设置不得分。瓷瓦不到顶得分减半。其他少一项扣 2 分。
			2. 使用材料符合标准，卫生整洁。有防尘、蝇、虫、鼠设备。	4		
	设备设施（120分）	生活设施	1. 有适合幼儿使用的桌、椅、床。不得使用上下床。	8	20	桌、椅、床不合格本项为 0 分或取消资格。如合格则为 8 分。其他少一项扣 3 分。
			2. 有开放式的玩具橱。	3		
			3. 有开放式的图书架。	3		
			4. 有饮水、室内消毒等设备。	3		
			5. 有防暑降温及防寒保暖设备（空调或暖气）。	3		
		安保设施	1. 每个楼层或走廊配备一定数量的消防设施。	5	20	少一项扣 5 分。
			2. 设有易于老师和幼儿识别的标识。	5		
			3. 所有楼层或走廊都要有意外事故紧急出口标识。	5		
			4. 消防通道保持畅通。	5		
		办公自动系统	1. 应配备园长办公自动系统。	10	20	无办公自动系统得分减半。其他少一项扣 2~3 分。
			2. 幼儿园应创建自己的自媒体，加强宣传。	3		
			3. 幼儿园需配有摄像机、照相机、电视机。	3		
			4. 有音响设备等教育设施。	2		
			5. 每班配备一架钢琴或电子琴。	2		

续表

项 目	主题分类		清单要点	评分	满分	说明
园所建设（250分）	设备设施（120分）	玩教具或区角配备	1. 建构类。	4	20	
			2. 角色表演类。	4		
			3. 科学活动类。	4		
			4. 音乐类。	4		
			5. 美工类。	4		
		自制玩具区域	1. 有适合幼儿使用的自制玩具，不少于 10 种，每种满足幼儿使用需要。	10	10	少一种扣 2 分。
			2. 幼儿玩教具无毒无害、安全卫生。			
		绘本或图书	1. 有适合幼儿阅读的图书，人均不少于 10 册，并经常更新。	5	10	
			2. 供教育和教研使用的各类参考资料 100 种以上，订阅的学前教育刊物不少于 2 种。	5		
		保健室	1. 配有预防和治疗必需的药品、治疗床、注射器、消毒锅。	2	10	
			2. 配有身高体重测量器、视力检测表。	2		
			3. 配有体温表、血压计。	2		
			4. 配有听诊器、手电筒。	2		
			5. 配有紫外线消毒器等设备。	2		
		厨房	1. 厨房配有和面机、切肉机。	2	10	
			2. 配有烤箱。	2		
			3. 配有冰箱。	2		
			4. 配有消毒柜。	2		
			5. 蒸饭车等。	2		
	环境场地（50分）	地面与区域	1. 有硬化场地、游戏场地。	3	20	
			2. 有软场地。	3		
			3. 有活动器械场地。	3		
			4. 有 30 米直跑道。	3		
			5. 有玩水池、沙池。	3		
			6. 有种植园地和饲养区。	5		

续表

项目	主题分类		清单要点	评分	满分	说明
园所建设（250分）	环境场地（50分）	大型玩具	1. 有3件以上大、中型室外玩具，固定安装在软质地面上，并有防护。	10	20	未固定安装在软质地面得分减半。少一件扣5分。
			2. 有秋千或跳跳床、三轮车或其他设施。	5		
			3. 有滑梯或钻爬玩具或其他设施。	5		
		绿地	1. 有与幼儿园规模适宜的户外活动场地。	5	10	
			2. 活动场地和绿化面积分别不少于 $4m^2$。	5		

2. 人力资源部分

表 4-1-2　园所人力资源督导清单

项目	主题分类		清单要点	评分	满分	说明
队伍建设（130）	人员配备条件（100）	教职工与幼儿比例	1. 按照国家及省市有关规定配齐教职工。全日制普通幼儿园1∶5～1∶7，半日制1∶8～1∶10。	10	20	每班不足2名教师为0分或取消资格。配备比例不达标得分减半。（有寄宿生的幼儿园必须加配老师和保育员各1名）。
			2. 每班至少配备2名专职教师，全日制幼儿园每班加配1名保育员。	10（有寄宿生本项记5分）		
			3. 寄宿制幼儿园应在全日制基础上加配1名教师和1名保育员。	有寄宿生本项记5分		
		园长资格	1. 园长应具备幼儿师范专业（含职业学校学前教育专业）毕业及以上学历。		10	学历为必须项，不合格本项为0分。
			2. 有3年以上学前教育工作经历。	5		
			3. 取得园长岗位培训合格证书。	5		
		教师资格	1. 要取得幼儿园任职资格证书，持证上岗率达100%。	10	20	教师专业学历合格率低于80%得分减半。低于50%本项不得分。
			2. 专职教师90%以上达到幼儿师范专业（含职业学校学前教育专业）及以上学历程度，有30%以上教师达到学前教育专业专科及以上学历程度。	10		

续表

项 目	主题分类		清单要点	评分	满分	说明
队伍建设（130）	人员配备条件（100）	保育员	1. 保育员必须达到高中毕业以上文化程度。	5	10	保育员合格率低于 60% 得分减半。
			2. 有 80% 以上受过专业培训，并持有上岗证。	5		
		保健医生	1. 医务人员应具有中等专业以上水平或医士以上职称。	5	10	无医务人员不得分。人员不符合要求得分减半。
			2. 持有对应的岗位证书。	5		
		厨师	1. 炊事人员必须有 80% 以上受过当地组织的卫生保健专业知识培训。	5	10	无炊事人员不得分。炊事人员无此证得分减半。
			2. 持有《食品从业人员健康证》。	5		
		财务人员	1. 财会人员应获得专业合格证书或具有高中以上文化程度。	5	10	无专职财会人员不得分。财会人员不达标得分减半。
			2. 受过会计专业知识培训。	5		
		保安	1. 幼儿园至少配备 2 名专业保安人员。	5	10	未配备保安人员不得分。不达标准得分减半。
			2. 经过相关培训，年龄不得超过 50 岁。	5		
	人员培训（30）	培训内容	1. 加强教职工的职业道德教育，热爱教育事业。	3	15	
			2. 有正确的儿童观，关注儿童生理和心理健康。	3		
			3. 教姿教态：举止端庄，言行文明。	3		
			4. 以身作则，给儿童正确的示范。	3		
			5. 禁止行为：虐待、歧视、恐吓、侮辱幼儿人格等损害幼儿身心健康的行为。	3		
		培训计划	1. 设定一年或学期培训目标，有清晰的培训计划。	5	10	
			2. 有考评制度，并有明显效果。	5		
		普及普通话	工作人员在园期间必须讲普通话。	5	5	不讲普通话不得分。

3. 行政管理部分

表 4-1-3　园所行政管理督导清单

<table>
<tr><th>项 目</th><th colspan="2">主题内容</th><th>清单要点</th><th>评分</th><th>满分</th><th>说明</th></tr>
<tr><td rowspan="20">管理工作（200）</td><td rowspan="14">依法办园（50）</td><td rowspan="5">注册与督导文件</td><td>1. 严格按照规定进行登记注册，有登记证明。</td><td>4</td><td rowspan="5">20</td><td rowspan="5"></td></tr>
<tr><td>2. 年检资料有记录。</td><td>4</td></tr>
<tr><td>3. 主动配合上级教育部门检查、监督和指导。</td><td>4</td></tr>
<tr><td>4. 无教育违规现象和违法案件。</td><td>4</td></tr>
<tr><td>5. 所有文件有独立的档案及档案柜，保存完整。</td><td>4</td></tr>
<tr><td rowspan="3">人员设计合理</td><td>1. 领导机构健全，符合目前园所规模。</td><td>4</td><td rowspan="3">10</td><td rowspan="3"></td></tr>
<tr><td>2. 人员结构合理，岗位职责清晰。</td><td>3</td></tr>
<tr><td>3. 园所有长期工作规划和年度工作计划。</td><td>3</td></tr>
<tr><td rowspan="6">制度与执行</td><td>1. 各项规章制度健全。</td><td>4</td><td rowspan="6">20</td><td rowspan="6"></td></tr>
<tr><td>2. 各种计划清晰。</td><td>3</td></tr>
<tr><td>3. 清晰的督导评估计划和考评制度。</td><td>3</td></tr>
<tr><td>4. 定期的反思和总结。</td><td>3</td></tr>
<tr><td>5. 各类人员岗位责任制明确，并悬挂上墙。</td><td>3</td></tr>
<tr><td>6. 所有文件有独立档案及档案柜，保存完整。</td><td>4</td></tr>
<tr><td rowspan="4">班级与常规（50）</td><td>班级容量</td><td>小班为 25 人，中班为 30 人，大班为 35 人。
幼儿园规模不少于 6 个班。
寄宿制幼儿园每班人数酌减。</td><td>30</td><td>30</td><td>超过 5 人以上，每超 1 人扣 2 分，扣完为止。</td></tr>
<tr><td rowspan="3">一日常规与标准</td><td>1. 科学合理地设计幼儿一日生活作息制度。</td><td>10</td><td rowspan="3">20</td><td rowspan="3">生活作息制度不合理得分减半。</td></tr>
<tr><td>2. 对各环节均有明确的清单与标准。</td><td>5</td></tr>
<tr><td>3. 有定期的督导措施及考核记录。</td><td>5</td></tr>
<tr><td rowspan="6">档案管理（30）</td><td rowspan="6">行政、教学档案</td><td>1. 幼儿园行政档案、工作人员及健康档案、园史材料档案。</td><td>4</td><td rowspan="6">20</td><td rowspan="6"></td></tr>
<tr><td>2. 幼儿档案（健康档案）。</td><td>4</td></tr>
<tr><td>3. 教育教学档案，教研科研档案。</td><td>3</td></tr>
<tr><td>4. 会计档案。</td><td>3</td></tr>
<tr><td>5. 家长工作档案。</td><td>3</td></tr>
<tr><td>6. 安全档案、会议记录档案等。</td><td>3</td></tr>
</table>

续表

项目	主题内容		清单要点	评分	满分	说明
管理工作（200）	档案管理（30）	信息收集与整理	1. 定期的资料和信息的收集、整理。	5	10	
			2. 有专人负责管理，专橱存放，分类科学，管理规范，查找方便。	5		
	财务管理（30）	收费	严格按照收费标准收费，在正常教育时间及教育内容范围内不得以培养幼儿某种专项技能为由，另外收取费用。	15	15	不按标准收费、乱收费不得分。
		资产明细	1. 固定资产、账簿设置规范。	3	15	
			2. 手续完备，产权明晰。	3		
			3. 管理人员职责明确。	3		
			4. 单独设账，账目清楚。	3		
			5. 经费使用合理。	3		
	安全管理（40）	组织	1. 成立安全工作领导小组，层层签订安全责任书。	10	20	未签责任书本项不得分。
			2. 各项安全制度健全，应用信息化手段加强管理，措施到位。			
			3. 定期检查，进行记录，做到有问题及时纠正。	10		
		安全	1. 树立“安全第一，预防为主”的意识，定期对教职工和幼儿进行安全教育，并有计划和方案。	20	20	发生重大责任事故按照规定执行。
			2. 未发生较大意外事故和责任事故。			

4. 教育教学部分

说明：本章节督导可结合清单养育中的教师教学管理行为部分，进行综合评价。

表 4-1-4　教育教学督导清单

项目	主题内容	清单要点	评分	满分	说明
教育工作（220）	教育思想（20）	1. 认真贯彻执行《3-6 岁儿童学习与发展指南》。	5	20	有体罚、变相体罚幼儿现象即一票否决，不得分。
		2. 树立正确的儿童观、教育观。	5		
		3. 面向全体幼儿，坚持积极鼓励，启发诱导的正面教育。	5		
		4. 促进幼儿德、智、体、美、劳全面发展。	5		
		以上需全部符合。			

续表

项目	主题内容	清单要点		评分	满分	说明
教育工作（220）	教育管理（60）	原则	1. 开展全面的教育课程，合理安排教育活动。		20	课程未开全、时间不足不得分。
			2. 注意动静结合及室内外活动相结合。	10		
			3. 保证幼儿每天有 2 小时户外活动时间。	10		
		教学计划和记录	1. 每班有学期工作计划。	4	20	
			2. 有月重点。	4		
			3. 有周安排。	4		
			4. 有一日活动清单计划。	4		
			5. 教师有备课记录，有观察记录。	4		
		教材	1. 使用经全国教材审定委员会和省幼儿园教材审查专家组审查通过的教材，提倡园本课程。	10	20	教材未通过国家或省审查、使用小学教材均不得分。
			2. 无小学化、成人化教育倾向。	10		
	教育方法（50）	内容和形式	1. 教育内容、形式、方法符合幼儿年龄特点。	5	20	
			2. 以游戏为基本活动形式。	5		
			3. 灵活开展集体、小组、个人多种教育活动。	5		
			4. 充分调动幼儿的积极性、主动性。允许孩子按照自己的方式进行活动。	5		
		方法	1. 采取科学方法启迪和开发幼儿智力。	5	10	
			2. 激发幼儿的求知欲望，培养创新能力、初步的感觉美、表现美的情趣和能力。	5		
		情感与习惯	1. 重视幼儿情感教育，根据幼儿期道德教育的特点，培养幼儿良好的品德行为习惯及活泼开朗的性格。	5	10	
			2. 关注幼儿的行为习惯培养。	5		
		个体差异	1. 重视幼儿的个性差异，因人施教。有针对性的教案及反馈。	5	10	
			2. 支持和引导每个幼儿都在原有水平上得到发展。	5		

续表

项目	主题内容	清单要点		评分	满分	说明
教育工作（220）	教育环境（30）	区域	1. 每班创设的活动区域不少于 5 个，提供丰富的活动材料并定期更新。	20	30	
			2. 创设丰富的教育环境，符合教育内容和幼儿发展的需要。	5		
		玩具	每学期需适时增添玩教具，引导幼儿主动发现、探究。幼儿主动参与率高。	5		
	教研观摩（30）	教研	1. 设有教科研组织，有专人负责。	5	20	无教研活动记录本项不得分。无教科研课题及成果的得分减半。有档案但不规范扣 5 分。
			2. 幼儿园整体教研及班级教研活动有计划和记录。	5		
			3. 近两年有质量较高的经验总结、调查报告、论文在报刊上发表或在县级以上会议上交流。	5		
			4. 教科研课题不少于 2 项。	5		
		观摩	定期组织教学示范性、研究性的教育观摩活动，在本地发挥示范、辐射作用。	10	10	无活动记录不得分。
	幼儿发展（30）	身体发育参考	1. 幼儿各项身体发育指标均达正常标准；各种动作灵敏协调，姿势正确。	4	20	
			2. 幼儿能初步掌握唱、跳、朗读、绘画、手工等基本的知识与技能，有一定的欣赏美和表现美的能力。	4		
			3. 幼儿具有良好的生活习惯、能做力所能及的事情，具备初步的生活自理能力和自我保护能力。	4		
			4. 幼儿有良好的语言表达能力，能与同伴友好相处，个性开朗活泼。	4		
			5. 幼儿想象力、创造力等得到充分发挥，有较强的动手操作能力和良好的求知欲望。	4		
		科学的评估体系	1. 科学客观地评估幼儿的发展，建立科学的幼儿发展评估体系，有翔实的幼儿成长记录。	5	10	无幼儿观察记录不得分。有记录但记录不完整得分减半。
			2. 每学期将幼儿发展评估情况通知家长。	5		

5. 保育保健部分

表 4-1-5　保育保健督导清单

项 目	主题内容	清单要点		评分	满分	说明
保育工作（180）	制度建设（20）	1. 认真执行《托儿所幼儿园卫生保健工作规范》。			20	没有《托儿所幼儿园卫生保健工作规范》不得分。
		2. 有幼儿健康查体、体弱儿童管理等记录。		5		
		3. 有疾病预防与急救制度及记录。		5		
		4. 有卫生消毒制度及记录。		5		
		5. 有营养管理等记录。		5		
	健康检查（50）	员工	1. 工作人员持有《托幼工作人员健康合格证》。		20	工作人员无健康证本项记0分。
			2. 教职工每年查体一次，有记录。	10		
			3. 炊事员每半年查体一次，有记录。	10		
		幼儿	1. 新入园幼儿须持有各项检查合格的健康查体表，体检率达100%。	10	20	新入园幼儿无查体记录本项不得分。在园幼儿无查体记录得分减半。
			2. 在园幼儿每年体检一次，每半年测身高一次，每季度测体重、视力一次。	10		
		接种	幼儿按年龄完成计划免疫、预防接种工作，建卡率达100%。	10	10	无记录不得分。
	卫生常规（50）	预防与检查	1. 坚持预防为主，做好疾病预防工作，降低发病率。传染病流行季节有预防措施，并有成效。	10	20	无幼儿晨、午、晚三检记录不得分。记录不完善得分减半。
			2. 幼儿晨、午、晚三检，进行全日观察，发现问题及时处理。	10		
		个人卫生与用品消毒	1. 教职工和幼儿个人卫生符合要求，一人一巾一杯，保证幼儿按需饮水。		20	幼儿不是一人一巾一杯，本项记0分。
			2. 流水洗手，洗手池有7步洗手法图示。	5		
			3. 配备消毒设备。	5		
			4. 室内外环境，教具、玩具、用具、餐具定期消毒。	5		
			5. 所有的消毒需要有记录。	5		
		室内通风和光线	保持室内空气流通，光线充足。教给幼儿正确的坐姿，注意保护幼儿视力。	10	10	活动室光线不足不得分。

续表

项目	主题内容	清单要点		评分	满分	说明
保育工作（180）	健康教育（30）	卫生习惯	1. 一日生活中渗透对幼儿进行生活常规和卫生常识教育，培养幼儿良好的生活卫生习惯。	5	15	
			2. 饭前、便后按照7步洗手法洗手。	5		
			3. 饭后及时漱口。随时清理餐桌上、掉在地上的食物或其他垃圾，所有的用品用完归位。	5		
		心理关注	重视幼儿心理健康教育，及时发现和纠正幼儿的偏异行为，引导幼儿心理健康发展。	15	15	
	膳食管理（30）	食品卫生	1. 幼儿食堂严格执行《食品卫生法》及“五四”制，保持清洁卫生，生熟分开。	10	20	每餐不留食品小样得分减半。
			2. 每餐留有食品小样48小时。	10		
		营养食谱	1. 严格按照幼儿年龄和季节特点，科学制定代量食谱。	5	10	未制定代量食谱不得分。食谱未每周更换得分减半。
			2. 每周更换，保证幼儿进食量和营养量。	5		

6. 家园共建部分

表4-1-6　家园共建督导清单

项目	主题内容		清单要点	评分	满分	说明
家庭社区联系（100）	幼儿园内部（80）	成立家长委员会	1. 建立家园联系制度。成立家长委员会，有专人负责。		20	未成立家长委员会不得分。
			2. 民主选举家长委员会，并制定家长委员会制度。	10		
			3. 定期召开家长委员会会议，为幼儿园的发展提供建设性建议。	10		
		家教宣传栏	1. 宣传栏应放在所有家长方便看到的地方。		20	无宣传栏本项记0分。
			2. 使用多种形式宣传科学育儿知识及和教学相关的内容。	10		
			3. 每周更换宣传栏内容，有专人负责。	10		
		开放日	1. 每学期设1~2次家长开放日，让家长了解幼儿园的教育及饮食情况等。	5	10	

续表

项目	主题内容		清单要点	评分	满分	说明
家庭社区联系（100）	幼儿园内部（80）	开放日	2. 开放日应该提前预约并控制数量，避免影响孩子。同时避开传染病季节。	5		
		一对一家长会	1. 对新入园或有特殊情况对孩子，经家长允许后可以进行家庭访视。	5	20	
			2. 每学期至少 1 次邀约家长到幼儿园，和家长沟通孩子本学期情况及幼儿园学期教学安排。教师给每个孩子准备本学期所有的记录及作品等材料。	5		
			3. 听取家长意见，并有记录。	10		
		家长会	1. 根据幼儿园情况每学期可开 1 次家长会。		10	未开家长会不得分
			2. 主题讲座：每学期至少开展 1～2 次和家庭教育相关的主题。	5		
			3. 家庭主题活动：每学期可以开展 1～2 次的家庭主题活动，确保孩子安全。	5		
	联合社区（20）	社区共建	1.配合和支持社区开展有益的文化教育活动，有专人负责。	10	20	
			2. 适当开展社区机构参观活动，如带孩子去消防、商店及其他机构参观。	5		
			3. 邀请社区人员参观幼儿园，并接受社区提出的建议。	5		

二、幼儿园月督导清单

教育主管部门的督导人员会根据所管辖的区域范围内幼儿园的数量和类别，做好每个月的督导计划。作为接受督导检查的幼儿园则应根据教育主管部门的督导计划结合自己幼儿园的情况制订每月的督导计划。督导计划应该包括教育主管部门的督导内容及幼儿园根据自己管理的内容制订的督导计划。王园长在幼儿园工作有十几年了，在和她沟通有关幼儿园自己督导的必要性时，她说幼儿园的自我督导很有必要，必须先统一思想然后确定自己督导的目标，再按照每个项目去督导，每件事搞清楚，最后才能有效果。幼儿园自行督导是一件比较困难的事情，因为大家在一起比较熟悉，即便发现问题碍于情面也不好意思说。因此督导需要建立规则，真正做到对事不对人。因为发现问题、解决问题才是督导的最终目的。

幼儿园需要先成立自己的督导小组，确认每个人的岗位职责，然后经过讨论确定督导内容和督导方式。因此督导小组应该思考以下因素：

第一，督导最终的目标是什么？

第二，在以前的督导中有哪些问题是没有得到解决的。

第三，督导的内容是真正需要督导的吗？

第四，督导标准和管理标准是一致的吗？等等。

在幼儿园的管理中，最重要的督导内容就是对班级一日流程的清单与标准执行的督导。因为幼儿园所有的工作都是为班级提供支持的。如果教师的工作不到位就会影响幼儿园的教学质量。本章节督导以班级为单位，上、下午重复环节督导内容相同，没有重复书写。班级中任何一位保教人员操作行为不达标，均会影响班级的评估成绩。班级评估成绩可以与班级的绩效考核及职称晋升直接关联。为了方便计算，每项设为 1 分，建议达到总分 80% 为合格，幼儿园可以根据自己情况修正使用，另外这里所提供的环节顺序和时间仅供参考。

1. 一日流程 10 个环节督导

（1）入园准备：本环节督导是帮助老师养成有准备的工作习惯，督导时观察老师的工作状态，环境安全情况及用品是否摆放到位，同时观察老师之间的分工与合作。

表 4-2-1　入园准备督导清单

时间 / 主题	内容	督导要点		评分
7:30—8:00 入园准备	所有老师	每日打卡（妆容）	1. 穿工作服及平底鞋。	1
			2. 长头发不披肩。	1
			3. 淡妆上岗。	1
	教学环境准备和确认	1. 音乐准备	提前 15 分钟播放入园音乐。	1
		2. 教具确认	1. 准备 2～3 个自由活动区域。每个区域有 3～5 个玩具筐。	1
			2. 每个孩子（班级的人数：25～35 个）一个插卡板。	1
			3. 确认教学环境安全不拥挤。	1
		3. 卫生	1. 地面清洁无水渍和污渍。	1
			2. 毛巾、水杯消毒一次。有消毒记录表。	1
		3. 卫生	3. 卫生间马桶消毒一次。有消毒记录表。	1
			4. 准备好幼儿的饮用水、早餐、餐具及餐巾纸等。	1

（2）早间接待及区域自由活动：本环节督导观察老师的言谈举止，同时关注老师之间合作是否默契，尤其在孩子集中到园的时间段，老师引导孩子的方式是否一致。

表 4-2-2　早间接待及区域自由活动督导清单

时间与主题	内容	督导要点		评分
8:00—8:20 早间接待与 区域自由活动	早间接待	1. 接待时状态与姿势	1. 在幼儿园门口两侧等待孩子入园。	1
			2. 精神饱满，面带微笑。	1
			3. 当和孩子距离在 1～1.5 米的时候要蹲下来。	1
		2. 协助晨检	1. 一摸、二看、三查、四问。有动作	1
			2. 异常情况有记录。	1
		3. 更换衣服和室内鞋	1. 引领孩子到指定的地方换衣服和室内鞋。保持衣柜和鞋柜整齐。	1
			2. 在孩子需要时予以协助，但不能替代。	1
	收玩具及洗手	收玩具	1. 有效提示 3 要素：慢、清晰、重复，并确认所有的小朋友和老师都能听到。	1
			2. 班级所有老师的行为一致，即按照统一的方式提示孩子。	1
			3. 关注继续玩和没有听到的孩子，使用同样的方式引导孩子收拾玩具。	1
		洗手	整理完的孩子按照 7 步洗手法洗手。	1

（3）早餐环节：本环节督导观察老师之间的配合，因为早餐环节里既有先到园的孩子用餐，又有陆续到来的孩子用餐。观察教师是否按照清单要求执行。

表 4-2-3　早餐环节督导清单

时间 / 主题	内容	督导要点	评分
8:20—8:30 分享时间及准备	分享时间	1. 确认今天的值日生，戴值日生袖章或在衣服上粘贴标示。	1
		2. 根据孩子年龄让其承担力所能及的工作，如协助提示、分餐或引领小朋友说微型课程等。	1
	餐前准备	1. 生活老师需穿戴分餐服、分餐帽及口罩，必要时戴一次性手套等。	1
		2. 准备餐巾纸放在桌上或孩子容易拿到的地方，垃圾盘放在餐桌上。	1
		3. 确认饭菜温度适宜，不会烫伤孩子。	1

续表

时间 / 主题	内容	督导要点	评分
8:30—9:00 进餐时间及 餐后管理	进餐时间	1. 确认所有孩子坐下来后，老师要坐下来。	1
		2. 讲解或示范餐桌礼仪。	1
		3. 关注挑食、偏食和不愿意自己吃饭或吃饭慢的孩子。不催促孩子。	1
		4. 用餐过程中引导孩子使用“谢谢”、“不客气”等礼貌用语。	1
	餐后整理	1. 确认孩子吃完后，引导孩子把餐具放回指定地方。	1
		2. 给孩子示范把椅子放回原位，需轻拿轻放。	1
		3. 引导孩子洗手（7 步洗手法）、漱口、如厕。	1
		4. 使用微型课程引导孩子进入下一个环节活动。	1

（4）过渡环节与户外活动：本环节督导时关注老师在过渡环节是否使用的微型课程。老师在外出时的站位，户外活动时老师的站位。强调站位并不是固定不动，而是站在关键及相对危险的地方，还要观察老师在活动中是否有沟通，活动是否顺利进行等。

表 4-2-4 过渡环节与户外活动督导清单

时间 / 主题	内容	督导要点	评分
9:00—9:10 过渡环节及 去户外活动时 教师站位	过渡及准备环节	1. 站位：主班老师首先站在更换室外换鞋的地方，面向孩子，让孩子清楚地知道自己去哪里。	1
		2. 确认有 1~2 个孩子换好鞋子后，使用微型课程吸引其他孩子排队。	1
		3. 点数排队的孩子，同时关注班级所有的孩子。	1
		4. 给每个孩子做好夏季或冬季防护。	1
		5. 老师准确站位。	1
9:10—10:10 户外活动	场地及玩教具 安全确认	确认户外活动场地安全： ①地面平坦清洁、无杂物。 ②场地宽敞。 ③设备完好、安全。	1
	活动过程	1. 给孩子讲述简单的户外活动规则： ①指定所有的活动范围。 ②分组活动的区域。 ③哪些玩具需要排队等待等。	1
		2. 按照活动要求老师站位科学，并保证所有的孩子在视线范围内。	1

续表

时间 / 主题	内容	督导要点	评分
9:10—10:10 户外活动	活动过程	3. 关注在场地上不愿意活动或来回走动的幼儿，及时引导幼儿如厕，及时帮助需要帮助的幼儿。	1
		4. 当活动结束时使用有效提示。	1
	集合回教室	1. 使用微型课程吸引孩子排队，并清点班级人数。	1
		2. 回教室过程中教师的站位和来活动场地时基本相同。	1
		3. 生活老师应根据情况确定是否需要提前回教室准备间点和饮水等。	1

（5）间点与饮水：本环节督导观察老师是如何引导孩子过渡的，是否使用了微型课程，老师是如何引导孩子喝水的，是否关注到少量多次原则，老师站位是怎样的。

表 4-2-5　间点与饮水环节督导清单

时间 / 主题	内容	督导要点	评分
10:10—10:30 间点 / 饮水准备及活动环节	准备	1. 引导洗完手的孩子有秩序地坐到餐桌前，引导幼儿做微型课程（用好手指谣方便孩子控制双手），安静下来，等待喝水。	1
		2. 孩子坐下后，教师不要来回走动，以免影响孩子的专注力。	1
		3. 带领值日生分间点。面对面和孩子进行分餐。	1
	用间点	1. 倒水时要少量多次。杯子的水不要超过杯子一半。	1
		2. 关注吃饭慢和喝水慢的孩子，不要催促孩子快喝，防止孩子呛咳。也不要强迫孩子一定要喝够量。	1
		3. 引导孩子把用完的加餐盘和水杯放回原来的地方。	1

（6）早间分享：本环节的重要意义在于让孩子感知有计划的生活，让孩子对一天的生活有所期待。督导时关注老师分享的方式，主题是否清楚，是否关注到所有孩子，老师之间的合作等。

表 4-2-6　早间分享督导清单

时间 / 主题	内容	督导要点	评分
10:30—10:35 早间分享准备	准备	1. 选择宽敞的固定的位置，方便孩子养成好习惯。空间的大小应便于老师看到所有的孩子。	1
		2. 主班老师首先站在分享的地方，吸引孩子。使用微型课程或者音乐引导幼儿进入分享环节。	1

续表

时间 / 主题	内容	督导要点	评分
10:35—10:45 早间分享活动	分享活动	1. 引导幼儿拿地垫或椅子坐下来。	1
		2. 刚入园或有特别需要的孩子（如哭闹、好动等）放在主班或配班老师的身边，以便及时给予帮助。	1
		3. 所有老师在参与活动时，一定要蹲下来或坐下来。	1
		4. 引导没有分享的孩子加入分享环节，但禁止强拉孩子加入。	1

（7）区域活动：本环节督导关注区域活动设置是否符合教学要求，区域材料是否符合孩子的年龄，老师是如何引导的，当有意外情况发生时，老师的处理方法是否合理等。

表 4-2-7 区域活动督导清单

时间 / 主题	内容	督导要点	评分
10:45—10:50 活动准备	区域教具与规则	1. 活动室区域数量至少 5 个，包括娃娃家、阅读区、手工区、艺术区、拼插区、积木区、植物区等。	1
		2. 定期检查玩具柜、玩具筐及玩具的完整性，清理破损的玩具。	1
		3. 根据教学计划，每月至少更新一次其中的部分玩具。	1
		4. 给正在学习走路的孩子准备硬地面，给爬行的孩子准备各种触觉的地面，但要保证孩子的安全。	1
		5. 所有区域均注明名称。区域规则清晰，孩子能理解。	1
10:50—11:05 分组及集体活动过程	区域活动过程	1. 区域活动要关注到不同年龄阶段孩子的活动特点。	1
		2. 每个孩子都有适宜的玩具，在一周内体验所有的区域活动。	1
		3. 每个老师可以负责 1~2 个区域。每个孩子做 1 份观察记录，记录孩子的活动经过。	1
		4. 允许先完成的孩子进入下一个活动环节或者开始其他活动。	1
		5. 活动结束前进行有效提示。检查和确认玩具归位。	1
	作品展示	1. 有儿童作品展示区展示孩子的作品。展示区应该在 120cm 以下的位置，方便孩子看到。	1
		2. 作品上应注明孩子及作品的名称。至少每个月更换一次。	1
		3. 为每个孩子做一个作品集。	1
	教学计划与反思	每周 1 次班级教学研讨与反思。每周的教学计划。有记录。	1

（8）午餐时间：本环节督导时观察老师是如何进行餐前分享，分餐过程的安全提示，老师是否关注到用餐礼仪，如何引导挑食、偏食等需要帮助的孩子，是否引导孩子做好餐后整理等。

表 4-2-8　午餐时间督导清单

时间 / 主题	内容	督导要点	评分
11:05—11:10 分享时间及准备	分享时间	1. 分享活动可以是故事、手指谣、手偶游戏、儿歌等。这些内容需写在教学计划里，并有计划地更换。	1
		2. 等所有孩子坐下后，和孩子分享当天的饭菜味道和颜色。给孩子讲述其能够理解的营养知识。	1
	餐前准备	1. 生活老师需穿戴分餐服、分餐帽及口罩，必要时戴一次性手套等。	1
		2. 准备餐巾纸，放在桌上或孩子容易拿到的地方，垃圾盘放在餐桌上。	1
		3. 确认饭菜温度适宜，不会烫伤孩子。	1
11:10—12:00 进餐时间及 餐后管理	进餐时间	1. 确认所有孩子坐下来后，老师需坐下来。	1
		2. 讲解或示范餐桌礼仪。	1
		3. 分餐时掌握多次少量的原则。分餐完毕后，关注需要加量的孩子。	1
		4. 用餐过程中引导孩子使用“谢谢”、“不客气”等。	1
	餐后整理	1. 确认孩子吃完后，引导孩子把餐具放回指定地方。	1
		2. 给孩子示范把椅子放回原位，需轻拿轻放。	1
		3. 引导孩子洗手（7 步洗手法）、漱口、如厕。	1
		4. 使用微型课程引导孩子进入下一个环节活动——餐后散步。	1
		5. 按照要求清理地面和垃圾。营造睡眠环境和备好小床。	1

（9）午睡与起床：本环节督导时观察老师是如何引导孩子穿脱衣服的，孩子午睡期间是否有巡回观察，如何引导入睡慢的孩子，老师之间是如何分工合作的。

表 4-2-9　午睡与起床环节督导清单

时间 / 主题	内容	督导要点	评分
12:00—12:15 午睡准备	餐后散步及 准备床铺	1. 使用微型课程引领孩子在安全的地方进行餐后散步 10～15 分钟。	1
		2. 室内温度根据季节调整。拉窗帘，关灯。	1

续表

时间 / 主题	内容	督导要点	评分
12:15—14:30 午睡环节	检查和观察孩子的情况	1. 引导孩子自己脱衣服并放在固定位置。	1
		2. 确认口中没有任何食物和其他东西。	1
		3. 按照要求，每间隔 5～10 分钟巡视一次，并有记录。	1
		4. 关注不睡觉的幼儿，引导保持安静。如果希望引导孩子午睡，教师就要使用有效的方法，逐渐过渡到睡眠。如开始的时候让孩子在床上及区域安静地玩等。	1
		5. 教师需要时刻保持清醒状态，不能睡觉，更不能和孩子躺在一起睡觉。	1
14:30—15:00 起床时间及如厕、洗手、饮水	起床、如厕、洗手、饮水	1. 播放起床音乐，开灯，拉开窗帘。	1
		2. 鼓励孩子独立穿衣服，对有需求的幼儿进行帮助。	1
		3. 引导孩子如厕、洗手，坐到指定地方喝水。	1

（说明：与上午重复的环节，如户外活动、晚餐等不再列出）

（10）离园：本环节督导观察老师是如何引导孩子清结卫生及整理物品的，是否关注到孩子的状态，是否有准备地和家长沟通。

表 4-2-10　离园环节督导清单

时间 / 主题	内容	督导要点	评分
17:30—17:35 离园准备	准备	1. 引导孩子吃完晚餐后，整理餐具和孩子的物品。	1
		2. 根据孩子的一日生活表现，确认需要和家长沟通的孩子，准备沟通的基本资料。	1
17:35—17:45 离园环节	离园分享	1. 等孩子整理结束后，使用微型课程组织孩子在宽敞的场地进行离园分享。	1
		2. 离园分享。	1
		3. 有选择地和家长沟通孩子一天生活活动情况。时间控制在 1～3 分钟。	1
		4. 蹲下和孩子拥抱、再见，与家长再见。	1

（11）安全与规则：本环节是渗透在一日活动中的，除有清晰的规章制度，还要观察老师在教学活动是否执行到位。

表 4-2-11　安全与规则督导清单

主题	内容	督导要点	评分
4 大原则	教师的行为规则	1. 遵守职业道德及岗位职责。	1
		2. 教师教学过程必须行为一致。	1
		3. 当遇到紧急事情时，遵照应急处理流程和标准处理。	1
		4. 不管发生什么事情，都要保持情绪稳定。不要在有情绪时处理孩子的事情。	1
		5. 如果孩子违反规则，请走近孩子，轻声告诉他，希望他做的事情，给孩子正确的示范，而不是告诉孩子不应该做的事。	1
		6. 安静的氛围。说话声音不要太大，声音不出教室。	1
		7. 不管发生什么情况，不得以任何形式惩罚孩子。	1
	着装原则	1. 穿舒适的便装或工作装。	1
		2. 不带长耳环、长项链、戒指、手链等饰品。	1
		3. 长头发要挽起不过肩，刘海不能遮挡眼睛。	1
		4. 及时剪指甲，避免划伤孩子。	1
		5. 穿平跟鞋，鞋上不要有任何装饰，尤其是鞋面上没有亮片，防止划伤孩子。	1
	和家长沟通的原则	1. 理解家长的抱怨，不解释。	1
		2. 认真记录家长的问题，需要时反馈给相关负责人。	1
		3. 当不知道如何回答时，耐心告诉家长，咨询相关负责人后再回复。	1
		4. 不告状，当孩子出现不当行为时，客观冷静对待。	1
		5. 不要给孩子贴任何标签，不管是积极的还是消极的。	1
		6. 不给家长传递消极的信息。	1
	制定规则的原则	1. 制定规则的原则：在什么地方做什么事，什么时间做什么事。	1
		2. 规则不超过 3 条。	1
		3. 和 3 岁以上的孩子讨论规则，便于孩子自我管理。	1
		4. 等待的时间使用微型课程。	1

续表

主题	内容	督导要点	评分
意外伤害与防护	意外伤害防护 4 步法	1. 有效预防。	1
		2. 有效判断。	1
		3. 有效急救。	1
		4. 有效护理。	1
卫生管理制度及原则	管理制度	1. 设立班级房间消毒与通风制度，走廊、卫生间、窗台及栏杆等消毒制度及记录。	1
		2. 有教具、玩具柜等卫生消毒制度及记录。	1
		3. 有儿童用品消毒制度及记录。	1
	卫生要求	1. 教室内、教室外的消毒及记录。	1
		2. 窗台、围栏：每天清洁消毒有记录。	1
接送安全	建立接送制度	1. 班级所有孩子的个人档案记录。	1
		2. 每个孩子有指定或专门的接送人。	1
		3. 有教师交接班制度及记录。	1
儿童成长档案	儿童档案内容	1. 为每一位儿童建立成长档案，以了解孩子的个体情况。	1
		2. 成长档案应该包括：照片、视频、孩子的作品、观察记录、趣闻趣事、教师寄语、家长心声等。	1

2. 儿童发展观察记录

观察记录是孩子在幼儿园生活的成长记录，也是教学活动设计的重要依据，因此观察记录不能流于活动形式，在观察的过程中应有以下的思考：

第一，老师看到了什么，关注的主题是什么？

第二，孩子分别有哪些优势和劣势？

第三，孩子的闪光点有哪些？

第四，是否提供了高品质的教学环境？

第五，当孩子有求助时，老师如何给予支持的？

第六，在观察和记录的过程中哪些经验是值得推广的？哪些是可以改进的？等等。

观察记录的主要目的不仅是了解孩子的当下发展的情况，而且要关注到影响孩子发展的因素。记录只是反映孩子当下的一种状态，并不能完全证明孩子的能力水平，因为孩子发展受很多因素的影响。当对某一项能力进行观察时，有可能经过几次的观察才能得出结果。教师在做观察记录时还要关注到孩子当天的状态及环境，包括教师的状态等，更重要的是教师的解读方式，教师要以发展的眼光客观地看待孩子的行为能力，不要轻易给孩子贴标签。每个孩子的观察最好进行 2～3 次。关注孩子的个性特点，永远比关注问题和错误更重要。教师需要换一种思维看待孩子成长，就会发现孩子有很多的优点。对孩子语言及情感表达、自我管理及规则意识的观察是渗透在一日流程的某些环节中的，如排队等待、集体分享、餐点等。而对运动能力、认知能力的观察需要在特定的环境下进行，对于孩子的观察不是在集中的时间内进行，而是在每天的日常活动和教育中完成的。对完成不好的项目，一定要重复进行，同时关注到孩子当时的状态、平时的兴趣爱好及家庭的教养方式。

对儿童观察要有计划，主班老师负责对孩子进行分组，最好每个教师固定观察几个孩子，以保证对孩子观察记录的连续性。从班级管理的角度来看，对孩子的观察需要班级合作，因为在教学过程中如果一个孩子没有完成既定目标，教师在设计活动时应该关注到孩子的个性需要，多给孩子提供机会，当然不能为了达到目标去盲目地训练孩子。因此在督导过程中，教师对孩子观察的方式也是对教师教学行为最重要的督导工作之一。有关婴幼儿观察记录与解读，请参考本书的第五模块。

三、幼儿园周督导清单

1. 抽查：1～2 个环节督导

每周督导可以根据幼儿园的月计划安排，由班级内部进行自行督导，可以由主班老师负责对班级一日流程清单与标准执行督导。具体内容可以参考《幼儿教师清单保教理论与实务》相关章节，因为这里面的内容是结合了教师的岗位职责设计的清单管理标准，更加具体，通过每一个环节的督导更容易发现问题。班级的每周督导可以由班长负责（幼儿园可实行班长负责制），根据幼儿园的一日流程清单与标准以及相关的要求对班级的所有教师进行督导评估，对发现的问题进行研讨和复盘，并制订解决方案。班长可设计班级督导计划。班级的督导应该采用抽查督导和集中督导相结合的方式，对教师的评估结果可以作为每月绩效考核和职务晋升的参考。幼儿园对班级的评估结果及时给予反馈，同时给予班级教师必要的支持，并把班级评估的结果存档，在学期结束时进行总结分享，为下一个学期的工作提供重要的参考。

班级自行督导每周可督导 1～2 个环节，而不是督导全部环节。因为在一日活动中共包括了

10个以上的环节（其中包括重复的环节），如果开始就全部执行会让教师感到非常混乱，所以要给予教师适应的时间。大量实践证明，如果从1~2个环节开始，大部分教师在2个月左右都会熟练掌握。这期间要每天进行研讨和复盘，找到问题，不断优化流程和标准，并建立属于自己的清单与标准。

在对班级所有教师进行督导评估时，需要思考以下的问题：

一是主班老师是否对班级教师给予了正确有效的培训和示范？

二是是否保证了督导标准的客观性？

三是督导发现的问题是幼儿园管理问题，还是班级问题或教师个人问题？

四是督导如何才能提升班级合作？等等。

不论是幼儿园的综合督导，还是班级自行督导，督导最终的目的就是提升幼儿园的教育质量，因此在督导过程中，一定本着发现问题，解决问题的态度去执行，幼儿园要对所有班级督导内容进行汇总分析，针对共性的问题集中安排培训，个性问题就要进行个别辅导和纠正，让教师真正感觉到督导不是简单的评分，而是为了提升教师的专业性和职业性。

2. 区域课程督导

在幼儿园的教学过程中，每个教学活动设计和执行都有独特性，因为孩子对每个活动兴趣点都不一样，教师在教学中也要通过不同方式吸引孩子注意，加强孩子的体验，通过体验让孩子发现自己的兴趣，有利于孩子全面发展。因此教学督导不仅给教师的教学评分，而且给予教师指导和建议，提升教学质量。

（1）自然阅读

不论是教师还是家长都希望孩子拥有良好的阅读习惯。仔细观察发现，对于孩子来说阅读是随时随地可以进行的。在幼儿园的教学中教师特别关注孩子的自然阅读过程，如阅读区域规则、阅读作品展示栏、阅读读书角的绘本书籍。这一切都要从培养孩子的阅读兴趣开始。因此教师要了解孩子独特的阅读方式，要给孩子准备好玩有趣的故事，就要思考以下的问题：

第一，孩子喜欢什么样的故事？

第二，如何讲故事孩子才喜欢听？

第三，为什么喜欢重复听一个故事？

第四，听故事的过程中为何有的孩子不停地翻书，有的孩子会很安静？

第五，什么时候和孩子开始讨论才能激发孩子的兴趣？

第六，阅读过程中必须让孩子认字吗？

第七，需要什么道具才能吸引孩子的兴趣？等等。

总之，不论是读绘本讲故事、听故事，还是表演故事等，最终的目的是让孩子对阅读感兴趣，培养孩子一生的阅读习惯，而一定不要把认多少字当作主要的目标。因此教师需要掌握讲故事的技巧。很多幼儿园开展了教师讲故事比赛，以提高教师的教学技能，丰富教学形式。在对教师的自然阅读课程督导和评估时，以下的督导内容和方式可以参考。

表 4-3-1　自然阅读督导清单

督导内容		教学参考清单	督导人		督导时间	
			存在问题	整改建议	整改日期	负责人
准备	图书选择	根据班级儿童年龄选择图书，小班孩子尽量选择图片大、文字少的读物				
	绘本准备	放在方便拿的地方				
	辅助教具	根据故事是否需要添加辅助教具，如玩偶等				
	阅读准备	保证讲故事的流畅性，需提前预习故事				
	阅读形式	讲述或者角色扮演				
	环境准备	舒适，有适合孩子坐的坐垫或椅子，空间不拥挤，光线充足				
教师姿势		视线和孩子在一个高度，并能看到所有的孩子				
儿童坐姿		舒适地坐着和老师围个圆圈或能方便看到老师				
阅读语气语调		有情感，抑扬顿挫。注意声音的控制，声音不要太大				
语速		慢（清晰，必要时重复）				
教具使用		使用恰当，与课程有关，吸引儿童关注				
肢体语言		根据故事情节适当运用自己的肢体语言，如眼睛睁大、表情严肃或适当夸张，适当使用手势等				
提问与互动		针对关键词或孩子感兴趣的点提问，并允许孩子按照自己的想法回答，不评价和纠正				

续表

督导内容	教学参考清单	督导人		督导时间	
		存在问题	整改建议	整改日期	负责人
阅读的时间	根据孩子的年龄和教学安排，把握本次阅读时长				
应急处理	对于不能专注的儿童，配班老师协助引导专注当下做的事，而不是给他讲道理或强迫，等等				
结束阅读	教师根据阅读内容做简单的总结，引导儿童进入下一个环节				
使用现代化工具	如小视频，但要控制时长				

（2）爱国主义教育活动

爱国主义教育是一个时代课题，培养孩子爱国情感应该从娃娃抓起。让爱国主义在孩子幼小的心灵中生根发芽，为将来更好地肩负历史使命和时代责任筑牢坚实基础。爱国主义教育以主题活动为主要形式，根据孩子的年龄特点制定教育目标，进行不同形式的主题教育活动。爱国主义教育听起来比较抽象，其实渗透在我们的日常生活中。为了让教师更好地完成爱国主义教学课程，我们特别编写了《幼儿教师爱国主义教育活动清单》，为教师们提供了丰富多样的活动，为了达到教学的目标，教师在教学中应思考以下问题：

一是爱国主义教育的最终目标是什么？

二是你对爱国主义是怎么理解的？

三是什么样的活动形式更能激发孩子的兴趣？

四是主题活动如何和孩子日常生活结合起来？

五是如何借用现代化的教学手段丰富教学形式？

六是如何得到家长支持，做到家园一致？等等。

爱国主义教育结合身边发生的事让孩子亲身感受到才更有说服力。2020 年的疫情，就是很好的爱国主义教育的素材。教师可以收集各种信息，和孩子分享疫情期间发生了哪些感人的事情，我们每个人应该承担哪些责任。例如疫情期间小朋友不能到幼儿园，爸爸妈妈不能外出去上班，这也是爱国主义的行为，因为不是每个人都适合去一线“打仗”，我们在自己的岗位上做好自己，不给国家增加负担就是爱国的表现。爱国主义教育是一项系统的教育，为了帮助教师提升教学技能，以下的督导内容和方式可以参考。

表 4-3-2　爱国主义教育活动督导清单

督导内容		教学参考清单	督导人		督导时间	
			存在问题	整改建议	整改日期	负责人
准备	教学内容	根据班级儿童年龄选择活动，活动贴近孩子的生活				
	辅助教具	根据活动准备需要的辅助教具，如玩偶或动手材料等				
	知识准备	准备和本次活动相关的知识，并确定呈现方式				
	授课形式	讲述，观看视频、图片或动手体验等				
	环境准备	舒适，空间不拥挤，光线充足				
		如需要分组，准备好区域环境				
教师姿势		视线和孩子在一个高度，并能看到所有的孩子				
		和孩子围坐在一起，营造轻松的氛围				
儿童坐姿		舒适地坐着，能看到老师				
语气语调		有情感，抑扬顿挫。注意声音的控制，声音不要太大				
语速		慢（清晰，必要时重复）				
肢体语言		根据故事情节适当运用自己的肢体语言，如眼睛睁大、表情严肃或适当夸张，适当使用手势等				
提问与互动		针对关键词或孩子感兴趣的点提问，允许孩子按照自己的想法回答，必要时给孩子示范正确的说法或做法				
应急处理		对于不能专注的儿童，配班老师协助引导专注当下做的事，而不是给他讲道理或强迫他，等等				
活动分享		和孩子分享活动的感受，激发孩子的爱国主义热情				
使用现代化工具		如小视频，但要控制时长				

（3）食育教育——饮食习惯

2020年的疫情让大家更加关注健康教育的重要性。健康确实是需要教育的，并且应该从婴幼儿开始。为了在托幼机构和幼儿园教学中更好地推广健康教育，我们特别编写了《幼儿老师劳动与健康教育活动清单》。劳动与健康教育和孩子的日常生活有着密切关系，在孩子的一日生活中每时每刻都渗透着劳动与健康的教育价值。说到健康，我们首先想到的是生活习惯和饮食习惯。说到饮食习惯大家都会想到食育教育，严格意义上来讲，饮食习惯只是食育教育的一部分。食育教育还包括感受生命的成长、对资源和环境的认知、对职业的敬畏，等等。在本章节，我们首先关注孩子的饮食习惯，在幼儿园供应三餐两点的过程中，教师要结合食育教育的核心，关注孩子饮食行为和习惯。因此教师需要思考以下的问题：

一是如何引发孩子对食物的兴趣。

二是如何引导不良饮食习惯的孩子。

三是通过什么方式让孩子了解从种子到食物的过程。

四是如何引导孩子做好自我服务。

五是饮食礼仪对孩子的重要意义。等等。

同时关注孩子的生活习惯和规则意识建立，这些都属于食育教育的范围。具体到托育中心和幼儿园吃饭的过程，对教师的督导可以参考以下内容。

表4-3-3 食育教育活动督导清单

督导内容		教学参考清单	督导人		督导时间	
			存在问题	整改建议	整改日期	负责人
准备	餐前洗手	使用微型课程排队，洗手（7步洗手法）				
	值日生	安排值日生，协助老师				
	餐前分享	值日生和生活老师一起准备分享和今天的食物相关的内容。分享的方式吸引孩子，并且是孩子可以理解的内容				
	分餐的位置	分餐桌在固定的地方，生活老师和孩子面对面				
	餐前等待	根据孩子的月龄决定是排队等待取餐，或给予送餐				
教师的位置		主班和配班老师在合理的位置，并保证所有孩子的安全				

续表

督导内容	教学参考清单	督导人		督导时间	
		存在问题	整改建议	整改日期	负责人
用餐礼仪	小口吃饭，闭嘴咀嚼，细嚼慢咽，用勺子喝汤不发出声音，随时清洁				
餐间分享	允许孩子说话，但给孩子示范咽下去饭再说话				
餐后清洁	孩子送餐盘到指定位置，关注需要帮助的孩子				
特别关注	关注挑食、偏食或不能独立吃饭的孩子，允许早吃完饭的孩子去活动区域自由活动				

（4）区域教学督导

教学督导最重要的部分是区域教学督导，这也是分组教学的最重要部分。分组教学活动，既可以按照年龄分组，又可以按照孩子能力、特长分组。不同的分组教学方式不同，目前大部分采用的是以年龄分组，也有采用混龄教学的方式。但不论是哪种分组方式，都要关注孩子的个体差异性，所以在分组教学时教师应思考以下因素：

一是如何分组才能满足孩子个性需要。

二是区域的材料是否符合孩子的需要。

三是在分组教学过程中教师如何分组观察。

四是如何做好孩子的观察和记录。

五是每周的活动计划中是否需要有重复的活动。等等。

在分组教学中，孩子经常会有自己的想法和创意，很多时候都不是教师的预设课程。因此教师要跟着孩子的思路鼓励孩子的探索活动，也就是我们常说的自然生成课程，很多教师说，当孩子提出问题时，自己也不知道怎么办，这个时候最好的方式是把问题交给孩子，看看孩子是怎么想的。从教育意义上来讲，孩子就是课程的设计者，因为他们所表现的就是他们需要的。教师需要做的就是在安全和规则的前提下，给孩子提供环境和材料，满足孩子的探索欲和创造欲。

表 4–3–4　区域教学督导清单

<table>
<tr><td colspan="3">班级</td><td>督导人</td><td></td><td>督导时间</td><td></td></tr>
<tr><td colspan="2">督导内容</td><td>教学参考</td><td>存在问题</td><td>整改建议</td><td>整改日期</td><td>负责人</td></tr>
<tr><td rowspan="3">区域准备（益智区）</td><td>玩具准备</td><td>根据班级儿童年龄及教学目标准备</td><td></td><td></td><td></td><td></td></tr>
<tr><td>玩具数量</td><td>根据教学目标及儿童数量准备，不能发生争抢</td><td></td><td></td><td></td><td></td></tr>
<tr><td>区域大小</td><td>根据区域的大小决定儿童数量</td><td></td><td></td><td></td><td></td></tr>
<tr><td colspan="2">阅读区域规则</td><td>引领本组儿童阅读区域规则</td><td></td><td></td><td></td><td></td></tr>
<tr><td colspan="2" rowspan="2">教师行为</td><td>关注但不打扰</td><td></td><td></td><td></td><td></td></tr>
<tr><td>当孩子求助时，走近孩子蹲下来，问孩子需要帮忙做什么，不打扰其他孩子，声音不要太大，更不要隔空喊话</td><td></td><td></td><td></td><td></td></tr>
<tr><td colspan="2" rowspan="4">教学过程</td><td>按照教学目标和孩子讨论玩具的玩法，必要时可以示范，但允许儿童按照自己的想法玩玩具</td><td></td><td></td><td></td><td></td></tr>
<tr><td>观察记录孩子活动过程</td><td></td><td></td><td></td><td></td></tr>
<tr><td>和儿童分享玩玩具过程，不评价</td><td></td><td></td><td></td><td></td></tr>
<tr><td>每位老师负责自己的小组</td><td></td><td></td><td></td><td></td></tr>
<tr><td colspan="2">应急处理</td><td>儿童在发生争执时要使用正面的语言引导，如你想和他一起玩是吗？或正确示范</td><td></td><td></td><td></td><td></td></tr>
<tr><td colspan="2">活动分享</td><td>允许儿童表达自己的想法，不评价和纠正</td><td></td><td></td><td></td><td></td></tr>
<tr><td colspan="2">活动结束时的提示</td><td>按照标准提示，教师表达清晰。顺利进入下一个环节</td><td></td><td></td><td></td><td></td></tr>
</table>

2. 区域环境督导

我们指导的一家幼儿园一直是集体教学模式，我们坚持督导其执行区域教学，并协助从改变教学模式和教学环境开始。当区域环境准备好时，孩子走进教室的那一刻，所有的孩子都睁大了眼睛。有孩子说，我们有这么多小房子。每个孩子都小心翼翼地走进区域，看到这么多的玩具，孩子表现得让老师们很意外，因为孩子们都在专注地玩玩具，并没有出现老师担心的混乱场面。很多幼儿园没有执行区域教学的原因是一方面没有区域教学的经验，另一方面感觉区域教学比较麻烦，如玩具容易损坏、需要经常清理清洁等。区域教学的优势在于通过不同区域的玩具和材料，满足孩子各领域发展的需要。因此区域环境的准备需要思考以下因素：

第一，区域空间大小及数量符合要求吗？

第二，是真正的丰富的材料吗？

第三，材料适合孩子使用吗？

第四，分组合理吗？等等。

我们在前面讲过课程的几个维度，其中说到潜课程，教学材料和环境是最重要的潜课程，对课程效果有着重要的影响，因此在做区域环境设计时，可以参考以下的督导标准。

表 4-3-5　读书角区域及材料督导清单

督导清单		督导存在问题	整改建议
区域要求	1. 在房间光线充足的地方。		
	2. 有一定数量的软垫或毛绒玩具。		
	3. 有 1～2 个图书架，或一定数量的玩具筐。		
材料准备	1. 准备丰富的图片。图片的图案和色彩适合孩子年龄。		
	2. 图片最好放在一个盒子或袋子里。		
	3. 不同内容和设计的绘本分类放置。		
	4. 应该定期更换，如有损坏的页面及时修复好。		
	5. 整齐整洁。		
规则	1. 孩子可以理解并能做到的规则。		
	2. 进入区域时让孩子阅读规则。		

表 4-3-6　运动区域及材料督导清单

督导清单		督导存在问题	整改建议
区域要求	1. 在室内宽敞的地方，不妨碍其他活动进行。		
	2. 室外有足够的活动场地，符合幼儿园基本设施标准要求。		
室内材料	1. 在室内相对宽敞的地方，给正在爬行的孩子准备爬行区域。		
	2. 地板上可以放有不同质地的地垫，丰富孩子的触觉感知。		
	3. 有钻筒或小台阶，或各种可以组合的运动玩具，让孩子体验不同形式的爬行或运动。		
	4. 如果条件允许，可以有单独的室内活动室。		
室外材料	1. 室外有发展孩子多种运动能力的设备，比如适合攀爬、身体平衡、行走、跑动或者踢球的场地等。		
	2. 适合在室外玩的坐骑玩具、三轮车、推拉的玩具、秋千等。		
	3. 在攀爬玩具或者秋千下面的地面放有安全防护垫子。		
	4. 室外器械根据功能不同划分区域，防止发生意外，如坐骑玩具和秋千要分开。		
	5. 所有设备保持功能良好。		
	6. 室外活动时间每天上下午各不少于 1 小时。		
规则	1. 建立孩子可以理解并能做到的规则。		
	2. 户外活动时限定活动区域。		

表 4-3-7　益智区域及材料督导清单

督导清单		督导存在问题	整改建议
区域要求	1. 在房间相对安静的地方。		
	2. 保证有 1~2 个益智的区域。		
	3. 每个区域有 1~2 个玩具柜及一定数量的玩具筐。		
	4. 积木区要有地垫或小桌子，方便孩子操作。		
	5. 区域大小至少一次容纳 5 个小朋友。		

续表

督导清单		督导存在问题	整改建议
积木和拼擦	1. 不同材质、颜色及形状的积木。按形状、大小或颜色分类，分别放在开放式的柜子或玩具筐里。		
	2. 和积木配套的玩具，如装卸的盒子、玩具小人或玩具小屋等，丰富孩子的创意活动。		
	3. 各种拼插玩具 2～3 套。		
	4. 保证玩具的安全，并要及时清理破损的玩具。		
镶嵌与橡胶玩具	1. 橡胶玩具或铃铛、按键琴、敲打等可以发出声音的玩具，这些都是孩子们喜欢的玩具。		
	2. 各种类型的镶嵌玩具、串珠等。		
	3. 带有小洞的玩具等。		
	4. 适合户外活动的塑料或橡胶玩具等。		
规则	1. 孩子可以理解并能做到的规则。		
	2. 进入区域时让孩子阅读规则。		

表 4-3-8　艺术区域及材料督导清单

督导清单		督导存在问题	整改建议
区域要求	1. 艺术区应该相对比较宽敞。		
	2. 有 2～3 个玩具柜，一定数量的玩具筐，存放足够的材料。		
	3. 角色扮演和音乐区可以在教室的一角，可以综合起来一起使用。		
	4. 适合孩子的小桌子和小椅子。		
	5. 应该有展示孩子作品的区域，并有孩子的涂鸦墙或固定涂鸦区域。		
手工区	1. 有不同质地的纸张、颜料、画笔、橡皮泥等。		
	2. 有清洁的废旧的盒子和布料等。		
	3. 有可以欣赏的艺术品，如雕塑、玩偶、绘画作品等。		
角色扮演	1. 不同民族特点的娃娃、动物玩具、简单的衣物、手偶等。数量足够，保证在演出时每个孩子都有一份。		

续表

督导清单		督导存在问题	整改建议
角色扮演	2. 足够的游戏材料，方便和孩子一起制作道具。		
	3. 有背景图片，增加孩子真实的体验。		
音乐活动	1. 一定数量的乐器，如敲琴、手鼓、手铃或沙锤、发条音乐玩具、玩具钢琴、有棒槌的木琴、口琴、口哨、喇叭等。		
	2. 乐器分类放置在玩具箱里。		
	3. 音乐玩具完好，定期更换。		
规则	1. 孩子可以理解并能做到的规则。		
	2. 进入区域时让孩子阅读规则。		

表 4-3-9　娃娃家及材料督导清单

督导清单		督导存在问题	整改建议
区域要求	1. 娃娃家是开放而且在比较宽敞的地方，方便孩子进出。		
	2. 活动时分组进行，避免孩子们拥挤。		
	3. 区域要有地垫及一定数量坐垫。		
材料准备	1. 有布娃娃（各种娃娃的衣服）、毛绒玩具、小沙发、小床、靠枕和柔软的垫子、梳子和刷子、小的帽子和围巾等。		
	2. 一定数量的毛绒动物玩偶。		
	3. 适合孩子操作的迷你版的厨房用品。		
	4. 一定数量的蔬菜、水果模型等。		
规则	1. 孩子可以理解并能做到的规则。		
	2. 进入区域时让孩子阅读规则。		

表 4-3-10　植物角及材料督导清单

督导清单		督导存在问题	整改建议
区域要求	1. 在室内阳光好的地方。		
	2. 放置 1~2 个植物架，确保稳定安全。		

续表

督导清单		督导存在问题	整改建议
材料准备	1. 有一定数量的安全的植物。		
	2. 每个孩子照顾一盆植物来感受生命的成长和变化，这也是食育教育的一部分。		
	3. 在植物角放几个玩具盒，把孩子从户外收集回来的落叶、小石头等放在里面。		
	4. 如果条件允许可以在户外种植植物，让孩子感受植物一年四季的变化。		
规则	1. 孩子可以理解并能做到的规则。		
	2. 进入区域时让孩子阅读规则。		

四、幼儿园日督导清单

1. 每日常规督导

幼儿园的每日常规工作主要是一日流程清单与标准执行，具体内容可以参考《幼儿教师清单保教理论与实务》相关章节。每日常规的督导大部分是班级自行进行的，但需要园长和相关负责人随时给予支持，尤其是发生应急情况时。以下督导内容供参考。

表 4-4-1　每日常规督导清单

	主题	内容	时间（供参考）	负责人
每日常规工作	早间接待	1. 教室安全检查（地面、区域、桌椅等）	7:30—7:40	班级老师
		2. 早间会议：安全提示	7:40—7:50	园长和班长
	查岗	确认教师到岗时间	根据每天教师到岗时间	园长随机抽查
	午间巡视	巡视各班老师在岗情况	12:00—14:30	园长随机抽查、班长主要负责
	离园检查	幼儿园门口观察老师和家长沟通情况，定期回访家长	17:00—17:30	园长

续表

	主题	内容	时间（供参考）	负责人
每日常规工作	一日流程	抽查班级执行情况及教师的状态（参考一日流程与标准）	每个环节的关键点（按照周计划执行）	园长抽查、班长主要负责
	讨论与复盘	一日工作的总结，明天需要注意的问题	孩子离园后，每天10～15分钟	班长与班级老师
	处理突发事件	应急情况。每一类突发事件均做出流程和标准，形成文件，并进行对应培训，避免同类事件的发生	尤其儿童事件要记录过程，分析原因，做出应急预案及预防方案，并传达所有班级	园长、班长

2. 班级档案

班级档案管理是幼儿园的基础性工作，也是幼儿园工作中不可缺少的重要部分。幼儿园班级课程档案是管理和课程实施的全过程记录，老师可通过收集整理和编辑成册，这些档案资料不仅是教师及孩子的成长记录，而且是一个幼儿园规范性管理和发展历程的见证。我们在指导工作中发现，很多幼儿园对班级档案的建立不是特别重视，觉得做档案记录会浪费上课的时间，认为只要把课上好了就可以了。档案管理属于潜课程，是课程组成的重要部分。整理档案的过程中，会帮助教师梳理班级管理的思路。如果设计档案清单，那么教师会清楚地知道作为一名合格的教师应该具有的管理思维。因此在做班级档案的时候，应思考以下因素：

一是班级档案的重要意义是什么。

二是班级档案是否需要一份整理清单。

三是班级档案分几个维度，按照维度管理是否会更加清楚。

四是根据档案的更新要求，如何做好教师的分工合作等。

不同的幼儿园管理模式不同，因此可以结合幼儿园工作特点整理班级档案。以下的班级档案清单供参考。

表 4-4-2　幼儿园班级档案清单

	内容	更新周期	负责人	说明
教学部分	班级教案	每周或每月	班长	班长主导，其他老师配合
	教研活动计划记录（幼儿园和班级）	每月	班长	班长主导

续表

	内容	更新周期	负责人	说明
教学部分	教学随笔、反思	每周	班级老师	班长每月上交幼儿园
	一日流程清单与标准	每月	全体老师	
	儿童观察记录表	每月或每学期	班级老师	班长主导
班级管理（学期或月档案）	班级安全目标责任书	每学期强化培训	园长、班长	园长或相关负责人
	幼儿园安全工作各项规章制度	每学期强化培训	园长、班长	园长或相关负责人
	安全急救手册	每学期强化培训	园长、班长	园长或相关负责人
	呕吐包使用记录	随机	全体老师	
	过敏记录	随机	主班和配班老师	
班级管理（周或日更新档案）	班务计划、总结	每月或每周	班长或其他老师	
	一日活动周计划表	每周	主班和配班老师	
	班级被褥洗涤晾晒记录表	每周	生活老师	
	各班级交接班记录表	每天	主班和配班老师	
	班级消毒记录表	每天	生活老师	全体老师配合
	幼儿出勤表	每天	主班和配班老师	
	缺勤追访记录	每天	主班老师	确认缺勤儿童情况，必要时家访
	就餐人数统计	每天	生活老师	
	幼儿生活记录，包括吃饭、饮水、午睡	每天	主班和配班老师	特殊情况需要记录
儿童档案	孩子的作品	随时整理	主班和配班老师	
	孩子成长档案（观察记录及测评记录）	随时记录	主班和配班老师	
家园共建	家访记录	每月或每学期	主班老师	全体需要了解具体要求
	家长学校组织机构及各项规章制度	每月或每学期	主班老师	全体需要了解具体要求
	家长工作计划、总结	每月或每学期	主班老师	全体需要了解具体要求
	家园联系手册	每月或每学期	主班老师	全体需要了解具体要求

五、督导与反馈

常规意义上来讲督导部门属于相对权威的部门，是制定执行标准，并按照标准对机构提出要求及整改建议的机构。督导的最终目标是协助幼儿园提升管理和教学品质，给予有效的支持，不能只是流于形式。因此督导人员需要了解幼儿园和老师的需要和想法。因此不论是教育主管部门的督导，还是幼儿园自行督导，一定要建立客观合理的督导反馈机制，督导小组要接受被督导机构和人员的监督和反馈。例如需要考虑如下因素：

一是督导人员是否专业、客观。

二是督导人员是全职还是兼职，是否需要定期和不定期的更换。

三是反馈的周期是否及时合理。

四是督导结果是否客观公正。等等。

为了保证督导效果，督导小组可以对被督导的机构和人员进行回访。以下内容供参考。

表 4-5-1 幼儿园对督导人员的评估与反馈

项目	评价	说明
日常的执行标准与督导标准是否一致	是　　否	
督导是否客观、公正	是　　否	
本次督导对你所在幼儿园的指导和支持是否有效	是　　否	
督导是否关注问题发生的原因	是　　否	
提出的问题是否有理论依据	是　　否	
对于督导发现的问题是否给予合理的指导建议	是　　否	
给予的整改措施是否合理	是　　否	
反馈意见是否在规定时间内完成	是　　否	
是否希望督导给予后续的跟踪和指导	是　　否	
请列出本次督导对幼儿园哪些方面有所帮助：	●园所建设 ●安全 ●卫生与保健 ●教学管理 ●员工培训 ●儿童评估 ●家园共建	
请写出你对督导的总体评价		
其他		

表 4-5-2　幼儿园自行督导时对内部督导人员的评估与反馈

项目	评价	说明
内部使用督导标准和管理标准是否一致	是　　否	
督导的标准是否进行过培训	是　　否	
督导是否客观、公正	是　　否	
督导是否关注问题发生的原因	是　　否	
提出的问题是否有理论依据	是　　否	
对于督导的问题是否给予合理的指导建议	是　　否	
督导给予的整改措施是否合理	是　　否	
请列出本次督导对你的班级一日活动中哪些方面有所帮助：	●一日清单中的哪个环节（请注明：　　） ●环境创设 ●班级卫生 ●班级合作 ●班级档案 ●教学研讨 ●观察记录 ●其他	
请写出你对督导的总体评价		
其他		

模块五 婴幼儿观察记录清单与解读

一、婴幼儿保教观察记录的目的

观察记录的目的是让教师在保教过程中记录孩子表现，并了解孩子的个性特点，为后期的保教计划提供重要的参考。并给予家长足够的支持。在观察过程中，可以引导教师结合自己的成长经历进行反思，因为教师对待孩子的方式或多或少受父母对待自己的方式的影响，比如被限制太多、不被认可、急于纠正等。在进行评估时要思考以下的问题：

第一，如何引导教师思考在保教过程中哪些行为是受到原生家庭影响的。

第二，如何引导教师客观看待评估标准。

第三，教师在保教中需要哪些支持。

第四，如何和家长分享你观察到的信息。

第五，什么样的方式能更好地支持到家长。等等。

观察的目的不是评估孩子的能力发展的高低，而是让我们围绕教育的终极目标，参考目前观察的结果思考：目前的教育环境是适合孩子发展的吗？教室环境是丰富的吗？对于教师的支持是有效的吗？哪些是需要改进和提高的？等等。在我们对幼儿园的园长和教师、家长调查中发现，站在不同的角度关注的问题不同，但有一个问题是大家共同关注的，即保教活动的设计。尤其是家长特别关注孩子学到了什么。从孩子的生理发展过程来看，这个阶段孩子的发展最重要的目标是培养行为习惯及激发学习兴趣，但必须尊重孩子的生理特点和规律。因此，观察记录清单是根据《3-6岁儿童学习与发展指南》中的5大领域，即健康、语言、社会、艺术、科学，结合教师设计保教活动的习惯进行梳理，即分别从运动能力、语言能力、认知能力、社交能力、自理能力5大领域分类设计而成的。无论是哪种分类都只是从理论上进行的分类，其实孩子的每一项活动都是综合能力的体现。在《幼儿教师清单保教理论与实务》中，提供了和5大领域相关的6个月~6岁的儿童活动方案，帮助老师了解各年龄阶段孩子可以进行的活动。根据这些活动结合老师日常保教，在本书设计了各年龄阶段的观察记录，旨在通过这些保教活动了解孩子的能力发展情况。

在观察记录表里只是设计了和孩子发展相关的5个领域中关键部分，并不包含所有的内容。我们也和很多教师做过研讨，什么样的观察记录更方便教师的工作，从中得出教师们更喜欢使用接近课程活动设计的形式和内容，有比较具体的描述。如孩子可以完成各种运动器械的使用、对物体仔细地观察和对比、积极主动参与活动等，面对这样笼统的描述，教师掌握不好具体活动设计的情景和要求，因此我们在设计时，把和孩子发展能力相关的活动融入具体的活动方案里，这样方便教师进行操作。这个观察清单所列出的参考标准是大部分孩子可以完成的生理标准。清单设计了4种表现，依次对应能力发展好、较好、一般和有限。目的是帮助老师了解当下情况，并不是评价能力的高低。调查发现不能完成活动并不代表孩子能力发展不好，大部分是由于没有做过类似的活动。对孩子的观察应该是动态的，并且观察记录受很多因素的影响比如观察者当天的状态、对于教学目标的理解，还有孩子的状态和环境，等等。因此不能用这个结果给孩子贴标签。在观察过程中不管孩子能力符合哪个选项，这只是当下孩子这方面能力发展的状况。在观察记录中特别设计了解读和对应的解决方案，解读侧重这个活动和孩子发展的最直接能力表现，其他相关能力并没有更多说明。解决方案是为孩子这些能力更好的发展提供了可借鉴的活动方式，延伸解读部分旨在说明虽然有的孩子没有完成，但大部分和家庭看护方式及孩子个体发展特点有关，并不是孩子真正的发展落后，只要给予孩子适宜的环境，孩子就会表现出应有的能力。因此孩子一时做不到，老师不要焦虑，督导者不要给老师压力。需要强调的是，清单里根据每个阶段孩子的生理和心理特点，设计了各个年龄阶段的活动和活动方式，但一定允许孩子按照自己的方式玩，任何活动都不能以完成观察记录为核心目标，而是为了启发孩子探索与创造的欲望，激发孩子的兴趣，孩子一旦有了兴趣，目标自然就达到了，这也是幼儿园阶段教育的核心目标之一。

针对观察记录清单的使用，有以下 5 个问题希望得到探讨：

第一，活动中哪些因素是没有关注到的?

第二，教学需要改进哪些方面，如现在的教学环境是丰富的吗?

第三，给予教师足够的支持了吗?

第四，教师是如何看待评估督导清单的?

第五，关注当下的标准与对孩子未来的影响，哪个更重要。等等。

在观察清单里有些活动超出孩子的能力，有些低于现在孩子的能力，是希望观察过程中关注到孩子发展有个性特点及不均衡性。有些活动是重复的，这也符合孩子发展的规律，孩子在重复过程中获得经验的积累。例如，孩子喜欢听一个故事需要重复 1 个月甚至更长的时间，孩子在听故事的过程中不断梳理和验证自己听到的和自己想的是否一致。等孩子确认理解的故事没有疑问了就听新的故事。孩子喜欢玩重复的玩具、做重复的活动也是同样的道理，所以一定要关注孩子重复的行为，给予孩子自我积累并梳理的机会，这是孩子的成长需要的。

最后需要说明的是，本章节特别提供了 0~12 个月孩子的家庭监测方法，目的是希望帮助老师了解孩子在一岁内发展过程中有哪些活动可以更加利于孩子发展，避免不当行为的发生，尤其是在给孩子建立初始档案时，可以更加全面地了解孩子的成长过程，给予家庭更有效地支持。

关于观察记录与督导的注意事项，可参考本书模块四“幼儿园月督导清单”部分。

二、0～12 个月婴儿行为监测

1. 监测的重要性

0～12 个月的孩子发展很快，尤其是孩子的运动能力的发展。做好婴儿的运动行为监测，也可以帮助我们尽早发现婴儿的行为异常情况。在我们近 2000 例的家庭指导案例中，把这种监测的方法更多的是作为一种日常活动的方式。经过培训的家长，在日常活动的过程中大都能发现孩子的某些异常行为，如脚尖着地、下肢不对称、立位悬垂时一只手外翻等。做到早期发现早期纠正，从而预防孩子成长中异常行为的发生。

（1）案例分享：右手外翻的孩子

苗苗是足月剖腹产出生的。6 个月的时候，有一次妈妈在给婴儿穿衣服的时候，发现婴儿的右手有轻微外翻，并且日常生活中孩子的右手不太爱动。监测发现孩子做右手围巾征时，肘关节不能到达身体的中线，主动活动欠佳，并且有轻微的足尖着地。日常生活中父母很少让孩子活动，更没有做过围巾征、足背屈角等运动。针对监测的情况及家庭初始档案的调查，通过以下方案可以帮助纠正孩子的手外翻：

一是围巾征锻炼，每天 2～4 次不等。

二是足背屈角、内收肌、足跟耳征及腘窝角锻炼。

三是上下肢按摩。

四是日常活动翻身和连续翻滚锻炼。

五是定期监测。

通过以上的方案，苗苗 8 个月的时候手外翻及踮脚尖的现象有了明显地好转，到 10 个月的时候，苗苗的手和下肢的活动都正常了。

（2）发育监测的重要性

1）发育监测便于早期发现、早期矫正，可以降低后遗症的发生。在 3 个月发现有异常时，属于超早期发现；在 6 个月发现异常属于早期发现。有资料显示，婴幼儿的异常行为越早被发现，造成后遗症的机会越少。

2）根据婴儿的发育情况，制定适宜的指导方案。发现异常时根据孩子的情况及时调整指导方案，使训练更有针对性，及早纠正孩子的异常行为。

2. 婴儿监测的作用

这种监测的方法好处在于：

第一，对于正常的婴儿可以促进运动能力的发展。

第二，对于轻微有异常的婴儿可以起到预防和矫正的作用。

第三，对于有明显异常的婴儿可以帮助建立正常的生理功能。

第四，每天坚持给孩子做锻炼，也可以帮助家长发现孩子的异常行为，做到早期发现，早期治疗，减少或防止后遗症的发生。

3. 婴儿发育监测的注意事项

（1）选择适宜的环境

保持一定的室温，尤其是在寒冷的季节，不要让孩子着凉。光线不能太强，以免影响视觉监测。不要有噪声干扰，以免影响听觉监测。

（2）舒适的体位

不同的体位会有不同的表现，因此首先让孩子感到舒服，才能引出最佳的反射。另外也要选择适合监测的体位，以便准确判断孩子的发育情况。

（3）应在孩子安静和清醒的情况下进行

监测应在孩子两次喂奶之间或孩子精神状态较好的情况下进行，一般喂奶后 40 分钟较为适宜。如果刚喂完奶，孩子往往想睡觉；喂奶前孩子常因饥饿不配合。

（4）根据孩子生理的标准进行客观判断

由于孩子的发育有阶段性，每个阶段的反应不完全相同，并且有些反射持续时间较长。应参考生理的标准，并注意个体的差异，不能主观定论，给家长增加心理负担。

（5）一次不成功时要重复监测

由于环境和孩子本身的情况，有时监测项目偶尔会监测不出结果，应做重复监测或做平行监测，来确定孩子的生长发育情况。

（6）掌握标准灵活运用

如果孩子达不到生理标准，应做相关项目的监测，综合评价孩子的发育情况。

（7）准确的手法及敏感的判断力

监测依靠监测人员手的感觉和判断力，要求监测者在监测时能捕捉到孩子瞬间的表现。

4. 婴儿行为异常的表现

（1）运动能力落后

运动能力落后即在生理情况下，孩子应该会的翻身、坐稳、爬行等主动活动，均不能完成。但也要参考家长的看护方式，被过度保护的孩子有些能力发展也相对落后，但这样的孩子没有异常的反射。

（2）肌张力异常

婴儿的肢体肌张力太低或太高，即婴幼儿的肢体活动受限，不能主动控制自己的肢体去完成应该能够完成的动作。

（3）姿势不正常

婴儿不能保持正常的仰卧、俯卧或坐姿等，身体的运动中行为明显异常。

（4）反射异常

通过专业的临床监测，有异常反射被引出。

5. 婴儿行为异常常见的原因

造成婴儿神经损伤的原因有很多，常见的原因有以下几种：

一是大脑组织的损伤：胎儿宫内窘迫及新生儿窒息导致的颅内出血等。

二是产伤：出生过程中肢体的牵拉伤。

三是出生情况：早产、低体重儿、大脑本身发育不成熟。

四是本身发育的因素：多胎、神经管或肢体的畸形。

五是潜在因素：婴儿期严重的黄疸、感染。潜在因素对婴儿的影响是最容易被忽略的。

另外还有 1/4 左右的婴儿行为异常的原因不明。

6. 矫正的基本方法

对轻微异常行为，可以在家庭中进行矫正，锻炼的方法就是监测方法。但需要保证每天的数量，如每天 2~3 次或 3~5 次不等。

常用的矫正方法主要有以下几种：

（1）被动锻炼

即监测方法结合婴儿每个月龄运动能力发展特点。帮助婴儿做被动肢体的锻炼，增加肢体的灵活性。

（2）主动锻炼

准备适宜的环境和玩具，在生理基础上帮助婴儿建立肢体的主动活动能力。

（3）定期监测

定期为婴儿做监测，评价效果，必要时去专业机构咨询。

7. 监测的具体操作方法

方法一　视觉监测

婴儿的视觉监测一方面是为了给予婴儿充足的视觉刺激，另一方面可以发现婴儿是否存在视觉异常。除非婴儿存在明显异常，轻微的异常一般容易被家长忽略。通过对婴儿各方位的视觉刺激，可以刺激婴儿的视觉发育，同时帮助家长发现婴儿的异常表现。

（1）显著的斜视

1）体位

自由体位。

2）方法

观察婴儿双侧眼睛注视情况，看是否有斜视或对眼的情况。

3）注意

在新生儿期的婴儿发生一过性的斜视，属于正常情况。

（2）持续的眼球震颤

1）体位

自由体位。

2）方法

监测者在婴儿眼睛的水平位置放一样东西，观察婴儿眼睛的状况。

3）生理标准

任何月龄的婴儿都不会出现这种情况。

4）异常情况

水平位置的震颤可能提示为中心性的或周围性的视觉缺陷。如果发现婴儿不能注视物体就应做进一步的检查，确定是否有异常。

（3）视觉追踪

1）监测的方法

距离婴儿眼睛上方 20～30cm，将带响的彩色玩具边摇边动，使婴儿的视线随玩具分别左右上下移动，范围在 90～180° 之间，观察婴儿的视线是否随着玩具移动。

2）生理标准

婴儿的视觉能力随着年龄的增加而增加。3 个月时婴儿具有视觉的主动寻找能力，4~6 个月时婴儿具有最基本的视觉鉴别能力。

3）异常情况

婴儿不追视任何物体。

（4）听觉能力

1）方法

距离婴儿耳朵 30cm 左右的地方摇响铃铛或鼓掌。

2）生理标准

摇响铃铛或鼓掌会引起婴儿的眨眼。

3）异常情况

婴儿对声音没有反应或反应迟钝。

方法二　姿势和自然活动监测

在正常情况下，0～3 个月的婴儿的肢体活动是没有规则的，3 个月后婴儿的肢体活动变得逐渐有规则，因为此时的婴儿已经具备了主动活动的能力，逐渐可以控制自己的肢体。在日常生活中，家长应注意婴儿肢体活动的情况，并注意婴儿肢体及身体的对称性。

（1）非对称性紧张性颈反射（射箭姿势）

1）体位

仰卧位。

2）方法

婴儿仰卧位，检测者扶婴儿头转向一侧，呈射箭姿势。

3）自然体位下的表现

婴幼儿仰卧位头转向一侧，呈射箭姿势。

4）生理标准

任何的月龄频繁有这种姿势都不正常。

5）注意

此种反射在3个月之前可以观察到，3～6个月期间会间断出现，一次性的行为不属于异常表现。正常6个月的婴儿不存在这种反应。

（2）持续颈伸肌张力增高

1）体位

仰卧位或侧卧位。

2）方法

当婴儿仰卧位休息时，观察婴儿的颈部和床面之间是否有空隙。

3）生理标准

正常情况下，当婴儿仰卧位休息时，颈部和床面之间应该没有空隙，尤其是新生儿期的孩子，但有头部畸形或早产儿枕骨突出的除外。

4）异常情况

如果婴儿表现为持续颈伸肌张力增高，侧卧时表现出头部向后伸展，并伴随其他方面异常。

（3）持续握拳并伴有大拇指内收

1）体位

自由体位。

2）方法

观察婴儿在安静及活动状态下，手指的活动尤其是大拇指的活动情况。

3）生理标准

在安静的情况下，新生儿手的握拳和张开是交替的，2月龄的孩子大部分时间手会是张开的，4个月后婴儿的手就具有主动抓握能力，婴儿拇指和其他手指可以灵活的配合。

4）异常表现

如果婴儿表现拇指持续横握在手心里，并很少自由活动就要引起注意。如果发现孩子有拇指内扣的情况，家长可以通过按摩和手指纠正方法来纠正。

（4）面肌麻痹

1）体位

自由体位。

2）方法

当婴儿哭闹时，观察双侧面部肌肉是否对称。

3）生理标准

无不对称表现。

4）异常情况

一般发生在比较严重的大脑损伤的婴儿身上，如果经常出现这种情况，那么应提醒家长注意，可进行专业的咨询。

（5）自然活动

1）体位

自由体位。

2）方法

在任何体位的情况下观察婴儿的活动程度和活动情况。

3）生理标准

婴儿在清醒的状态下，四肢都在不停地活动，活动的频率应该是一致的，4个月后的婴儿可以有目的地控制自己的身体，以主动活动为主。

4）异常情况

身体和四肢的活动减少，或表现出不对称都属于不正常。

方法三　异常活动

在新生儿期的婴儿可能会出现一过性的异常表现，但要注意是否伴有其他异常行为表现，并注意观察异常反应出现的诱因。

（1）持续震颤

新生儿期的婴儿会有一过性表现。在婴儿饥饿和哭闹时震颤增加。如果在安静的状态下出现，要注意婴儿的情况是否有异常。

（2）阵发性痉挛性的活动

新生儿在出生后的几小时有阵发性痉挛性的活动，表现为局部的抽搐和挛缩如嘴角、眼角等频繁抽搐。如果在日常活动中频繁发生这种情况，要注意孩子是否有其他异常行为。

（3）其他异常活动

如果婴儿频繁地发抖或肢体有异常活动，应该到专业机构去做进一步的监测。

方法四　被动肌张力监测

被动肌张力监测主要是了解婴儿在自然情况下的肌肉紧张和放松情况。这种监测方法对早期发现婴儿的异常活动有非常重要的作用。因为在日常生活中家长很少让婴儿做类似的活动，如果婴儿真的有这类异常行为也不易被家长发现。一般家长发现有异常表现时，往往错过了最佳纠正期。

（1）跟耳征角

1）体位

仰卧位。

2）方法

婴儿双腿保持伸直并在一起，双手轻握双腿向耳的方向推压，不要把骨盆抬起来，判断的角度是婴儿的下肢和床面的角度。

3）生理标准

各月的角度均不相同：

1~3 个月 80°~100°；

4~5 个月 90°~130°；

7~9 个月 120°~150°；

10~12 个月 140°~170°。

4）异常情况

角度过大、过小或双侧不对称，均属不正常。

（2）内收肌角

1）体位

仰卧位。

2）方法

双腿平放在床上并在一起，轻轻地向身体的两侧拉开双腿，观察两腿之间的角度。

3）生理标准

各月的角度均不相同：

1~3 个月 40°~80°；

4~6 个月 70°~110°；

7~9 个月 100°~140°；

10~12 个月 130°~150°。

4）异常情况

角度过大、过小或双侧不对称，均属不正常。

（3）腘窝角

1）体位

仰卧位。

2）方法

屈曲下肢并固定膝关节在腹部的两侧，然后轻推小腿观察腘窝的角度。注意监测时不能把臀部抬起来。

3）生理标准

各月龄均不相同：

1～3 个月 80°～100°；

4～6 个月 90°～120°；

7～9 个月 110°～160°；

10～12 个月 150°～170°。

4）异常情况

角度过大、过小或双侧不对称，均属不正常。

（4）足背屈角

1）体位

仰卧位。

2）方法

扶住婴儿的腿伸直，用手掌压足底，使足背屈向小腿，观察足背和小腿之间的角度。

3）生理标准

正常是 60°～70°。

4）异常情况

当慢角大于 70° 或快慢角相差 10°，双侧不对称时，为异常。

5）注意

慢角就是在监测的过程中，动作缓慢。当慢角达不到正常生理角度时，再做快角，即动作稍有加快，但要注意操作的力度，防止给孩子造成伤害。

（5）围巾征

1）体位

仰卧位（6 个月后的婴儿可以坐位）。

2）方法

让婴儿的颈部和头部保持中间的位置，将婴儿的手拉向对侧的肩膀，观察肘关节和身体中线的关系。

3）生理标准

1~3 个月肘关节不过身体中线；

4~6 个月肘关节刚过身体中线；

7~9 个月肘关节过身体中线；

10~12 个月肘关节几乎水平位。

4）异常情况

角度过大、过小或双侧不对称。

（6）双手和双脚的摆动

1）体位

靠坐在看护人胸前。

2）方法

握住婴儿的双手腕部或双脚踝部做同样的摆动，注意运动的振幅的大小。注意监测时双侧用力要一致。

3）生理标准

双手和双脚同时摆动时，活动的频率和幅度应该是一致的。

4）异常情况

双手和双脚的活动频率和幅度不一致。

方法五　脊柱监测

正常情况下，孩子的脊柱在活动的过程中应活动自如。下面的监测方法可以当作孩子的日常活动锻炼，这样可以增加孩子身体的活动度。

（1）头部的腹侧屈曲

1）体位

仰卧位。

2）方法

一手扶着婴儿的胸腹部，另一手轻托婴儿的头部，让婴儿的头部靠近胸骨，观察颈部的紧张度。

3）生理标准

正常情况下婴儿的活动没有抵抗力，即颈部的活动自如。

4）异常情况

婴儿的头部能抬起或没有紧张感觉。

（2）躯干的腹侧屈曲

1）体位

仰卧位。

2）方法

一手扶着婴儿的胸腹部，另一手握住婴儿的下肢，轻轻抬起推向头部，以取得躯干部最大的屈曲程度。

3）生理标准

正常情况下把婴儿的四肢抬起，并屈曲脊柱，没有抵抗力。

4）注意事项

在操作的过程中注意操作力度，孩子的月龄不同，肌张力表现也不同，一般6个月以后的婴儿可以用脚够着自己的嘴巴。

（3）躯干的背侧伸展

1）体位

侧卧位。

2）方法

一手扶住婴儿的腰部，另一手轻轻推其双腿向后。同样的方法，做另一侧。

3）生理标准

正常情况下脊柱的侧面伸展没有抵抗力，但伸展是有限的。

4）异常情况

婴儿不能屈曲或过度屈曲均属于异常情况。

（4）躯干的侧面弯曲

1）体位

仰卧位。

2）方法

检测者一手扶住婴儿腹部，另一手推向背部，使躯干产生弯曲。同样的方法做另一侧。

3）生理标准

正常情况下脊柱的侧面弯曲没有抵抗力，但伸展是有限的。

4）异常情况

婴儿不能屈曲或过度屈曲均属于异常情况。

方法六　主动肌张力监测

主动肌张力表现为孩子活动过程中身体的主动控制力，在和孩子的活动过程中，要注意观察肢体的活动度和对称性。

（1）颈部的伸屈

1）体位

仰卧位。

2）方法

把婴儿从仰卧位拉起到坐位的过程中，观察婴儿头的控制能力。

3）生理标准

正常情况下足月儿颈部肌肉的伸屈肌是平衡的，即在拉起到坐位的过程中，头和脊柱应该在一条直线上。婴儿在 3 个月之前控制时间有限，4 个月以后在拉坐的过程中控制很好。

4）异常情况

婴儿在正常活动中，不能很好地控制头部和脊柱的平衡。

（2）头部的控制

1）体位

坐位。

2）方法

把婴儿放置在坐位的姿势，观察婴儿对头的控制。

3）生理标准

把 0~1 个月的婴儿放在坐位时，头和躯干在一轴线上不能超过数秒，2~4 个月时头能维持 15 秒，5 个月后具有头的控制力。

4）异常情况

不管什么体位都不能控制好头的位置，表现过度前倾或后仰。

（3）瞬间独坐的姿势

1）体位

坐位。

2）方法

婴儿取坐位，并让婴儿用手臂支撑自己的身体，以保持身体的平衡。

3）生理标准

5 个月之前的婴儿不能坐稳，6~8 个月的婴儿可以坐稳，但持续时间不长，9 个月以后可以坐稳。也有部分的婴儿 6 个月就可以坐稳，这和婴儿平时的活动有关。

4）异常行为

在生理年龄 9 个月时不能坐稳。

（4）拉起到坐位的姿势

1）体位

仰卧位到坐位。

2）方法

把婴儿从仰卧位拉起到坐位，观察婴儿上肢的力量和身体的姿势。

3）生理标准

1~4 个月的婴儿不能直接拉起，5~7 个月的婴儿可以做到，8 个月的婴儿可以很好地完成。

4）异常情况

在正确的拉坐方法情况下，婴儿应该用自己上肢的力量先坐起来，然后可以站起来，而不是直接站起来。

5）注意

注意拉坐时手的力量和拉坐时的用力方向，不要人为地让婴儿站起来。

（5）主动抓握

1）体位

自由体位。

2）方法

给婴儿容易抓握的东西，让婴儿用手试着抓握。

3）生理标准

0~3 个月的婴儿有被动的抓握能力，3~4 个月开始有主动抓握能力，6 个月时有很好的主动抓握的能力，7~8 个月时可以单手大把抓多个小物体。

4）异常情况

婴儿不能完成生理年龄的动作，或手指不灵活。

（6）翻身

1）体位

仰卧位。

2）方法

让婴儿试着从仰卧到俯卧位。

3）生理标准

生理情况下 4~5 个月的婴儿可以翻身，有的婴儿 6 个月时能翻身，均属正常情况。

4）异常情况

在正常的生理范围之内（3~6个月）不会翻身，但要考虑婴儿日常活动情况，如过度保护等。

（7）主动爬

1）体位

俯卧位。

2）方法

让 6 个月的婴儿尝试自主爬行。

3）生理标准

7~9 个月的婴儿可以向前爬行，10 个月会爬，部分婴儿 6 个月可以主动爬行。

4）异常情况

在正常的生理范围之内（6~10个月）不会爬行，但要考虑婴儿日常活动情况，如过度保护等。

5）提示

爬行对婴儿的成长非常重要，所以一定要让婴儿学会爬行，并且让已经会爬行的孩子体验多种形式的爬行。

（8）支撑反应

1）体位

身体直立。

2）方法

检测者双手扶持婴儿腋窝，让婴儿的下肢接触床面。

3）生理标准

1~2 个月的婴儿有支撑反应，在随后的几个月这种能力消失，5 个月婴儿的支撑反应下肢屈曲，8~9 个月后能站立支撑身体的体重。

4）异常情况

正常 5 个月婴儿的支撑反应下肢是屈曲的，如果站立时下肢过分伸直属于异常。

（9）立位悬垂

1）体位

身体直立。

2）方法

双手扶着婴儿腋下，直立位悬空抱起婴幼儿，观察婴儿身体的姿势。

3）生理标准

在身体直立悬空的情况下，婴儿的肢体位置应该是自然对称的，并且活动自如。

4）异常情况

婴儿的肢体位置有不对称情况，如手掌或脚外翻，或肢体活动不对称等。

方法七　几种保护性的反应监测（针对 6 个月后的婴儿）

孩子的保护性反应可以保护自己的身体不受伤害，比如当要摔倒时，孩子可以很快地用双手保护身体躯干部位不受损伤。另外，在孩子的活动过程中，保护性反应有助于孩子的视觉空间感和身体协调能力的建立。

（1）侧面支撑反应

1）体位

坐位。

2）方法

在婴儿能坐稳不需要扶的情况下，检测者可以用手推孩子的肩膀，使婴幼儿倒向一边。

3）生理标准

当婴儿感觉自己要歪倒时，可以伸展自己的手臂支撑地面，防止自己跌倒。正常情况下一般在 6~8 个月出现这种能力。

4）异常情况

不出现保护性反应，不一定说明孩子有问题，能坐稳的孩子，如果经常锻炼，很快就可以做到。

5）提示

此种监测活动可以帮助孩子建立身体保护性，当孩子走路要摔倒时，可以对自己身体的躯干部位进行保护。

（2）降落伞反应

1）体位

俯卧位。

2）方法

婴儿俯卧在检查者的双上肢上，检查者扶住婴儿的腋下和大腿的根部，向上举起婴儿，然后从上向下让婴儿倾斜（头高足低）快速落下。开始时速度稍慢，以后慢慢加快速度，以免惊吓到婴儿。

3）生理标准

接近床面时婴儿应该伸直双臂、张开双手支撑床面或桌面。在正常情况下，这种反应会在7~9个月时出现。

4）异常情况

婴儿会有一个手臂伸直或不会伸开手臂支撑。

（3）俯卧位悬垂姿势

1）体位

俯卧位。

2）方法

双手托住婴儿的腋下和腹部或大腿根部，把婴儿迅速的垂直向下降致桌面，观察婴儿四肢的姿势。

3）生理标准

婴儿应该伸开双臂支撑桌面。在正常情况下会在6~9个月时出现。

4）异常情况

婴儿会有一个手臂伸直或不会伸开手臂支撑。

5）提示

经常做类似活动可以帮助孩子建立身体的平衡及控制力，当孩子走路摔倒时，可以对自己身体的躯干部位进行保护。

方法八　原始反射监测

原始反射是新生儿期所特有的反射。正常情况下，生长到一定的月龄，原始性的反射会消失，婴儿会建立一种新的反射或新的能力来代替原始反射。如果超过生理月龄，原始反射依然存在即属于异常行为。

（1）自动踏步

1）体位

身体直立。

2）方法

双手扶住婴儿的躯干部位，当婴儿的足底接触床面时，婴儿会有自动迈步的行为。

3）生理标准

1～2个月婴儿有此反应，4～5个月不持续存在，5个月后此能力消失，逐渐被主动活动代替。

（2）手的握持反应

1）体位

仰卧位或其他体位。

2）方法

用手指从新生儿手的外侧伸进手心，观察其手的抓握情况。

3）生理标准

正常情况下，婴幼儿可以抓握，刺激手心后即会松开，到婴儿3～4个月时这种反射会消失，逐渐被手的主动抓握能力代替。

（3）牵拉反应

1）体位

仰卧位。

2）方法

先用手刺激婴儿的握持反应，然后拉住婴儿的手使其手臂伸直，在婴儿的肘部伸直时突然提起婴儿离开检查台。

3）生理标准

婴儿瞬间可以用双上肢支撑自己身体的重量。

4）注意

注意操作时的技巧，应该让新生儿反射性地抓住检测者的手，要防止婴儿坠落发生意外。到4个月时这种反应会消失，被主动抓握代替。

（4）拥抱反射

1）体位

仰卧位。

2）方法

检查者拉新生儿的双手上提，使新生儿的颈部离开桌面 2～3cm，但头依然在桌面上，突然放开新生儿的双手，恢复其仰卧位。由于颈部位置突然的变化引出拥抱反射。

3）生理标准

拥抱反射到 3 个月后自然消失，逐渐发展为婴儿双上肢的合作能力。

（5）紧张性迷路反射

1）体位

俯卧位。

2）方法

婴儿四肢屈曲，保持头高臀低的姿势。

3）生理标准

3 个月内有此反应。4 个月仍有这种姿势说明婴儿可能存在异常情况。随着婴儿颈部脊柱弯曲的形成，4 个月后的婴儿胸部可以离开床面，颈部也可以抬得很高，所以迷路反射消失。①

三、6 个月～3 岁婴幼儿观察记录清单与解读

1. 6 个月婴儿观察记录清单与解读

（1）运动能力

表 5-3-1　俯卧托胸

分组内容	操作方法	参考标准	标准解读	解决方案
俯卧托胸	让婴儿俯卧在家长的上肢上	A. 头抬起、上肢支撑，躯干、下肢完全持平	身体有很好的控制力	继续这个活动
		B. 头抬起、上肢不会支撑	头部控制力好	继续这个活动，增加肢体及背部的活动
		C. 下肢屈膝	下肢肌张力高	下肢按摩及四角一线法锻炼
		D. 下肢下垂	上肢肌张力低	下肢按摩及四角一线法锻炼

① 参见鲍秀兰等：《0～3 岁：儿童最佳的人生开端》，北京，中国妇女出版社，2013。

延伸解读　给婴儿俯卧托胸时，婴儿的胸和头高高抬起、躯干和下肢在一条水平线上，说明颈部及下肢有力量，身体有很好的控制力。如果做不到，坚持让婴儿练习俯卧及四肢活动，增加各部位的肌肉力量。这种姿势可以给予婴儿的前庭刺激，同时增加婴儿对日常活动的兴趣。

表 5-3-2　俯卧时上身抬起腹部贴床

分组内容	操作方法	参考标准	标准解读	解决方案
俯卧时上身抬起腹部贴床	俯卧时上身抬起腹部贴床，观察婴儿表现	A. 在床上打转 360°	身体的支配能力好	继续这个活动，为爬行做准备
		B. 打转 180°	主动活动较好，身体支配能力较好	继续这个活动，做上肢屈曲活动
		C. 打转 90°	主动活动较好，但支配能力一般	做背部的活动，上肢屈曲活动
		D. 完全不转	主动活动及支配能力有限	过度看护使婴儿主动活动减少，继续俯卧练习

延伸解读　部分婴儿会爬行或匍匐爬行，大部分婴儿会俯卧打转，移动身体的位置。俯卧打转为匍匐爬行和学会爬行做准备。从大量事实观察发现，如果婴儿长时间被抱着，自由活动减少，婴儿的身体运动能力就会受限。

表 5-3-3　手握物

分组内容	操作方法	参考标准	标准解读	解决方案
手握物	给婴儿容易抓握的玩具，观察手的情况	A. 两手分别各拿一物不掉	手腕部及手指的灵活性和控制力好	继续这个活动
		B. 双手拿一个	手腕部及手指的灵活性和控制力较好	准备较小的物品，方便婴儿单手拿住
		C. 需要引导后再拿	主动活动意识较弱或手的抓握能力一般	准备熟悉或喜欢的玩具，引导婴儿抓握
		D. 不去抓握	主动活动意识有限	注意看护的方式，引导婴儿单手抓握小的玩具

延伸解读　这个月龄的婴儿可以抓住玩具，但不持续，拿一会儿就掉了。准备适合抓握的玩具，如小球、小盒子、盒盖等，多让婴儿抓握，锻炼手腕、手指的力量和灵活性。这个月龄的婴儿特别容易把拿到手的东西放到嘴里，因此要预防婴儿发生气管异物堵塞。

（2）语言能力

1）发双辅音，如妈妈、爸爸、拿拿、打打等，但不是有目的地叫人

表 5-3-4　发双辅音

分组内容	操作方法	参考标准	标准解读	解决方案
发双辅音	如妈妈、爸爸、拿拿、打打等，不是有目的地去称呼大人，还不能理解其意义	A. 3 个	主动发音及互动好	家长注意和婴儿沟通的方式
		B. 2 个	主动发音及互动较好	家长注意和婴儿沟通的方式
		C. 1 个	主动发音及互动一般	家长给婴儿说的机会，注意和婴儿沟通的方式
		D. 不会叫	主动发音及互动有限	注意看护的方式，给婴儿说的机会

延伸解读　这个月龄的婴儿会主动发音，说明婴儿有很好的主动活动意识。如果看护人积极回应婴儿的发音，这样会刺激婴儿更主动地发音。如果婴儿不会发音，在排除其他异常的情况下，应该多和婴儿进行日常的交流，增加婴儿对声音的敏感。

2）听到儿歌时，做动作

表 5-3-5　听到儿歌时，做动作

分组内容	操作方法	参考标准	标准解读	解决方案
听到儿歌时，做动作	当听到儿歌时，做动作，观察婴儿会摇头、挥动胳膊或手等	A. 会做 1 种动作	会感受节奏	继续这个活动
		B. 只笑不动	听到声音，还不会表达	经常对婴儿唱儿歌，让婴儿听儿歌
		C. 不笑也不会做动作	不喜欢动，感受不到节律感	经常对婴儿唱儿歌，一起体验节奏感
		D. 不听	不喜欢或没听到	引导婴儿听儿歌，并表演给婴儿看

延伸解读　听儿歌时婴儿会用身体做动作，如果婴儿还不会表演儿歌动作，关键在于大人同婴儿玩儿歌动作活动少，因此，在日常生活中要经常给孩子做唱儿歌做动作表演游戏丰富婴儿的视听体验。

（3）认知能力

表 5-3-6　听大人说物体的名称

分组内容	操作方法	参考标准	标准解读	解决方案
听大人说物体的名称	观察婴儿听到大人说物体的名称时的表现	A. 用手指向 2 种物体	认识物体的表面属性，有很好的动手能力	继续这个活动
		B. 用眼看 2 种物体	认识物体的表面属性，不动手	引导婴儿认识周围的环境中熟悉的东西
		C. 眼看 1 种物体	认识物体的表面属性，关注少量的熟悉的物体，不动手	引导婴儿认识周围的环境中熟悉的东西，让婴儿触摸一下熟悉的东西
		D. 不看	对周围环境不积极	引导婴儿认识周围的环境中熟悉的东西，并触摸不熟悉的东西，不要频繁地更换玩具及居住环境

延伸解读　婴儿听到大人说物体名称时能够伸手拿或指向物体，说明婴儿有很好的视觉鉴别能力和动手能力。如果婴儿既不去用手拿又不用眼去看大人所说的东西，可能婴儿对大人说的目标并不在意，这就提醒我们在和婴儿互动时提供的东西不要太多，不便于分辨。

（4）社交能力

表 5-3-7　照镜子

分组内容	操作方法	参考标准	标准解读	解决方案
照镜子	观察婴儿照镜子时的表现，同镜子中的图像说话，用手去摸，同它碰头或笑	A. 4 种	观察与模仿能力好	继续这个活动
		B. 3 种	观察与模仿能力较好	继续这个活动
		C. 2 种	观察与模仿能力一般	继续照镜子，引导婴儿观察镜子中自己
		D. 不模仿	观察与模仿能力有限	引导婴儿观察自己的照片，模仿其中的动作给婴儿看

延伸解读　婴儿在镜子中看到自己时，开始会比较惊讶，稍后就会对着自己拍打、笑、说话、碰头或亲亲。这说明婴儿有很好的观察力，婴儿不会在镜子前做动作，大部分是因为这种活动玩得较少。

表 5-3-8　躲避陌生人

分组内容	操作方法	参考标准	标准解读	解决方案
躲避陌生人	在陌生人面前或陌生环境里观察婴儿的表现	A. 将身体或脸藏在母亲或熟悉的看护人怀里	很好的自我保护及适应力	父母亲自看护，建立健康的依恋关系
		B. 注视一会儿就回头，再看	自我保护及适应力较好	父母亲自看护，建立健康的依恋关系，可带婴儿参加集体活动
		C. 看到陌生人哭	适应力一般	父母亲自看护，建立健康的依恋关系
		D 完全不避生人	健康依恋关系建立不好	不要频繁更换看护人及看护环境，这不利于安全的依恋关系建立

延伸解读　大多数婴儿知道躲避陌生人，这是自我保护意识的表现。婴儿的表现和性格特征有关，也和家庭环境及看护方式有直接的关系。如果家里人多或经常外出，婴儿就不会害怕陌生人，在陌生环境里表现的相对安静。

（5）自理能力

表 5-3-9　吃固体食物

分组内容	操作方法	参考标准	标准解读	解决方案
吃固体食物	给婴儿吃固体食物、观察婴儿表现	A. 自己拿饼干或其他可以咀嚼的食物吃，咀嚼后咽下去	很好的咀嚼能力	注意添加食物的顺序，质地和数量
		B. 需要大人喂，自己嘴里含着咀嚼得慢	较好的咀嚼能力	注意添加食物的顺序，质地和数量
		C. 不吃固体食物	应该添加辅助食物	注意添加食物的顺序，质地和数量
		D. 没有添加辅食	添加辅助食物，否则影响婴儿饮食习惯	逐渐给婴儿添加辅助食品

延伸解读　这个阶段的婴儿应该添加辅助食品，就算未出牙也能咀嚼咽下食物。4~8 个月是婴儿咀嚼功能发展的关键期，应该为婴儿提供各种食物，一方面满足婴儿的口腔触觉发展，另一方面促进口腔肌肉的协调，还可避免出现饮食习惯不良及口腔习惯不良，对今后的语言发展有帮助。

表 5-3-10　大小便前

分组内容	操作方法	参考标准	标准解读	解决方案
大小便前	观察婴儿大小便前的表现	A. 出声表示	内在感知控制力及表达能力好	继续坚持
		B. 用动作表示	内在控制力及肢体语言能力较好	当有肢体语言表达时，家长要及时说出婴儿的需求
		C. 不表示	没有养成习惯	逐渐养成定时大小便的习惯
		D. 用纸尿裤	没有养成习惯	逐渐养成定时大小便的习惯

延伸解读　大小便习惯不需要刻意训练，但看护人要掌握婴儿的大小便情况，顺应婴儿的需要逐渐培养，如果强制会引起婴儿的紧张反而不利于习惯的养成。

2. 7～8 个月婴儿观察记录清单与解读

（1）运动能力

表 5-3-11　翻滚

分组内容	操作方法	参考标准	标准解读	解决方案
翻滚	让婴儿在平坦的床面或地垫上活动，观察婴儿的表现	A. 连续翻 360° 打 3～5 个滚	身体协调性好	继续这个活动
		B. 能翻 360° 1 次	身体协调性较好	继续翻身或翻滚锻炼
		C. 翻身 180°	主动活动少	继续翻身练习
		D. 翻 90°	主动活动少	四肢协调性锻炼

延伸解读　连续的身体滚动能锻炼婴儿的前庭、身体协调性及控制力等。如果婴儿不会翻滚，大部分原因是很少练习造成的。因此教师和家长应该准备适合爬行和翻滚的场地，增加婴儿翻滚和爬行的机会。

表 5-3-12　坐或坐稳

分组内容	操作方法	参考标准	标准解读	解决方案
坐或坐稳	让婴儿靠坐或坐着，观察婴儿的身体控制情况	A. 双手自由活动	腰部、身体控制力好	继续这个活动
		B. 双手在前面支撑	上肢有力量，腰部及身体控制力较好	继续这个活动
		C. 身体向前倾斜倒下	主动活动少，身体及肢体的控制力一般	继续俯卧和翻滚活动
		D. 靠坐	主动活动少，身体及肢体肌张力有限	继续俯卧和翻滚活动

延伸解读　生活中经常练习俯卧抬头和翻滚的婴儿就能较早坐稳。婴儿的能力发展是有连续性的，前面的能力是为后面的能力打基础的，前面练习得多，后面的能力自然就可以达到。因此在观察时，如果婴儿的能力达不到，首先需要了解的是家庭的看护方式，具体方法可以参考初始档案建立。

需要提醒的是如果这个月龄的婴儿还只是靠坐，不能很好地支撑或伴有明显的异常则参考婴幼儿生长发育监测的判断标准，必要时去专业机构咨询。

表 5-3-13　手腹匍行

分组内容	操作方法	参考标准	标准解读	解决方案
手腹匍行	在日常活动中，观察婴儿的爬行活动	A. 用手并撑起腹部可用手膝爬行	主动意识强，身体协调性好	继续这个活动
		B. 手腹向后匍匐爬行	身体控制力比较好，腰部力量不够	继续这个活动，增加腰部力量的锻炼
		C. 打转不匍匐爬行	身体协调性及腰部力量不够	协助向前爬行，增加腰部力量锻炼
		D. 没有活动意识	主动活动少	给婴儿主动活动机会，增加腰部及肢体力量锻炼

延伸解读　部分婴儿可以很好地爬行，大部分婴儿开始匍行。如婴儿腹部着床手撑着上身，身体想向前冲但手支撑着反而后退，这时可用双手或毛巾把婴儿腹部提起，让婴儿的手和膝部着床，如果足底有向前的推力，婴儿就会向前爬。

表 5-3-14　俯卧

分组内容	操作方法	参考标准	标准解读	解决方案
俯卧	俯卧时，观察婴儿的活动情况	A. 自己非常熟练地坐起来	身体的控制力及协调性很好，主动活动意识较好	在保证安全的情况下，继续这个活动
		B. 动作不连贯，扶物翻至仰卧再扶物坐起	身体的控制力及协调性较好	继续这个活动，让婴儿主动扶物坐起
		C. 需要大人扶住坐起	身体的控制力及协调性不好	给婴儿主动活动时间，逐渐过渡到婴儿自己坐起
		D. 自己哭，不起来	身体的控制力及协调性不好，无主动活动意识	给婴儿主动活动机会，增加肢体被动操

延伸解读　大部分的婴儿可以熟练完成，有的可以自由更换姿势，甚至扶住站立。如果婴儿不会从俯卧坐起，可先练习仰卧由大人拉手坐起。较多的婴儿会从俯卧时手撑起上身，就可以坐起来。如果翻滚不过来，那么，大人可扶其肩和臀部帮助使劲，让婴儿体验一下身体的控制力。

表 5-3-15　两手各握一物

分组内容	操作方法	参考标准	标准解读	解决方案
两手各握一物	两手各握一物，观察婴儿的表现	A. 双手对敲	双手合作能力强，主动活动意识好	继续这个活动，提供适合的玩具
		B. 会用一手各握一物没有动作	双手灵活性及控制力好	继续这个活动，提供适合的玩具
		C. 双手抱紧，只拿一个	双手合作好，单手控制力需要锻炼	增加抓握锻炼
		D. 不握物	需增加抓握锻炼	增加手的按摩及抓握锻炼

延伸解读　婴儿对能敲响的东西很感兴趣。用手将铃铛转来转去地观看，或者把铃鼓放在桌上敲击，喜欢用力敲响身边的任何东西。如果婴儿只会用双手去抱一物，或握不住东西，有可能孩子的主动练习的机会比较少。可以在给玩具时，引导婴儿伸开双手够取玩具，并给婴儿示范双手对击玩具。

表 5-3-16　弄响玩具

分组内容	操作方法	参考标准	标准解读	解决方案
弄响玩具	给婴儿准备一个可以捏响的橡胶玩具，观察婴儿的行为	A. 捏响	手指力量及灵活性及合作性好	继续这个活动
		B. 摇响	手指力量及手腕的力量好	继续这个活动，增加手指的灵活性锻炼
		C. 用脚踢响	类似活动少，手指力量不够	可以玩踢玩具的活动，注意用手捏的活动
		D. 不玩	没有玩过类似活动或手指力量不够	增加婴儿手指的按摩及灵活性锻炼

延伸解读　当婴儿把玩具弄响后特别兴奋，一方面感觉玩具很神奇，另一方面感觉自己的能力，会激发其继续探索玩具的愿望。如果婴儿还不能把玩具弄响，大人可以先示范或拿着婴儿的手去捏、摇或敲打。

表 5-3-17　拨弄小玩具

分组内容	操作方法	参考标准	标准解读	解决方案
拨弄小玩具	把比较小的玩具或黄豆放在婴儿的面前，观察婴儿的反应	A. 大把抓住	很好的手指灵活性及视觉注意力	继续这个活动
		B. 用手拍打	手眼脑协调锻炼	先给比较大的玩具让婴儿抓握，再给比较小的玩具抓握
		C. 只看不摸	手的主动活动较少	引导婴儿抓比较大的玩具，增加手部的按摩及被动操
		D. 不看、不摸	主动活动较少，对周围的环境不积极	增加手部按摩及手指被动操

延伸解读　婴儿的手指逐渐灵活，主动活动增加喜欢用手去抓或用手指拨弄小玩具，虽然不是特别准确但是喜欢动手，如把小的玩具放在白色的纸上或垫子上就会引起婴儿注意。开始时会惊奇地注视着，后来见它不动才会伸手去抓或用手指拨弄。但要注意不要让婴儿把玩具放进嘴里。

（2）语言能力

表 5-3-18　理解大人说“不”

分组内容	操作方法	参考标准	标准解读	解决方案
理解大人说“不”	当家长和婴儿说“不”时，婴儿的反应	A. 停止原来动作	理解语言意思	注意在日常生活中和孩子的沟通
		B. 看着家长的表情	通过表情理解	和婴儿说话时要慢，语气夸张
		C. 仍继续自己的动作	不关注家长说话	边说边做，并要让婴儿经常体验
		D. 无反应	不互动	注意家庭语言环境，注意和婴儿说的方式，不要太多地限制婴儿的行为

延伸解读　婴儿理解“不”，常常看到大人的表情才能理解。例如热（注意不能烫伤孩子，只是感觉到热就可以）的食物，大人说“热，不能摸”。如果继续伸手触摸，可拿着他的手轻触一下，继续说“热，不能摸”。通过触觉的感知，理解热的感受。这个过程并不是让婴儿知道热或其他是什么，而是通过互动的过程让婴儿逐渐理解语言的内容及意思。

表 5-3-19　会用手势表示语言

分组内容	操作方法	参考标准	标准解读	解决方案
会用手势表示	当和婴儿使用再见、谢谢、点头、摆手等肢体动作时，观察婴儿的反应	A. 3 种	模仿能力及主动肢体表达能力好	继续这个活动
		B. 2 种	模仿能力及主动肢体表达能力较好	生活中引导婴儿观察和模仿简单的动作
		C. 1 种	互动少，很少使用肢体表达	生活中引导婴儿观察和模仿简单的动作
		D. 不会	互动少，无肢体表达能力	开始的时候家长可以拿着婴儿的手示范，逐渐过渡到独立模仿，不要过度限制婴儿活动

延伸解读　部分婴儿会用手势表示需要，如“再见”“谢谢”等，但不持续，有时会，有时不会了，这很正常，每个家庭喜欢用的手势不同，如有些家庭给婴儿示范亲亲、摇摇头等，有的示范再见、谢谢等。如果婴儿不会表示，大多由于家长示范比较少，婴儿体验少。

（3）认知能力

表 5-3-20　拿走正在玩的玩具，观察婴儿的反应

分组内容	操作方法	参考标准	标准解读	解决方案
拿走正在玩的玩具	拿走婴儿正在玩的玩具，观察婴儿的反应	A. 尖叫发脾气表示反抗，给了玩具会停止哭	有了较好的自我意识和控制力	尊重婴儿的自我意识，但也要注意规则的建立
		B. 大哭，给了玩具继续哭	有自我意识	尊重婴儿的自我意识，但也要注意规则的建立
		C. 只看不哭	自我意识一般	尊重婴儿的自我意识，但也要注意规则的建立
		D. 没有发现	自我意识不明显	准备固定的地方和婴儿喜欢的玩具，建立婴儿的自我意识及拥有感

延伸解读　婴儿看到自己的玩具被人拿走会哭闹，如果大人马上将东西还给他，就会高兴地继续玩。如果玩具拿走后没有任何的反应，可能由于平时玩具太多。因此提醒家长在给婴儿玩具的时候，一定要一个一个地给，以引起婴儿的注意。太多的玩具会影响婴儿的专注力。

表 5-3-21　听到大人说物名会用手指或用眼看物的方向

分组内容	操作方法	参考标准	标准解读	解决方案
听到大人说物名、会用手指或用眼看物的方向	家长说出婴儿喜欢或熟悉的东西的名称，婴儿会用手指、爬过去、身体转向玩具要去拿、用眼看物的方向等，观察婴儿会用什么方式	A. 4 种	语言理解能力及视觉观察力好	继续这个活动
		B. 3 种	语言理解能力及视觉观察力较好	在继续活动的基础上，让婴儿触摸或观察周围的环境
		C. 2 种	互动少，注意和婴儿的互动方式	在继续活动的基础上，让婴儿触摸或观察周围的环境
		D. 1 种	互动少，注意婴儿主动活动意识的培养	让婴儿触摸或观察周围的环境，注意语言表达方式，家庭环境的秩序及看护方式

延伸解读　根据婴儿的兴趣选择物品就会很快认识。这个过程需要不断重复，婴儿在不断重复中会记住自己的玩具。在生活中仔细观察婴儿特别喜欢的玩具有哪些，选择婴儿喜欢的东西，激发婴儿的兴趣。最终目的不是记住某样东西，而是增加婴儿对环境的认知和适应能力。

表 5-3-22　部分和整体关系

分组内容	操作方法	参考标准	标准解读	解决方案
部分和整体关系	用手绢或其他东西盖住婴儿熟悉的玩具的一半，观察婴儿行为	A. 盖住玩具的大半部分只露出一点，婴儿撤掉手绢，拿到玩具很开心	视觉记忆力很好，理解部分和整体的关系	继续这个活动，可以更换婴儿熟悉的玩具
		B. 露出一半玩具，婴儿撤掉手绢，拿到玩具很开心	婴儿的视觉记忆力好，理解部分和整体的关系	继续这个活动，逐渐把整个玩具覆盖
		C. 露出大半玩具，婴儿只拿玩具	这种活动玩得较少	继续这个活动，逐渐把整个玩具覆盖
		D. 只用眼看，手不去拿	没玩过这个活动	通过玩藏猫猫的活动，逐渐过渡到找玩具的活动

延伸解读　婴儿能寻找盖住大半的玩具，说明婴儿通过观察到细小部分想象到完整玩具。如果婴儿不会寻找盖住大半的玩具，可以先玩藏猫猫游戏，用大手帕先遮挡人脸，玩熟练之后再遮挡婴儿的脸，引导婴儿揭开手帕，渐渐再玩寻找玩具的活动。这个活动有利于婴儿幽默感的培养。

（4）社交能力

表 5-3-23 感知大人的情绪

分组内容	操作方法	参考标准	标准解读	解决方案
感知情绪	大人有好的或生气的情绪，如听到大人表扬和批评时，观察婴儿的表现	A. 看到妈妈高兴时会高兴地发音，看到妈妈不高兴时婴儿情绪会低落	理解语言内容，表达自己的情感	继续这个活动
		B. 只有表情，不发音	理解语言的内容	继续这个活动，培养婴儿积极的情绪
		C. 只看没有反应	不理解语言内容	注意和婴儿说话的方式
		D. 没在意	不和他人交往	给婴儿提供交往的机会，注意看护人看护的方式

延伸解读　性格不同的婴儿表现不同，外向型的婴儿表现比较明显，内向型的表现不明显。因此需要注意同不同性格婴儿交流的方式，让孩子体验用不同的方式表达自己的要求。

婴儿的有些能力是需要比较长的时间才能有明显的进步的。这部分的能力对婴儿成长有重要的影响，也会提醒教师继续关注。这也是提醒我们关注婴儿的发展规律，如阶段性、连续性及个体差异性等。

表 5-3-24 记住离开 7～10 天的熟人

分组内容	操作方法	参考标准	标准解读	解决方案
记住离开7～10天的熟人	当见到离开家一段时间的熟悉的人时，观察婴儿的表情及反应	A. 再见时认识亲人，要求亲人抱自己	很好的视觉记忆力及情感依恋关系	带婴儿参加集体活动，增加交往机会
		B. 对亲人笑，但不能主动要求抱	很好的视觉记忆力，需要适应和他人沟通	带婴儿参加集体活动，适应环境和人
		C. 只看，没有太多表示，拒绝亲近	需要重新适应	带婴儿参加集体活动，和陌生人在一起时，注意引导婴儿观察
		D. 注视，没有表情或哭	互动少	参加集体活动，注意家庭氛围一致，不要过度限制婴儿

延伸解读　婴儿的这种表现和性格也有直接的关系，大部分的婴儿能记住自己熟悉的人，如果婴儿记不住也属于正常，也可能婴儿和他在一起没有太多的安全感。在日常活动时多看照片和人物图片，增加婴儿视觉的观察记忆力的锻炼。

表 5-3-25　看到熟悉的人

分组内容	操作方法	评价标准	标准解读	解决方案
看到熟悉的人	看到熟悉的人，观察婴儿的反应	A. 高兴地笑，展开双手要人抱	主动交往能力好	带婴儿参加集体活动
		B. 兴奋，仔细看一会儿	主动交往能力好	带婴儿参加集体活动，扩大交往范围
		C. 仔细看，不想亲近	个性不同表现不同	经常带婴儿参加集体活动，扩大的交往范围
		D. 无表示或哭闹	个性不同表现不同	注意看护的方式，经常带婴儿参加集体活动，扩大交往范围

延伸解读　婴儿和他人相处的模式一方面反映了婴儿的性格特点，另一方面反映了家庭关系和看护方式。0~1 岁是婴儿安全依恋关系建立的基础阶段，是通过看护人的生活照顾及回应方式建立的，所以看护人要及时回应婴儿的要求，为婴儿建立安全的依恋关系打好基础。

（5）自理能力

表 5-3-26　使用杯子

分组内容	操作方法	评价标准	标准解读	解决方案
使用杯子	喝奶或喝水使用杯子时，观察婴儿的动作	A. 自己双手捧杯喝水	双手的协调性及自我照顾能力好	继续这个活动
		B. 大人帮助部分	双手的协调性及自我照顾能力较好	继续这个活动
		C. 完全由大人拿杯才能喝水	双手协调性一般	逐渐过渡到婴儿自己扶杯子
		D. 只会用奶瓶不会用杯子	长期使用奶瓶影响婴儿口腔协调性	逐渐过渡到用杯子，需要大约 15 天时间

延伸解读　婴儿使用双手捧杯喝水，要有大人帮助，因为婴儿还不能很好地控制杯子的平衡。用杯子喝水对婴儿的口腔协调性和语言表达有很好的帮助。

表 5-3-27　吃多种半固体或固体食物

分组内容	操作方法	参考标准	标准解读	解决方案
吃多种半固体或固体食物	吃多种固体食物，观察婴儿反应	A. 能主动咀嚼多种固体食物	很好的咀嚼能力	逐渐增加食物的数量，允许婴儿自己吃喜欢的食物
		B. 吃半固体和部分的固体食物	较好的咀嚼能力	关注食物的质地和数量
		C. 半固体为主，少量固体食物	需锻炼咀嚼能力	丰富食物的种类，关注食物的质地和数量
		D. 糊状食物为主	需锻炼咀嚼能力	给婴儿添加辅助食品，做好食物质地和数量的过渡

延伸解读　4~8 个月是培养婴儿一生良好饮食习惯的起点，一定要掌握好节奏和频率，丰富婴儿的味觉体验及加强口腔肌肉协调性锻炼，避免婴儿养成不良饮食习惯。

表 5-3-28　大小便前

分组内容	操作方法	参考标准	标准解读	解决方案
大小便前	大小便前的表现	A. 有声音表示	身体内在控制力及语言表达能力好	鼓励婴儿的行为
		B. 能动作表示	身体内在控制力及肢体语言表达较好	鼓励婴儿的行为
		C. 由大人定时把，自己不表示	没有培养习惯	引导婴儿养成良好的习惯，但不要强迫
		D. 用纸尿裤	没有培养习惯	逐渐戒掉纸尿裤，过渡到能控制大小便

延伸解读　部分婴儿在大小便前会用动作明确表示，婴儿没有表示则证明家长平时对其关注比较少。这个阶段不强迫一定养成习惯，但看护人要关注到孩子的要求。

3. 9~10 个月婴儿观察记录清单与解读

（1）运动能力

表 5-3-29　爬行

分组内容	操作方法	参考标准	标准解读	解决方案
爬行	在平坦的场地，观察婴儿爬行时的身体姿态	A. 手膝爬行	身体协调性及控制力好，主动活动意识好	继续这个活动，并让婴儿体验不同形式的爬行

续表

分组内容	操作方法	参考标准	标准解读	解决方案
爬行	在平坦的场地，观察婴儿爬行时的身体姿态	B. 手腹匍行	身体协调性较好，主动活动意识较好，腰部力量不够	锻炼腰部力量，如搂腿抱取物、跪坐取物等
		C. 俯卧打转	身体及四肢协调性一般，腰部及四肢力量不够	锻炼上肢及下肢力量（下肢蹲起及被动操），腰部力量练习（同上）
		D. 俯卧不动	身体及四肢协调性有限，主动活动意识不够	连续翻滚锻炼，上下肢及腰部锻炼同上

延伸解读　从生理发展规律来看，婴儿在 6～10 个月学会爬行都属于正常情况。部分婴儿不会爬行，和平时的家庭看护方式有很大的关系，一旦有机会锻炼，很快就会爬行。爬行是非常复杂的身体活动，需要身体的高度协调一致，需要平时的活动积累如俯卧、翻滚等来积累身体的力量和协调性。

表 5-3-30　扶物站立

分组内容	操作方法	参考标准	标准解读	解决方案
扶物站立	在平坦宽敞的地方（在爬行环境中，放一个婴儿可扶站的矮桌或椅子），观察婴儿爬行扶站的行为	A. 横行跨步	身体的控制力及主动活动意识好	继续这个活动，在保证安全的情况下，逐渐扩大婴儿的爬行、扶站、扶走的范围
		B. 扶站不稳	身体的控制力及主动活动意识较好	爬行依然是主要活动
		C. 不能从爬行扶起站立	身体的控制力及主动活动意识一般	继续爬行，到婴儿自然扶站
		D. 没有站立的意思	身体的控制力及主动活动意识有限	继续爬行，到婴儿自然扶站，不要限制婴儿的活动

延伸解读　如果婴儿爬行得好，会从爬行自然过渡到扶物站起，进行横行跨步，为以后行走奠定基础。因此建议给婴儿提供丰富的爬行环境，让婴儿体验各种爬行的方式，锻炼婴儿的身体协调性。

表 5-3-31　学走

分组内容	操作方法	参考标准	标准解读	解决方案
学走	观察婴儿走路行为	A. 一只手牵着走	身体控制力及平衡能力好	继续这个活动，逐渐放手让婴儿自己走

续表

分组内容	操作方法	参考标准	标准解读	解决方案
学走	观察婴儿走路行为	B. 双手牵着走	身体控制力及平衡能力好	逐渐放开一只手，牵着婴儿一只手走
		C. 扶物摸跨	增加爬行或扶走	继续这个活动，双手牵着婴儿手走，逐渐换成一只手牵着
		D. 不会扶走	帮助扶站到扶走	继续以上的活动

延伸解读　多数的婴儿能靠一只手牵着走，少数的婴儿可以自己走，但走不稳，很容易摔跤。当婴儿摔跤时大人要保持镇静，因为有时候孩子并未摔疼只是被妈妈的表情和喊叫吓哭了，虽然婴儿已经开始学走路，但还要关注婴儿的爬行，爬行依然是这个阶段的重要活动之一。

表 5-3-32　捏取小豆豆等比较小的物品

分组内容	操作方法	参考标准	标准解读	解决方案
捏取	准备小豆豆等小物品，观察婴儿捏取时手的动作	A. 食指拇指捏取	主动活动能力、手指灵活性及控制力好	继续这个活动，准备更小的东西，让婴儿抓握，防止婴儿把小东西放进嘴里
		B. 大把抓	主动活动能力、手指灵活性及控制力较好	练习用食指按键或食指抠洞，先培养食指独立使用，再逐渐练习拇食指对捏
		C. 用整个手掌拍打或来回拨弄	主动活动能力、手指灵活性及控制力一般	继续以上活动
		D. 不理会不抓取	主动活动意识有限	继续以上活动

延伸解读　婴儿会用食指和拇指捏取小物品，证明有很好的手指控制力及灵活性。如果婴儿还不会捏取，给婴儿提供食指按键或食指抠洞的活动，增加食指的动手活动。

安全提示：防止婴儿把小的东西吃到嘴里。

（2）语言能力

表 5-3-33　会叫爸爸妈妈等

分组内容	操作方法	参考标准	标准解读	解决方案
叫爸爸妈妈	在日常生活中，婴儿叫爸爸妈妈或其他人，观察发音情况	A. 称呼爸爸或妈妈，叫更多的人	主动的语言表达能力好	引导婴儿叫熟悉的人，关注生活中沟通的方式，说的时候要慢、清晰、重复等

续表

分组内容	操作方法	参考标准	标准解读	解决方案
叫爸爸妈妈	在日常生活中，婴儿叫爸爸妈妈或其他人，观察，喜欢发音情况	B. 只会叫爸爸妈妈	主动的语言表达能力较好	继续以上活动
		C. 会叫爸爸妈妈其中一个人	有主动的语言表达意识但不准确	继续以上活动
		D. 基本不发音	关注个体差异及看护方式	继续以上活动

延伸解读　婴儿的语言发展会受很多因素影响，如个性特点、看护人看护方式、环境等。婴儿有意识地称呼父母，有时昨天会叫今天又不会叫，这是正常的，要经过不断重复才能熟练。孩子的语言发育受家庭环境和主要看护人的影响较大，但只要孩子在正常的生理范围之内就可以了。语言表达能力是口腔肌肉的协调能力的体现，这和婴儿添加辅助食品的过程有很大的关系。及时添加固体食物，婴儿可以通过咀嚼的动作锻炼口腔肌肉的力量与协调性。

表 5-3-34　用姿势表示如再见、谢谢、鼓掌、亲亲、虫虫飞、蝴蝶飞及其他

分组内容	操作方法	评价标准	标准解读	解决方案
用姿势表示	用姿势表示：再见、谢谢、鼓掌、亲亲、虫虫飞、蝴蝶飞及其他，观察婴儿会几种	A. 5 种	主动语言表达能力及模仿能力好	继续这个活动，引导婴儿使用肢体语言表达情感，同时不要忽略口头语言的使用
		B. 4 种	主动语言表达能力及模仿能力较好	继续以上活动
		C. 3 种	主动语言表达能力及模仿能力一般	继续以上活动
		D. 2 种	语言理解及表达能力有限	继续这个活动，不要限制或评价婴儿的行为

延伸解读　肢体语言也是婴儿的语言表达形式，婴儿会用形体姿势来表达自己的需要，说明婴儿具有理解语言的能力，能进行良好的沟通，并能表达自己的愿望。如果婴儿不会使用肢体语言，可能由于看护人没有及时地给婴儿做很好的示范，或忽略了婴儿的表达愿望，没有及时回应婴儿的要求有关。

（3）认知能力

表 5-3-35　按大人吩咐拿玩具

分组内容	操作方法	参考标准	标准解读	解决方案
按大人吩咐拿玩具	把婴儿熟悉的5~8个玩具放在一个玩具箱里，成人说出玩具的名称，观察婴儿是否能按照要求拿出玩具	A. 5种	语言理解能力及视觉观察力好	继续这个活动，每次可以增加1~2个玩具，并和婴儿一起描述玩具的特点，软、硬、光滑、粗糙等
		B. 4种	语言理解能力及视觉观察力较好	继续以上活动
		C. 3种	这个活动做得少，增加这个互动	继续以上活动
		D. 2种	这个活动做得少，增加这个互动	继续以上活动

延伸解读　婴儿会听吩咐拿对玩具，说明婴儿已经记住玩具名称，有比较好的听觉分辨能力、视觉观察力和手眼脑协调力。

如果婴儿只能认出很少的玩具，那么可能是平时这样的活动较少或玩具太多，活动时仔细观察婴儿对哪件东西感兴趣，经常重复这个活动。

表 5-3-36　认识身体部位

分组内容	操作方法	参考标准	标准解读	解决方案
认识身体部位	给婴儿说身体部位的名称，观察婴儿的行为	A. 3处	理解及自我认知能力好	继续这个活动，每次可以增加1~2个部位，并演示或说出身体部位的功能
		B. 2处	理解及自我认知能力较好	继续以上活动
		C. 1处	这个活动做得少，增加这个互动	继续以上活动
		D. 不会	没有做过这个活动，增加这个互动	和婴儿面对面或者准备布娃娃指出布娃娃身体部位，再指出自己的身体的部位

延伸解读　认识身体的部位是培养婴儿自我认知能力的开始，同时有利于婴儿自我评价能力及自信心的建立。婴儿不认识身体部位，这不是因为婴儿没有能力，而是因为日常生活中没有引导婴儿关注。因此建议在日常穿衣、吃饭及活动的过程中，提示婴儿的身体部位，增加婴儿对自己身体的感知。

表 5-3-37　拉绳取物

分组内容	操作方法	评价标准	标准解读	解决方案
拉绳取物	准备一个拖拉玩具，引导婴儿把玩具拉近自己，观察婴儿的行为	A. 拉绳取物或取到玩具	理解能力及主动活动能力好	继续这个活动，可以增加绳子的长度，引导婴儿学会倒手拉玩具，或增加玩具的重量。活动结束后及时收起玩具，防止绳子造成意外
		B. 直接去够取物或玩具	理解能力及主动活动能力较好	继续以上活动
		C. 无目的乱抓	活动方式不同	给婴儿示范如何牵拉玩具，重复这个活动
		D. 不玩	此类活动少	选择婴儿喜欢的玩具，然后和婴儿一起玩牵拉玩具，逐渐过渡到自己牵拉

延伸解读　拉绳取物说明婴儿具备了把事物之间联系起来的能力，能够判断拉动绳子可以拿到玩具，也是婴儿和环境互动的一种能力。

不会拉绳取物，要由大人多次示范，让婴儿看到拉绳可以取到物品，激发婴儿模仿的兴趣。

安全提示：带有绳的玩具要及时收到婴儿够不到的地方，在成人的陪伴下再玩类似的玩具。

（4）社交行为

表 5-3-38　会给娃娃服务

分组内容	操作方法	参观标准	标准解读	解决方案
会给娃娃服务	准备一个布娃娃、被子等，观察婴儿的行为	A. 主动照顾娃娃包括盖被、抚摸、轻拍等	理解能力及主动合作能力好	继续这个活动，可以增加水杯、勺子，引导婴儿喂娃娃喝水、吃饭等
		B. 主动拍它睡觉	理解能力及主动合作能力较好	让婴儿和布娃娃互动，观察婴儿做什么，可以给布娃娃做盖被子等示范
		C. 模仿家长抱娃娃	有一定的理解能力及主动合作能力	继续以上的活动
		D. 不喜欢它，扔掉或摔它	无主动意识	继续以上的活动

延伸解读　婴儿会模仿成人的行为，给布娃娃以安抚，表示关怀，这是婴儿关心同情别人的开始。不要忽略孩子情感的表达方式，尤其是孩子对家长表达亲近和关爱时，要积极回应。生活中不能责备孩子不会关心家长和同伴，重要的是给孩子提供机会。

表 5-3-39　懂得害羞

分组内容	操作方法	参考标准	标准解读	解决方案
懂得害羞	当谈论婴儿时，观察婴儿的行为	A. 当别人谈到自己时，把自己的头藏到妈妈的怀里	情感的表达及理解能力好	接纳婴儿的行为，关注个体差异
		B. 安静地看着他人	情感的表达及理解能力较好	接纳婴儿的行为，关注个体差异
		C. 会哭或大声叫	情感表达方式的差异性如敏感	接纳婴儿的行为，关注个体差异
		D. 自己玩不理会别人谈话	不关注他人说	接纳婴儿的行为，关注个体差异

延伸解读　懂得别人的谈话，谈到自己时表现害羞，这是婴儿理解大人谈话的表现。婴儿不可能每字每句都听懂，他是从人们的表情和个别词句声调中感受到的。婴儿不理会别人对自己说的话，常常由于家长和婴儿沟通得太少，或由于家长对婴儿的需求并没有给予及时的回应，造成婴儿对成人的话也没有回应。

表 5-3-40　观察婴儿肢体语言

分组内容	操作方法	评价标准	标准解读	解决方案
观察婴儿肢体语言	用姿势表示语言如再见、谢谢、您好、握手、鼓掌、碰头、亲亲、虫飞、鸟飞、挤眼睛、咂嘴等，观察婴儿会几种	A. 7 种	语言理解能力好	继续这个活动，通过丰富的表情及夸张的语气，激发婴儿模仿的兴趣
		B. 5 种	语言理解能力较好	继续以上活动
		C. 3 种	此类活动比较少	继续以上活动
		D. 2 种	此类活动比较少	继续以上活动

延伸解读　婴儿学会多种姿势来表达语言，说明婴儿交往能力及适应能力良好。不会积极地用肢体语言来表达自己的需要，大多由于家长和婴儿交流不够，或者家长为婴儿代替的行为太多，使孩子失去了表达的机会。

（5）自理能力

表 5-3-41　拿勺子

分组内容	操作方法	评价标准	标准解读	解决方案
拿勺子	给婴儿准备一个勺子和几个玩具，或在吃饭时给婴儿勺子，观察婴儿的行为	A. 凹面向上盛到食物	主动活动意识及观察力好	继续坚持这个活动，给婴儿自己使用勺子的机会

续表

分组内容	操作方法	评价标准	标准解读	解决方案
拿勺子	给婴儿准备一个勺子和几个玩具，或在吃饭时给婴儿勺子，观察婴儿的行为	B. 凸面向上盛不到食物	主动活动意识及观察力较好	继续以上活动
		C. 拿勺子乱搅不盛食物	主动动手能力好	准备可以用勺子盛的玩具，让婴儿用勺子盛物的活动，允许婴儿按照自己的方式玩
		D. 不拿勺子	类似活动少	继续以上活动

延伸解读　用勺子吃饭或用勺盛物，是手眼脑协调能力的反映，对孩子长大后握笔写字有帮助。用勺子盛物，证明孩子已经分清勺子凹面和凸面的区别。从会用勺子盛东西，逐渐过渡到会用勺子吃饭，这是孩子自己照顾自己的一种锻炼。如果孩子不会用勺子，那么主要原因是孩子没有玩过类似的玩具。

表 5-3-42　大人帮助穿衣服时

分组内容	操作方法	参考标准	标准解读	解决方案
大人帮助穿衣服时	穿衣服时，观察婴儿的行为	A. 会主动伸头、伸手配合	主动合作能力及身体控制力好	让婴儿主动配合穿衣服
		B. 提醒后会伸手	主动合作能力及身体控制力较好	继续以上活动
		C. 在大人帮助下伸手或做其他动作	给予婴儿此项活动训练的机会少	引导婴儿伸胳膊等动作，要等待不要催促
		D. 不配合或都是被动塞进衣服	主动配合意识有限	通过引导逐渐过渡到主动配合，不要让婴儿被动穿衣，更不能催促

延伸解读　穿衣时婴儿能伸头、伸手配合，这是很好的身体协调的表现，也是婴儿主动合作意识的表现。如果不会配合，大部分都是因为平常被动穿衣的过程。家长要选择婴儿容易穿脱的衣服，并把穿衣的过程作为游戏，增加婴儿穿衣的兴趣。

表 5-3-43　捧杯喝水

分组内容	操作方法	参考标准	标准解读	解决方案
捧杯喝水	用杯喝水，观察婴儿行为	A. 不用大人扶持，略有洒漏	手的控制力及自我照顾能力好	鼓励婴儿坚持这个行为，给予婴儿更多的吃东西的体验，如自己吃一部分饭
		B. 要大人扶持	手的控制力及自我照顾能力较好	逐渐过渡到婴儿自己捧杯，允许婴儿弄得一片狼藉
		C. 不会用杯，手不扶杯	手的控制力及自我照顾能力不够	让婴儿使用杯子喝水，引导婴儿双手捧杯，逐渐过渡到自己捧杯
		D. 奶瓶或吸管杯	很少使用杯子	继续以上活动

延伸解读　婴儿会自己捧杯喝水，不单单是喝水，而且有利于婴儿自我照顾能力及管理能力的建立，同时也有利于自信心的建立。不会用杯喝水主要原因是大人让婴儿用奶瓶喝水和喝奶。长期使用奶瓶会影响婴儿的语言发展，使其口齿不清，且影响口腔咀嚼及吞咽功能协调发展，导致吃饭慢或狼吞虎咽等不良习惯。随着婴儿成长饮食习惯渐渐接近成人，餐具也应改变。

4. 11～12 个月婴儿观察记录清单与解读

（1）运动能力

表 5-3-44　会走

分组内容	操作方法	参考标准	标准解读	解决方案
会走	观察婴儿走路的行为	A. 独立走 10 步以上	主动活动意识及身体平衡能力好	继续这个活动，鼓励婴儿的行为
		B. 独立走 5～10 步	主动活动意识及身体平衡能力较好	继续这个活动
		C. 独立走 1～2 步	主动活动意识及身体平衡能力一般	继续这个活动
		D. 刚会站或牵着走	爬行少或主动活动意识及身体平衡能力有限	继续这个活动，逐渐放手，如果婴儿喜欢爬行，依然鼓励婴儿爬行

延伸解读　这个月龄的婴儿有一部分可以走路了，还有一部分婴儿继续在爬行过程中发展。爬行依然是这个阶段婴儿主要的运动，很多时候婴儿走几步就变成了爬行。一般情况下婴儿到

15 个月会走路是属于正常的。为了增加婴儿走路的乐趣，家长可以为婴儿提供一些拖拉玩具。对于不会走或走不稳的婴儿，可以推着小车学走路，或者在两个大人之间学走路。

表 5-3-45 爬高

分组内容	操作方法	参考标准	标准解读	解决方案
爬高	在宽阔的场地上，放上靠垫，或被卷，也可以是室外滑梯的台阶，让婴儿试着爬过去，观察婴儿的行为	A. 自己用手足爬过被卷或矮的台阶	身体协调性和控制力好	继续这个活动，组合多种形式的玩具，如设计成桥洞、弯曲的线等，让婴儿体验不同形式的爬行
		B. 只爬比较矮的靠垫或矮台阶	身体协调性和控制力较好	鼓励婴儿体验简单的爬行玩具
		C. 不敢爬高	身体协调性和控制力一般	使用低的靠垫，让婴儿首先体验简单的爬行
		D. 不会爬行	主动活动少，协调性有限	婴儿必须练习爬行，不要着急让婴儿站立行走

延伸解读　爬行对这个月龄的婴儿来说已经是很轻松的事情了，因此应该增加爬行的方式和加强提供爬行设施的难度，以锻炼婴儿的身体平衡协调能力和身体的控制力。对于不会爬行或爬行不熟练的婴儿，先练习爬行，然后再进一步练习多种爬行方式。婴儿通过爬行锻炼好身体协调性，自然就能站立行走了。

表 5-3-46 从瓶中取糖果或小玩具

分组内容	操作方法	参考标准	标准解读	解决方案
从瓶中取糖果或小玩具	把小的玩具或糖果放在比较浅的瓶子里，引导婴儿从瓶中拿出玩具或糖果，观察婴儿的行为	A. 用食指灵活抠出	手指灵活性及控制力好	继续这个活动，逐渐放进更小的玩具，让婴儿捏取
		B. 倒出	手指灵活性及控制力好	给婴儿做示范，然后引导婴儿捏取
		C. 打翻瓶子取	手指灵活性及控制力不够	给婴儿做示范，然后引导婴儿捏取
		D. 推成人的手，帮助去拿	活动少，手指不够灵活	使用透明的瓶子，里面放入婴儿喜欢的或比较大的玩具方便婴儿拿取

延伸解读　观察可以发现婴儿处理问题方式不同，这个活动是希望通过抠取物品观察婴儿手指的灵活性。因此生活中要为婴儿提供各种各样的锻炼机会。这个活动要求用食指和大拇指

取出糖果，可以锻炼婴儿手腕和手指的协调性，对上学后握笔写字有重要的作用。如果婴儿不会用手指捏，应该让婴儿先从捏取东西学起。

表 5-3-47　从镶嵌板中，取出形状

分组内容	操作方法	参考标准	标准解读	解决方案
从镶嵌板中，取出形状	准备有圆形或其他图形的镶嵌板，引导婴儿取出其中的形状	A. 抠出 3 个以上	手指灵活性及控制力好	继续这个活动
		B. 抠取 2 个	手指灵活性及控制力较好	继续这个活动
		C. 只是拍打	手指灵活性一般	继续这个活动
		D. 不玩	此类活动少	多玩类似活动

延伸解读　用食指去捅洞穴把形块取出，是手指灵活性锻炼的另一种方法。不会的婴儿要多做这方面的练习，婴儿很快就可以学会，也可以玩其他类似的动手活动。

（2）语言能力

表 5-3-48　回答“你几岁啦？”

分组内容	操作方法	参考标准	标准解读	解决方案
回答“你几岁啦？”	当问婴儿几岁了，观察婴儿的行为	A. 竖起食指表示“我 1 岁”	理解和表达能力及手指灵活性好	继续这个活动，给婴儿更多的表达机会
		B. 举起手看，乱竖指头表示	理解和表达能力及手指灵活性较好	给婴儿示范 1 个手指或说出来，经常做手指活动
		C. 对着说的人笑	理解和表达能力一般	给婴儿示范 1 个手指或说出来，经常做手指活动
		D. 不表示	语言表达有限，或不善于表达	不说教婴儿，给婴儿正确的示范，也要注意给婴儿表达的机会

延伸解读　婴儿会说 1 岁或用手指表示 1 岁时，说明有很好的语言理解和表达能力，同时证明婴儿有很好的手指灵活性。不会表示的婴儿一方面是其性格特点，另一方面是平时用这种方式互动比较少。看护人应给予婴儿表达的机会，但不要强迫更不要说教，反复说教和强迫对婴儿的语言发育有一定的影响。

表 5-3-49　指认或叫大人

分组内容	操作方法	参考标准	标准解读	解决方案
指认或叫大人	在日常环境中，引导婴儿指认或称呼大人，观察婴儿的反应	A. 4人	语言理解与表达能力好	继续这个活动，如果婴儿不会叫，成人要代替婴儿说出来，再引导婴儿说
		B. 3人	语言理解与表达能力较好	继续以上活动
		C. 2人	语言理解与表达能力一般	继续以上活动
		D. 1人	语言理解与表达能力有限	继续以上活动

延伸解读　婴儿还是以肢体语言表达为主，部分的婴儿会称呼妈妈爸爸，有的还不会。语言的发育有很大的个体差异，不要过于着急，主要是给予婴儿多听和互动机会。

表 5-3-50　模仿动物叫

分组内容	操作方法	参考标准	标准解读	解决方案
模仿动物叫	引导婴儿模仿熟悉的动物叫，如猫、狗、鸭、鸡、牛、虎等，观察婴儿的行为	A. 6个	语言的理解与表达能力好	鼓励婴儿行为，引导婴儿观察动物的叫声及生活习惯
		B. 5个	语言的理解与表达能力较好	继续以上活动
		C. 4个	语言的理解与表达能力一般	继续以上活动
		D. 3个	语言的理解与表达能力有限	继续以上活动

延伸解读　让婴儿既学会认动物又能模仿它们的叫声，激发婴儿发音的兴趣，这也是语言锻炼的一种方式。模仿声音的多少和日常生活有关，经常听到声音的婴儿发音就多，没有玩过类似游戏的婴儿，发音就相对比较少。另外如果婴儿一直没有发音应该排除是否存在其他原因。

（3）认知能力

表 5-3-51　按吩咐拿出图片、书或玩具

分组内容	操作方法	参考标准	标准解读	解决方案
按吩咐拿出图片或玩具	给婴儿准备熟悉的图片或书或玩具，引导婴儿按照吩咐找出来	A. 4张或4种以上	视觉鉴别能力及记忆力好	继续这个活动，可以每次增加1~2张图片或其他
		B. 3张或3种	视觉鉴别能力及记忆力较好	继续这个活动
		C. 2张或2种	视觉鉴别能力及记忆力一般	继续这个活动
		D. 1张或1种	视觉鉴别能力及记忆力有限	继续这个活动

延伸解读　一般情况下婴儿最先记住的是经常接触的图片或玩具，比如婴儿喜欢的水果和动物，也有的喜欢汽车、飞机等交通工具；在认识家庭用品时，也能分辨日常用品。玩这个活动，一次性给的玩具不要太多，一般从1～3个开始逐渐增加。

表 5-3-52　认识身体部位

分组内容	操作方法	参考标准	标准解读	解决方案
认识身体部位	和婴儿面对面，让婴儿指认自己的身体部位，观察婴儿认识的数量	A. 6处以上	理解及自我认知能力好	继续这个活动，让孩子了解身体部位的功能，比如用鼻子闻味道、捂上耳朵听不到声音等
		B. 5处	理解及自我认知能力较好	继续以上的活动
		C. 4处	理解及自我认知能力一般	继续以上的活动
		D. 3处	理解及自我认知能力有限	继续以上的活动

延伸解读　经常玩身体游戏的婴儿可以很快地认识自己身体的部位，了解身体的功能。这也是婴儿自我认知的开始，同时锻炼婴儿主动认知和增强记忆能力。婴儿知道的多少，和日常活动玩身体游戏的多少有直接关系。

表 5-3-53　指认图片

分组内容	操作方法	参考标准	标准解读	解决方案
指认图片	准备一组动物、水果、用品、车辆等婴儿熟悉的图片，当说出图片时，观察婴儿的行为	A. 8幅	视觉辨别能力及记忆力好	继续这个活动，可以增加图片的数量，但一次只能增加1幅
		B. 6幅	视觉辨别能力及记忆力较好	继续这个活动，可以增加图片的数量，但一次只能增加1幅
		C. 4幅	视觉辨别能力及记忆力一般	这个活动需要反复，并要增加活动的趣味性
		D. 2幅	视觉辨别能力及记忆力有限	这个活动需要反复，并要增加活动的趣味性

延伸解读　指认图形是婴儿有视觉分辨能力和记忆力的体现，并且能锻炼婴儿的理解能力。认识图形也应该在婴儿的日常生活中渗透，如带婴儿去超市可以观察水果和蔬菜，上街看车辆，认识交通工具及树木花草等。

（4）社交能力

表 5-3-54　依恋大人

分组内容	操作方法	参考标准	标准解读	解决方案
依恋大人	观察婴儿和家长的日常互动关系	A. 妈妈或看护人抱别的孩子时，拉扯着要抱自己，但能专注地玩	安全的依恋关系好	父母要亲自照顾婴儿，注意和婴儿在一起时要专注陪伴
		B. 只能和妈妈或看护人在一起，不允许别人碰	安全的依恋关系较好	父母要亲自照顾婴儿，并注意和婴儿在一起时要专注，不要频繁地更换看护人及看护环境
		C. 妈妈或看护人抱着不离开，活动时不能自己玩	依恋关系不稳定	父母要亲自照顾婴儿，关注和婴儿在一起的质量，不要频繁地更换看护人及看护环境
		D. 和妈妈在一起也经常哭闹有情绪	依恋关系不稳定	父母要亲自照顾婴儿，接纳婴儿的情绪，不要频繁地更换看护人及看护环境，并注意和婴儿一起的质量

延伸解读　1岁左右的婴儿有非常明显的依恋对象，如婴儿看到妈妈爸爸或主要的看护人抱其他的婴儿就会拉扯要大人抱自己，这是婴儿对父母的正常的依恋行为。0~1岁是婴儿健康依恋关系建立的基础阶段，因此建议家长不和婴儿突然分离，也不要经常更换看护人，这样会影响婴儿的健康依恋关系的发展，健康依恋关系是孩子一生所有关系的基础。

表 5-3-55　用动作表演儿歌

分组内容	操作方法	参考标准	标准解读	解决方案
用动作表演儿歌	听到音乐会摇摆身体、四肢有动作、通过点头等变化身体的姿势，观察婴儿的表现	A. 听到后主动活动，有丰富的动作3种以上	理解与表达能力好	继续这个活动，给婴儿准备节奏感强的儿歌
		B. 身体动作2种	理解与表达能力较好	继续这个活动，给婴儿准备节奏感强的儿歌
		C. 身体动作1种，只会跳或摇摆	理解与表达能力一般	继续这个活动，给婴儿准备节奏感强的儿歌，抱着婴儿一起和着音乐的节奏摇摆
		D. 只听，没有动作或经过提示后有动作	理解与表达能力有限	继续这个活动，给孩子准备节奏感强的儿歌，抱着婴儿一起和着音乐的节奏摇摆，给婴儿多做肢体的被动操

延伸解读　婴儿能够根据儿歌做出简单的动作，证明婴儿有很好的视听判断能力。同时有很好的理解能力和表达能力。婴儿模仿的过程也是培养社会性的过程，成人可以抱着婴儿和着音乐的节奏走动或摇摆肢体，或者和婴儿面对面做肢体的动作。音乐活动可以激发婴儿的想象力和创造性，让婴儿多听音乐，尤其是古典音乐。

表 5-3-56　看到熟悉的人或地方

分组内容	操作方法	参考标准	标准解读	解决方案
看到熟悉的人或地方	看到熟悉的人或地方，观察婴儿的表现	A. 兴奋地发出高兴的叫声，主动找熟悉的人，在熟悉的地方自己能主动去玩	适应性及主动交往能力好	鼓励孩子的行为，经常带婴儿参加集体活动
		B. 要观察一会儿，会安静地玩	适应性及主动交往能力较好	鼓励孩子的行为，经常带婴儿参加集体活动，但不要强迫，允许婴儿做一个观察者
		C. 需要家长陪着玩	适应性及主动交往能力一般	鼓励孩子的行为，经常带婴儿参加集体活动，开始的时候需要家长陪伴，允许婴儿做一个观察者
		D. 哭闹或紧紧拉着成人的手或衣服	适应性及主动交往能力有限	带婴儿参加集体活动，开始的时候需要家长陪伴，但不要说教，更不要强迫，允许婴儿做一个观察者

延伸解读　喜欢熟悉的人或地方，说明婴儿有很好的适应能力及社会交往能力，也有很好的合作能力。婴儿在参加集体活动时，开始的时候不要强迫，在婴儿没有准备好的情况下，不要强迫做自己不喜欢的事，可以在成人的陪伴下做一个观察者。婴儿成长有个体差异，有的孩子适应比较慢，有的适应比较快，对不同类型的性格引导的方式也是不同的。

（5）自理能力

表 5-3-57　配合穿裤子

分组内容	操作方法	参考标准	标准解读	解决方案
配合穿裤子	穿裤子时观察婴儿的行为	A. 自己主动伸腿入裤腿内	自我照顾能力及身体协调性好	继续这个活动
		B. 需要大人反复引导	自我照顾能力及身体协调性较好	继续这个活动
		C. 大人握腿放入裤腿内	自我照顾能力及身体协调性一般	引导婴儿主动伸腿，配合
		D. 不肯穿裤子	自我照顾能力及身体协调性一般	不要强迫，使用熟悉的儿歌引导婴儿穿衣

延伸解读　穿衣服对婴儿来说也是很好的身体协调性锻炼。婴儿会主动配合穿衣服，说明在逐渐建立自己照顾自己的意识，因此家长在为婴儿穿衣服时，不要直接给婴儿穿好衣服，可以引导婴儿配合，学会和家长的合作。

表 5-3-58　脱鞋袜

分组内容	操作方法	参考标准	标准解读	解决方案
脱鞋袜	观察婴儿脱鞋袜时的行为	A. 自己有意识地用手向下拽或用脚蹬去鞋袜	自我照顾能力好	继续这个活动，引导婴儿用手脱去鞋袜
		B. 主动蹬去鞋子	自我照顾能力较好	继续这个活动，引导婴儿用手脱去鞋袜
		C. 让大人帮助脱掉	自我照顾能力一般	引导婴儿自己完成，不要催促
		D. 自己不知道要脱掉	自我照顾能力有限	给婴儿边脱边说，让婴儿知道正在做什么

延伸解读　应该让婴儿在日常的生活中养成良好的生活自理习惯，这些习惯是可从穿脱衣服及喝水、吃饭开始的，不要包办代替，给予婴儿自主学习的机会，这些活动对孩子自我认知有重要作用。

表 5-3-59　会用勺

分组内容	操作方法	参考标准	标准解读	解决方案
会用勺	吃饭时，给婴儿勺子，观察婴儿用勺子的行为	A. 盛饭送入嘴里 2~3 勺以上	手眼脑协调及自我照顾能力好	鼓励婴儿的行为，让婴儿尝试自己先吃，然后再喂
		B. 盛上饭，但未送到嘴里	手眼脑协调及自我照顾能力较好	鼓励婴儿的行为，让婴儿自己尝试，反复试验后婴儿就会找到方法
		C. 凸面向上盛不到东西	手眼脑协调及自我照顾能力一般	给婴儿玩勺子盛物的活动，准备小的玩具在玩具盘里，反复这个活动，吃饭时协助婴儿使用勺子
		D. 玩勺子	自我照顾能力有限	给婴儿玩勺子盛物的活动，准备小的玩具在玩具盘里，示范如何盛物，反复这个活动，吃饭时协助婴儿使用勺子

延伸解读　婴儿独立吃饭是最基本的自我照顾能力，也是婴儿自信心建立的重要一环，开始的时候一定会吃得一片狼藉，不要因为担心把衣服弄脏而不让婴儿自己吃饭，长期这样会影响婴儿自我学习的兴趣，甚至长大后不喜欢动手活动。

5. 13～15 个月幼儿观察记录清单与解读

（1）运动能力

表 5-3-60　独立走稳

分组内容	操作方法	参考标准	标准解读	解决方案
独立走稳	观察幼儿的日常活动，站立或走路的行为	A. 独立稳步行走	身体的控制力很好，主动活动能力强	继续这个活动
		B. 6～10 步	身体的控制力较好，主动活动能力强	继续这个活动
		C. 1～5 步	身体的控制力及协调性一般	继续锻炼幼儿爬行
		D. 会站但不会走	主动活动意识和身体协调性有限	继续锻炼幼儿爬行，监测幼儿的肢体肌张力

延伸解读　幼儿真正会走了是体验自己真正独立的开始。活动的范围增加了，但潜在的危险也增加了，因此要关注环境的安全性。如果幼儿只会走 2～3 步，或不敢自己走，可以让幼儿牵拉着家长的手或衣服很快就学会了。需要提醒的是，在幼儿行走时让幼儿牵着成人的手，利于幼儿主动控制身体的平衡。

表 5-3-61　扶栏上小滑梯或上下台阶

分组内容	操作方法	参考标准	标准解读	解决方案
扶栏上小滑梯或上下台阶，并完成连续动作	幼儿扶栏上小滑梯，双足踏台阶，扶住坐下，扶栏滑下等，观察幼儿的行为	A. 熟练完成 3 项	身体平衡能力及主动活动意识好	在保证幼儿安全的情况下，继续这个活动
		B. 不熟练完成 2 项	身体平衡能力及主动活动意识较好	在保证幼儿安全的情况下，继续这个活动
		C. 协助下完成 1 项	身体平衡能力一般	家长协助幼儿体验这些活动
		D. 不会玩或完全需要协助	身体平衡能力有限	不要过度限制幼儿活动，在保证安全的情况下，让幼儿体验各种活动

延伸解读　上下滑梯及上下台阶对幼儿来说是很好的身体平衡和身体控制力的锻炼。身体协调性好的幼儿特别喜欢上下楼梯。通过这个活动可以体验上下的空间，感受自己身体的能力，建立自己和环境之间的关系。在室外时应该为幼儿找寻各种活动体验的机会，但要注意安全。

表 5-3-62　积木搭高

分组内容	操作方法	参考标准	标准解读	解决方案
积木搭高	给幼儿 3~5 块积木，引导幼儿搭积木，观察幼儿的行为	A. 搭 3 块以上	很好的手眼脑协调能力及控制力	继续这个活动，允许幼儿按照自己的方式玩
		B. 搭 2 块	手眼脑协调能力较好	继续这个活动，可以给幼儿示范，但不要强迫
		C. 敲打积木	手眼脑协调能力一般	给幼儿示范搭积木，但允许幼儿按照自己的方式玩
		D. 随意玩或扔积木	手眼脑协调性有限	引导幼儿喜欢积木，允许幼儿按自己的方式玩

延伸解读　积木是幼儿非常重要的玩具，允许幼儿可以根据自己的想象搭出各种样式，锻炼幼儿的想象力和创造性。把积木搭高证明幼儿有很好的视觉空间感觉，因为搭积木时要把积木放正找到平衡，才能搭得稳放得高。可以为幼儿准备各种玩法的积木，因为每种积木的玩法不一样。家庭里的很多东西都可以当成积木，如牙膏盒、食品盒子，或其他可以垒高的东西等。

表 5-3-63　用棍子够取远处玩具

分组内容	操作方法	参考标准	标准解读	解决方案
用棍子够取远处玩具	把玩具放置到离幼儿一定距离的地方，让幼儿用棍子够取远处玩具	A. 能够取着	手眼脑控制力及主动活动意识好	继续这个活动
		B. 推得更远	手眼脑控制力及主动活动意识较好	继续这个活动，家长引导幼儿完成
		C. 拿棍子敲打玩具	没有玩过这个活动	引导幼儿用棍子够玩具，观察幼儿的其他玩法
		D. 玩棍子	没有玩过这个活动	引导幼儿用棍子够玩具，观察幼儿的其他玩法

延伸解读　幼儿用棍子够取远处的玩具，说明手的控制力较好，同时幼儿正在建立利用环境解决问题的能力。在做不到的情况下，家长应该多和幼儿玩同类的游戏，并观察幼儿的玩法。如幼儿不会用棍子够取，常用棍子去捅，把东西推得更远，家长可示范，如把棍子放在玩具远端向自己方向拨就可够着玩具。也要允许幼儿按照自己的方式玩，但要注意安全。

（2）语言能力

表 5-3-64　听到熟悉的人叫自己名字

分组内容	操作方法	参考标准	标准解读	解决方案
听到熟悉的人叫自己名字	日常活动中，叫幼儿的名字，观察幼儿的反应	A. 主动走过去	理解语言的意义，主动活动意识强	带幼儿参加集体活动，但保证幼儿的安全
		B. 转头看不走动	理解语言的意义，有主动活动意识	继续以上活动
		C. 被反复叫后回头	经提醒后，理解语言的意义	日常活动中，增加和幼儿沟通的机会，和幼儿说话要慢、清晰、必要时重复
		D. 没反应	不理解或面对人不回应	关注幼儿不回应的原因，注意和幼儿的互动方式，不要说教

延伸解读　对他人的反应和幼儿的性格有一定关系，外向型的幼儿比较积极主动，内向型的幼儿比较安静被动。在幼儿还没有走稳的情况下，听到熟悉的人叫他会回头看叫他的人，会走路的幼儿就会走过去。在日常生活中家长注意和幼儿的沟通方式，尤其是家里人叫幼儿的名字要一致，利于幼儿建立自我意识。多让其与同龄小伙伴交往，但一定要注意不要把幼儿交给不熟悉的人。

表 5-3-65　称呼家人

分组内容	操作方法	参考标准	标准解读	解决方案
称呼家人	观察幼儿称呼家人的情况	A. 5 人以上	语言表达能力及交往能力好	注意给幼儿提供说的机会
		B. 4 人	语言表达能力及交往能力较好	继续这个活动，注意给幼儿提供说的机会
		C. 3 人	语言表达能力及交往能力一般	继续这个活动，注意给幼儿提供说的机会
		D. 2 人	语言表达能力及交往能力有限	注意家庭说话的氛围，给幼儿提供交往的机会

延伸解读　良好的家庭氛围是幼儿语言发展的基础。语言发展受很多因素的影响，遗传、看护人和家庭环境，等等。如果幼儿不会称呼家人，只会叫爸爸和妈妈，家长也不要着急，在日常生活中要为幼儿提供机会，但不要强迫，以免影响幼儿说的兴趣。

（3）认知能力

表 5-3-66 认识颜色

分组内容	操作方法	参考标准	标准解读	解决方案
认识颜色	观察幼儿能否从杂色积木和珠子中挑出红色的积木和珠子或其他颜色	A. 挑出 2 种	有很好的视觉分辨力及记忆力	继续这个活动
		B. 挑出 1 种	视觉分辨力及记忆力较好	按照排他法，引导幼儿先认识一种颜色
		C. 随意玩	视觉分辨力及记忆力一般	给幼儿先准备 1 种颜色的玩具，然后逐渐增加颜色
		D. 不理解	视觉分辨力及记忆力有限	给幼儿先准备 1 种颜色的玩具，引导幼儿认识家庭及周围环境相同颜色的物体

延伸解读　认识颜色是幼儿的空间感觉和视觉观察力的表现，幼儿从相对单一的颜色中认识一种颜色比较简单，如果从杂色中挑选 1 种颜色对幼儿来说就比较难。家长在日常生活中，要注意掌握正确的认识方法。

表 5-3-67 玩套环

分组内容	操作方法	参考标准	标准解读	解决方案
玩套环	准备套环和小棍，引导幼儿将环套入棍子上观察幼儿的行为	A. 5 个	理解物体之间的关系	继续这个活动
		B. 4 个	手眼脑的协调性较好	继续这个活动
		C. 3 个	手眼脑协调性一般	继续这个活动
		D. 2 个	手眼脑协调性有限	继续这个活动

延伸解读　这个活动是幼儿手眼脑和空间感觉的协调能力的表现。在游戏的过程中可以和幼儿一起数数，同时加强幼儿对数的理解能力。不会做的幼儿大多数是因为没有做过同类的游戏。在家庭中家长可以用小的木棍或筷子，把纸杯制成小的套环和幼儿一起玩。

表 5-3-68 按吩咐找出圆形，方形，三角形

分组内容	操作方法	参考标准	标准解读	解决方案
按吩咐找出圆形，方形，三角形	按吩咐从图形或积木中找出圆形，方形，三角形，观察幼儿的行为	A. 3 个	视觉鉴别能力及理解能力好	继续这个活动
		B. 2 个	视觉鉴别能力及理解能力较好	继续这个活动，每次图形的种类不要太多

续表

分组内容	操作方法	参考标准	标准解读	解决方案
按吩咐找出圆形，方形，三角形	按吩咐从图形或积木中找出圆形，方形，三角形，观察幼儿的行为	C. 1个	视觉鉴别能力及理解能力一般	继续这个活动，一次只加1个图形
		D. 不认识	视觉鉴别能力及理解能力有限	先让幼儿认识1种图形，在确定幼儿认识后，再增加1种新的，并且需要不同的重复

延伸解读　认识图形对幼儿的视觉空间和视觉分辨能力都是很好的锻炼。对于图形的认知和认识颜色一样，家长首先给幼儿一种图形，等幼儿认识了以后再增加，一次性给予太多会引起幼儿的视觉混乱，也会影响幼儿的专注力。

（4）社交能力

表 5-3-69　照顾娃娃，如拍睡觉、喂饭等

分组内容	操作方法	评价标准	标准解读	解决方案
照顾娃娃，如拍睡觉、喂饭等	给幼儿一个娃娃，让幼儿给娃娃喂饭、盖被子、哄睡觉等	A. 主动完成3样以上	理解及主动交往能力好	继续这个活动
		B. 协助完成2样	理解及主动交往能力较好	继续这个活动，增加和他人交往机会
		C. 示范后模仿1样	理解及主动交往能力一般	多带幼儿参加集体活动
		D. 不感兴趣，随意拍打	不能理解	多带幼儿参加集体活动，但注意和幼儿沟通的方式

延伸解读　托幼中心的娃娃家是每个幼儿都喜欢的地方。通过照顾布娃娃，幼儿体验到关心他人的快乐，使之养成照顾自己的能力。幼儿具有很强的模仿能力，因此在日常生活中家长要注意自己的行为。给幼儿示范如何照料娃娃，如何为娃娃准备用品，这些看似不经意的行为对幼儿的成长有重要的作用。

表 5-3-70　上楼梯找到自己的家

分组内容	操作方法	参考标准	标准解读	解决方案
上楼梯找到自己的家	带幼儿外出回家时，让幼儿带路回自己的家，观察幼儿的行为	A. 很自然地找到自己的家门口	记忆力及方位感好	继续这个活动，引导幼儿观察周围环境
		B. 经提醒后找到自己的家门口	记忆力及方位感较好	继续这个活动，引导幼儿观察周围环境

续表

分组内容	操作方法	参考标准	标准解读	解决方案
上楼梯找到自己的家	带幼儿外出回家时，让幼儿带路回自己的家，观察幼儿的行为	C. 提醒后也不记得	记忆力及方位感一般	继续这个活动，引导幼儿观察周围环境
		D. 走到自己家门口不认识	记忆力及方位感有限	引导幼儿观察周围环境，并注意标志性建筑

延伸解读　这个活动也是幼儿的安全教育，有助于幼儿注意观察周围的环境和人，养成良好的环境适应能力，提升幼儿的自然智能。认识回家的路，说明幼儿对周围的环境比较熟悉，同时说明幼儿有很好的空间感觉。家长在带幼儿外出时，要注意引导幼儿观察自己所处的环境并注意环境中的特点。

（5）自理能力

表 5-3-71　动手能力

分组内容	操作方法	参考标准	标准解读	解决方案
动手能力	观察幼儿日常动手能力，拿玩具、吃饭、穿衣、捏响玩具、收拾玩具等	A. 4 项以上	自我照顾能力好	继续这个活动
		B. 3 项	自我照顾能力较好	继续这个活动
		C. 2 项	自我照顾能力一般	继续这个活动
		D. 都不会	自我照顾能力有限	家长要给幼儿提供机会，让幼儿体验手的能力

延伸解读　幼儿有很好的动手能力说明在日常生活中动手机会比较多。当幼儿体验到自己的手变得灵活就喜欢做更多的事情。因此在保证安全的情况下，家长要让幼儿学会多动手，不要包办，培养良好的生活习惯。

表 5-3-72　用小勺自己吃

分组内容	操作方法	参考标准	标准解读	解决方案
用小勺自己吃	让幼儿自己吃饭，观察幼儿的行为	A. 全顿饭	自我照顾能力好	继续让幼儿自己吃饭
		B. 半顿饭	自我照顾能力较好	逐渐过渡到幼儿自己吃饭
		C. 完全由大人喂	自我照顾能力一般	多让幼儿自己尝试，过渡到幼儿自己吃饭
		D. 跑来跑去追着喂	自我照顾能力有限	让幼儿坐下来吃，逐渐过渡到自己吃饭

延伸解读　这个月龄的幼儿完全可以独立吃饭。独立吃饭是幼儿有良好自理能力的表现。幼儿会自己吃饭说明了有很好的手眼脑协调能力，不会独立吃饭的幼儿一定是在日常生活中锻炼得少。培养幼儿良好的吃饭习惯，最简单的方式就是家长在固定的时间，固定的地方，让幼儿自己吃饭，引导幼儿关注饭菜的味道，不要过度关注幼儿吃的行为。

6. 16～18 个月幼儿观察记录清单与解读

（1）运动能力

表 5-3-73　自由跑和停

分组内容	操作方法	参考标准	标准解读	解决方案
自由跑和停	在户外宽敞的场地，观察孩子跑和停的过程	A. 自己会渐渐慢下来到稳定停止	身体控制力及协调性好	在保证幼儿安全的情况下，继续这个活动
		B. 需要扶人扶物停止	身体控制力及协调性较好	在保证幼儿安全的情况下，继续这个活动，活动多了身体控制力就会增强
		C. 大人牵着慢慢跑	身体控制力及协调性一般	逐渐放手和幼儿一起慢慢跑
		D. 不敢跑	主动活动意识有限	被过度保护的幼儿运动机会少，看护人和幼儿要一起多做同样的活动

延伸解读　幼儿在自由跑步的时候，到一定的距离自己能平稳停下来，说明幼儿具有很好的身体控制力，在运动的过程中幼儿可以感受身体的速度和空间感，感受身体平衡及协调性。经过足够爬行运动然后能站立行走的幼儿，这方面的能力更好。这个阶段的幼儿依然可以练习爬行的活动。

表 5-3-74　独立上楼梯

分组内容	操作方法	参考标准	标准解读	解决方案
独立上楼梯	让幼儿上楼梯，观察幼儿的行为	A. 独立扶栏上，两脚交替上台阶	身体协调性好	在保证幼儿安全的情况下，继续这个活动
		B. 大人牵一手上，双脚踏一台阶	身体协调性较好	继续这个活动，逐渐过渡到幼儿自己扶栏
		C. 大人扶双手上楼梯	身体协调性一般	逐渐过渡到大人单手牵引。增加肢体协调性锻炼
		D. 大人抱着上楼梯	主动活动意识有限	从大人双手扶住幼儿上台阶，过渡到单手牵引。增加幼儿肢体力量练习

延伸解读　运动能力的发展和幼儿日常活动的多少有直接的关系。能自己扶栏两脚交替上楼梯，说明幼儿可以在运动的过程中保持身体的平衡。同样证明幼儿在日常生活中有足够的活动量。因此在保证安全的情况下，家长应给予孩子足够的运动机会，让幼儿体验自己的能力。

表 5-3-75　踢球

分组内容	操作方法	参考标准	标准解读	解决方案
踢球	幼儿在宽阔的场地踢球，不要求多远的距离，只要能向前踢出就可以，观察幼儿的行为	A. 独立站稳踢球	身体控制力和平衡能力好	继续这个活动，保证幼儿的安全
		B 扶人扶物才能踢球	身体控制力和平衡能力较好	继续这个活动，逐渐让幼儿自己站立用单脚踢球
		C. 牵大人手踢球	身体控制力和平衡能力一般	继续这个活动，逐渐让幼儿扶人扶物踢球
		D. 不会	身体控制力和平衡能力有限	和幼儿玩球，引发幼儿兴趣，逐渐让幼儿踢球

延伸解读　不扶物不扶人自己能踢球首先需要把身体的重心放在一只脚上，说明幼儿的身体控制力和平衡能力较好。这个月龄的幼儿在大多数情况下可以做到单脚站立。如果幼儿做不到自己站立用单脚踢球，可以先练习单足站稳。为了增加幼儿的兴趣，家长可以和幼儿一起数数踢球，在生活中也可以多和幼儿玩单脚站立的游戏。

表 5-3-76　拿蜡笔画画

分组内容	操作方法	评价标准	标准解读	解决方案
拿蜡笔画画	拿蜡笔画长线，为鱼点眼睛，会画圆（封闭的曲线），观察幼儿行为	A. 3 项	手指灵活及控制力好	继续这个活动
		B. 2 项	手指灵活及控制力较好	继续这个活动，但不要限制幼儿
		C. 1 项	手指灵活及控制力一般	继续这个活动，不要限制幼儿的活动
		D. 随意涂	手指灵活及控制力有限	继续这个活动，不要限制幼儿的活动

延伸解读　这个活动并不是评估幼儿画得怎么样，而是观察幼儿手的控制力和灵活性。涂写能力是幼儿手指灵活性的表现，也是日常生活中锻炼的结果。能按要求完成的幼儿，证明其手有很好的控制力。不要限制幼儿要画什么，要激发婴儿的兴趣，因为随意涂鸦可以激发幼儿的想象力及创造力，同时对幼儿的情感发展有重要作用。

（2）语言能力

表 5-3-77　说出自己“1 岁”，伸食指表示

分组内容	操作方法	参考标准	标准解读	解决方案
说出自己“1岁”，伸食指表示	问几岁了，观察幼儿的表现	A. 会清楚地说，同时伸手指	语言的理解及表达能力好	继续这个活动，注意和幼儿说完整话
		B. 听到后主动伸指	语言的理解及表达能力较好	引导幼儿说出来，要和幼儿多说完整话
		C. 提醒后伸手指或说	语言的理解及表达能力一般	让幼儿多听，积累语言信息，和幼儿说完整话
		D. 不理会	语言的理解及表达能力有限	让幼儿多听，不要强迫，更不要评价幼儿的行为

延伸解读　有目的地回答家长的问题，说明幼儿具有了良好的语言接受能力，当幼儿说的时候大人一定等幼儿把话说完，当幼儿不会说或不愿意说的时候，可以代替幼儿说出来，但不要评价幼儿的行为，这样会影响幼儿的语言表达能力。如前面所说，如果幼儿不会说，也不要着急，要关注幼儿的个体差异。

表 5-3-78　说儿歌

分组内容	操作方法	参考标准	标准解读	解决方案
说儿歌	观察幼儿说熟悉的儿歌的表现	A. 说完整的儿歌	语言表达能力和记忆力好	继续这个活动，但不要强迫幼儿
		B. 说前面 2 句	语言表达能力好	继续这个活动，但不要强迫幼儿
		C. 只说其中 1 句	语言表达能力一般	给幼儿多听熟悉的儿歌，和幼儿一起说
		D. 说 1～2 个押韵的字或根本不说	语言表达能力有限	让幼儿多听，反复听一首，让幼儿积累听的经验

延伸解读　幼儿喜欢按照儿歌的节奏说或和着儿歌节奏拍手、摇摆身体等，这也是幼儿语言锻炼的重要方式。生活中要让幼儿多听，并和幼儿一起说，也可以做一些简单的表演，激发幼儿的兴趣。幼儿不会说不一定是语言功能发展不好，大部分和家长教养方式有关。

表 5-3-79　说出自己的名字或物名

分组内容	操作方法	参标准	标准解读	解决方案
说出自己的小名或物名	说观察幼儿自己的名字（小名）或熟悉的物名时的表现	A. 5 种	语言表达能力好	继续这个活动，注意多和幼儿说完整话
		B. 4 种	语言表达能力较好	继续这个活动，和幼儿说完整话
		C. 3 种	语言表达能力一般	注意和幼儿日常沟通的方式，说完整话，让幼儿多听、多说
		D. 2 种	语言表达能力有限	注意和幼儿日常沟通的方式，说完整话，让幼儿多听、多说

延伸解读　语言的表达能力是幼儿社交行为的一种，当幼儿具有了语言表达能力的时候，要为幼儿提供语言表达的机会。比如鼓励幼儿说物名，当幼儿要得到某种东西都让他先说出来才得到。如果幼儿不说，家长可以说出来，让幼儿听到，但是不要评价，如说“你怎么不说呀”，或“跟我一起说”等，这样反而会影响幼儿语言表达能力，我们只需要说给幼儿听就可以，这就是正确示范，当幼儿积累到一定程度自然就会说出来。

（3）认知能力

表 5-3-80　认识几种交通工具

分组内容	操作方法	参考标准	标准解读	解决方案
认识几种交通工具	认识工具：汽车、马车、自行车、飞机、火车、轮船等，观察幼儿认识几种	A. 6 种	观察力和记忆力好	继续这个活动，增加新的玩具或图片，观察幼儿最喜欢的交通工具是哪些，增加幼儿喜欢的图片
		B. 5 种	观察力和记忆力较好	继续这个活动，增加新的玩具或图片，一次增加 1~2 种
		C. 4 种	观察力和记忆力一般	继续这个活动，但不要以认识多少为主要目标
		D. 3 种	观察力和记忆力有限	继续这个活动，增加幼儿喜欢的玩具或图片，允许幼儿重复或按照自己的方式玩

延伸解读　认识不同的交通工具，幼儿需认识其外部特征或运动的方式，这也是对婴儿的观察力和记忆力的锻炼。认识较少的幼儿一般由于很少做类似活动。另外家长忽略了对婴儿观察周围环境的引导，因此需要提醒家长关注生活中的体验和观察。

表 5-3-81　配对图片

分组内容	操作方法	评价标准	标准解读	解决方案
配对图片	观察幼儿在配对认识的水果或动物图片时的表现	A. 6 对	视觉的鉴别能力及记忆力好	继续这个活动，可以逐渐增加数量
		B. 5 对	视觉的鉴别能力及记忆力较好	继续这个活动，逐渐增加数量
		C. 4 对	视觉的鉴别能力及记忆力一般	继续这个活动，选择婴儿熟悉的动物和水果
		D. 3 对	视觉的鉴别能力及记忆力有限	继续这个活动，选择婴儿熟悉的动物和水果

延伸解读　准确配对是幼儿良好的视觉判断力和记忆力的表现。但一定要注意一次给的图形不能太多，并且要选择幼儿比较熟悉的图形。这个年龄阶段的幼儿可玩数字或汉字配对，但不要做物体细微部分的配对，要选择幼儿感兴趣和相对简单的。

表 5-3-82　认识家庭照片中的亲人

分组内容	操作方法	参考标准	标准解读	解决方案
认识家庭照片中的亲人	让幼儿看家庭的照片或班级照片，观察幼儿认识的人数	A. 6 人	视觉记忆力及观察力好	继续这个活动，可以让幼儿说出熟悉人的特点
		B. 4 人	视觉记忆力及观察力较好	继续这个活动，可以让幼儿说出熟悉人的特点
		C. 3 人	视觉记忆力及观察力一般	继续这个活动，引导幼儿说出熟悉人还有谁
		D. 2 人	视觉记忆力及观察力有限	继续这个活动，引导幼儿说出熟悉人还有谁

延伸解读　通过多种方法丰富幼儿的视觉刺激，同时建立幼儿良好的情感依赖关系。幼儿首先要认识自己的家人，建立健康的情感依赖关系。

有些幼儿会认电视上见过的人物，能说出所扮演的角色，这也是幼儿分辨能力与视觉记忆力的表现，但一定控制看电子产品的时间。建议家长多带幼儿外出，和小朋友交往，让幼儿学会正确的交往方式，表达自己的情感。

（4）社交能力

表 5-3-83 替大人拿东西

分组内容	操作方法	参考标准	标准解读	解决方案
替大人拿东西	替大人拿东西，如拖鞋、板凳、日用品等，观察幼儿的行为	A. 拿对 4 种	语言理解能力和合作能力好	让幼儿做自己力所能及的活动，生活的体验最重要
		B. 3 种	语言理解能力和合作能力较好	让幼儿做自己力所能及的活动，生活的体验最重要
		C. 2 种	语言理解能力和合作能力一般	让幼儿做自己力所能及的活动，生活的体验最重要
		D. 1 种	语言理解能力和合作能力有限	让幼儿做自己力所能及的活动，生活的体验最重要

延伸解读　幼儿在帮助他人的过程中，建立了自信，同时也体验到了自身的价值。在日常生活中经常帮助大人的幼儿，在活动同时也建立了认知思维能力。这个过程中幼儿要思考自己要做什么，然后再决定如何做，需要幼儿进行思维判断，然后完成一系列动作。完成得不好的幼儿即在日常活动中缺乏锻炼。

（5）自理能力

表 5-3-84 自己端杯喝水

分组内容	操作方法	参考标准	标准解读	解决方案
自己端杯喝水	观察幼儿端杯喝水的行为	A. 自己端杯喝水，很少洒出来	手口协调及自我照顾能力好	继续这个活动
		B. 大人协助为主	手口协调及自我照顾能力较好	逐渐过渡到幼儿自己独立喝水
		C. 大人完全端杯	手口协调及自我照顾能力一般	让幼儿自己动手，家长协助逐渐过渡到独立
		D. 用奶瓶	手口协调及自我照顾能力有限	慢慢不用奶瓶，逐渐过渡到杯子，需要坚持 15～20 天

延伸解读　这个月龄的幼儿有良好的自理能力，完全可以自己用杯子喝水或喝奶。如果幼儿拿不稳杯子，家长应该协助幼儿渐渐学会自己捧杯，而不是一直使用奶瓶。长期使用奶瓶会影响幼儿的语言表达能力，同时会造成口腔的过度满足，影响饮食习惯。不用奶瓶可以让幼儿感到自己长大了，产生自豪感。幼儿不会使用杯子，大部分原因是家长觉得幼儿不会或担心弄脏衣服。

表 5-3-85　使用马桶或坐便盆

分组内容	操作方法	参考标准	标准解读	解决方案
使用马桶或坐便盆	观察幼儿的行为，是否自己主动去使用马桶或坐便盆	A. 主动去使用马桶（需要成人帮助）基本不尿湿裤子	自我照顾能力及内在控制力好	鼓励幼儿的行为，注意幼儿的安全
		B. 需要提醒，偶尔尿湿裤子	自我照顾能力及内在控制力较好	给予协助，不要代替，更不能说教
		C. 每次要大人提醒	自我照顾能力及内在控制力一般	从提醒慢慢过渡到幼儿自己控制
		D. 使用纸尿裤	自我照顾能力及内在控制力有限	逐渐不使用纸尿裤，从提醒慢慢过渡到自己控制

延伸解读　控制大小便和使用马桶对幼儿的自我照顾能力和内在控制力发展很重要。如幼儿做得不好家长不要着急，尤其对经常尿湿衣服的幼儿，不要说教。过多说教会导致幼儿紧张，更容易尿湿衣服。当发现幼儿的衣服湿了以后，只需要平静地对幼儿说：“衣服湿了，不舒服，我们换一下吧。”慢慢地幼儿就会知道如何控制自己了。这个过程比较漫长，因此需要有耐心。

7. 19~21 个月幼儿观察记录清单与解读

（1）运动能力

表 5-3-86　脱衣服

分组内容	操作方法	参考标准	标准解读	解决方案
脱衣服	让幼儿自己脱衣服，观察幼儿的行为	A. 脱去已脱一袖的上衣	身体协调性和控制力好	继续这个活动，当幼儿需要帮助时给予协助
		B. 拉下松紧带裤子	身体协调性和控制力较好	继续这个活动，当幼儿需要帮助时给予协助，让幼儿自己穿脱自己的衣服
		C. 扒开开裆裤	身体协调性和控制力一般	继续这个活动，当幼儿需要帮助时给予协助，让幼儿自己脱宽松的衣服
		D. 能伸手仰头让大人脱	身体协调性和控制力有限	继续这个活动，当幼儿需要帮助时给予协助，让幼儿自己脱宽松的衣服

延伸解读　幼儿会主动脱去上衣说明能了解身体的部位，并且会支配自己的身体。在开始的时候让幼儿脱简单的衣服，如先脱上衣的一个袖子再让婴儿脱去上衣。幼儿首先学会脱衣服，通过反复锻炼，了解身体和衣服的对应关系，然后再学会穿衣服。这是一个循序渐进的过程，要尊重孩子自身发展节奏。

表 5-3-87　倒退着走

分组内容	操作方法	评价标准	标准解读	解决方案
倒退着走	观察幼儿倒退着走时行为	A. 7～10 步	身体控制力及协调性好	继续这个活动
		B. 4～6 步	身体控制力及协调性较好	继续这个活动
		C. 1～3 步	身体控制力及协调性一般	继续这个活动
		D. 不会倒退走	身体控制力及协调性有限	继续这个活动

延伸解读　倒退走是完全凭着自己的感觉走路，这说明幼儿有良好的平衡协调能力。不会倒退走的幼儿大多情况下是没有做过类似的游戏。家长可以和幼儿一起倒退走，引发幼儿的兴趣。同时让幼儿掌握身体运动的技巧，锻炼婴儿的本体感觉、平衡协调能力及空间感觉。

表 5-3-88　会把瓶中的水倒入碗内

分组内容	操作方法	参考标准	标准解读	解决方案
会把瓶中的水倒入碗内	准备适合幼儿抓握的装有水的瓶子和一个空的碗，让幼儿把瓶中的水倒入碗内，观察幼儿行为	A. 控制平衡，不洒漏	手眼脑协调及控制力好	继续这个活动
		B. 少洒漏	手眼脑协调及控制力较好	继续这个活动
		C. 洒一半	手眼脑协调及控制力一般	继续这个活动
		D. 需要协助倒水或全洒	手眼脑协调及控制力有限	继续这个活动，开始的时候用沙子代替，可以协助幼儿进行

延伸解读　幼儿能将水从瓶中倒进碗内且不洒漏，证明双手有很好的控制力及视觉空间判断力。这个游戏还可以引导幼儿观察容量，了解水在不同容器里的不同形态。如幼儿不会把瓶子里的水倒入碗内，可先用沙子或其他小的玩具放在两个碗内互相倒来倒去地练习，练习幼儿手的控制力。

表 5-3-89　用积木搭高楼

分组内容	操作方法	参考标准	标准解读	解决方案
用积木搭高楼	准备 10 块积木，观察幼儿的行为	A. 10 块，并搭成简单的形状（如金字塔或简单的其他造型）	视觉空间感觉及专注力好	继续这个活动，允许幼儿按照自己的方式玩
		B. 只搭高 8 块，没有造型	视觉空间感觉及专注力较好	继续这个活动，允许幼儿按照自己的方式玩
		C. 只搭高 6 块	视觉空间感觉及专注力一般	继续这个活动，允许幼儿按照自己的方式玩
		D. 只搭高 4 块	视觉空间感觉及专注力有限	继续这个活动，允许幼儿按照自己的方式玩

延伸解读　幼儿能够用积木搭建造型，证明幼儿有很好的视觉空间感和手眼脑的协调能力，并且能够控制物体的平衡，幼儿在不断重复的过程中，可以锻炼专注力和从不同角度判断问题的能力。积木是幼儿非常喜欢的玩具，因为幼儿可以根据自己的想法做出自己喜欢的造型，所以家长不要强迫幼儿一定搭建什么，允许幼儿按照自己的想法尝试，在不断尝试中幼儿就会理解形状之间的关系，如三角形、圆形、半圆形应该放在什么地方更稳定。

（2）语言能力

表 5-3-90　用代名词：我的

分组内容	操作方法	参考标准	标准解读	解决方案
会用“我的”	指着幼儿的衣服问“这是文文的吧？”观察幼儿的回答	A. 用“我的”	语言理解能力及表达能力好	继续这个活动，用完整话和幼儿说，并引导幼儿使用代名词
		B. 用“幼儿（名字）的”，如：文文的	语言理解能力及表达能力较好	继续这个活动，注意用完整话和幼儿说，可以重复幼儿的话，然后对幼儿说：这是你的衣服
		C. 拍拍自己，不说	语言理解能力及表达能力一般	引导幼儿说出自己的名字，逐渐过渡到使用代名词
		D. 点点头	语言理解能力及表达能力有限	注意和幼儿沟通的方式，给予幼儿说的机会

延伸解读　语言的表达能力是幼儿在日常生活中的积累。表现家长在与幼儿沟通的过程中，要使用准确的语言，以利于幼儿形成良好的语言习惯。幼儿会使用代名词证明幼儿逐渐理解了你、我、他之间的关系，这个时候才可以尝试让幼儿分享。

表 5-3-91　说出自己的姓和名，妈妈的姓名及自己的小名

分组内容	操作方法	参考标准	标准解读	解决方案
说出自己的姓和名，妈妈的姓名，自己的小名	说自己的姓和名，妈妈的姓名，自己的小名等，观察幼儿的表现	A. 对 3 种	语言表达及理解能力好	引导幼儿说出自己大名及家里人姓名
		B. 对 2 种	语言表达及理解能力较好	继续这个活动，引导幼儿说出自己大名及家里人姓名
		C. 对 1 种	语言表达及理解能力一般	继续这个活动，引导幼儿说出自己大名及家里人姓名
		D. 不会说或不愿意说	语言表达及理解能力有限	和幼儿说话时，要慢、清楚并要不断地重复

延伸解读　这个月龄的幼儿在与他人交流的过程中，会说出自己的名字，说名字并不是最终的目的，一方面是锻炼幼儿的语言表达能力，另一方面也是对幼儿的安全教育。家长依然要遵守和幼儿说话的原则：说完整话，并要慢、清晰、重复、适当的夸张。

表 5-3-92　说儿歌

分组内容	操作方法	参考标准	标准解读	解决方案
说儿歌	引导幼儿说儿歌，观察婴儿能说多少	A. 说出 2 首完整儿歌	语言表达能力及理解能力好	继续这个活动，让幼儿多听，有利于说
		B. 说 1 首完整儿歌	语言表达能力及理解能力较好	继续这个活动，让幼儿多听，有利于说
		C. 说不完整 1 首儿歌	语言表达能力及理解能力一般	继续这个活动，让幼儿多听，有利于说
		D. 只能说出几个押韵的字	语言表达能力及理解能力有限	让幼儿多听，有利于说，不要评价幼儿说得如何，注意和幼儿说的语气语调

延伸解读　学说儿歌是幼儿语言锻炼的有效方法，也是幼儿成长过程中不可缺少的部分，但这不是评价幼儿语言发展的唯一标准。经常和幼儿一起说熟悉的儿歌，引导幼儿和家长一起表演儿歌，激发幼儿说的兴趣。

（3）认知能力

表 5-3-93　找相同的图片

分组内容	操作方法	参考标准	标准解读	解决方案
找出哪几张完全相同的图片	从 9~10 张相同的图片（同一类动物或植物，但有细微差别）当中，找出哪几张完全相同（一组动物的图片，小狗或小猫，各种姿态的动物或植物等），观察幼儿的行为	A. 3 对	视觉细致的观察力及专注力好	继续这个活动，逐渐增加数量，一次增加的对数不要太多
		B. 2 对	视觉细致的观察力及专注力较好	继续这个活动，和幼儿分享看到了什么
		C. 1 对	视觉细致的观察力及专注力一般	继续这个活动，逐渐增加数量，一次增加一对
		D. 找不到	视觉细致的观察力及专注力有限	引导幼儿找出熟悉的东西的相同处

延伸解读　在认知的过程中，虽然幼儿不会完整描述，但从视觉上能够分辨出不同，说明幼儿具有较为细致的观察力。如果幼儿不会很快找出，就先从为幼儿准备相同的图片开始，逐渐再让幼儿从相同中找出不相同的地方，也要允许幼儿按照自己的方式玩以激发幼儿的兴趣。

表 5-3-94　说出物品用途

分组内容	操作方法	参考标准	标准解读	解决方案
说出物品用途	说物品用途：肥皂、碗、勺子、剪刀、钥匙、鞋、笔、娃娃、梳子，观察幼儿的行为	A. 对 6 种	观察力及理解表达能力好	继续这个活动，引导幼儿观察生活常用物品的特点和用途
		B. 对 5 种	观察力及理解表达能力较好	继续这个活动，经常和幼儿分享生活常用物品的特点和用途
		C. 对 4 种	观察力及理解表达能力一般	继续这个活动，引导幼儿观察生活常用物品的特点和用途，和幼儿分享物品的用途
		D. 对 3 种	观察力及理解表达能力有限	继续这个活动，引导幼儿观察生活常用物品的特点和用途

延伸解读　在日常的生活中，家长应该和幼儿说日常用品的用途，增加幼儿的生活常识。知道的少的幼儿和日常锻炼有很大的关系。如果幼儿能说出其他物品的用途，同样也说明幼儿有很好的理解能力和表达能力。这种活动利于建构婴儿和周围环境互动的能力。一定要把剪刀等危险物品放到幼儿够不到的地方。

表 5-3-95　分清楚 5 个手指头和手心手背

分组内容	操作方法	参考标准	标准解读	解决方案
分清楚 5 个手指头和手心手背	分 5 个手指头名称和手心、手背，观察幼儿的行为	A. 7 处正确	自我认知能力好	继续这个活动，让幼儿认识身体的部位和功能
		B. 5 处正确	自我认知能力较好	继续这个活动，让幼儿认识身体的部位和功能
		C. 4 处正确	自我认知能力一般	继续这个活动，让幼儿认识身体的部位和功能
		D. 3 处正确	自我认知能力有限	继续这个活动，让幼儿认识身体的部位和功能

延伸解读　认识身体的部位可以很好应用自己的身体，并且让幼儿学会保护自己的身体，这也是对幼儿健康教育的一部分。幼儿能分清手指和手心手背，这是平时多做游戏的结果。如果不是很熟悉，就要增加和手、手指相关的游戏。

表 5-3-96　说水果及图片的名称

分组内容	操作方法	参考标准	标准解读	解决方案
说水果及图片的名称	准备 6~8 种水果及图片，让幼儿说出水果及图片的名称，观察幼儿的表现	A. 6 种	视觉鉴别能力及记忆力好	继续这个活动，可以逐渐增加图片的数量。每次增加 1~2 个
		B. 5 种	视觉鉴别能力及记忆力较好	继续这个活动，根据幼儿的节奏选择幼儿熟悉的图片。每次增加 1~2 个
		C. 4 种	视觉鉴别能力及记忆力一般	继续这个活动，可以逐渐增加图片的数量。每次增加 1~2 个
		D. 3 种	视觉鉴别能力及记忆力有限	继续这个活动，可以逐渐增加图片的数量。每次增加 1~2 个

延伸解读　大多数幼儿能准确说出熟悉的水果的名称，这来自生活中的引导，说明幼儿有很好的视觉鉴别能力。把实物和图片结合起来也是一种分类游戏，锻炼幼儿的思维推理能力，理解实物和图片的关系。如果幼儿说得不够准确，在每次吃水果和蔬菜之前，和幼儿分享水果、蔬菜的名字以引起幼儿的关注。

（4）社交能力

表 5-3-97　同小朋友在一起时

分组内容	操作方法	参考标准	标准解读	解决方案
同小朋友在一起时	同小朋友在一起时，观察幼儿的行为	A. 和小朋友友好相处	交往能力和适应能力好	为幼儿提供交往的机会，多参加集体活动
		B. 动手抢别人的玩具	交往能力和适应能力较好	准备充足的玩具，最好相同的玩具足够多，每人一份，不要强迫这个阶段幼儿分享
		C. 躲开别人自己玩	交往能力和适应能力一般	多参加集体活动，需要家长陪伴或参加家庭活动小组，让幼儿有安全感
		D. 在看护人身边，不与别人接近	交往能力和适应能力有限	参加集体活动，需要家长陪伴或参加家庭活动小组，让幼儿有安全感

延伸解读　这个阶段幼儿和小朋友在一起时会经常争抢玩具，这是正常的，因为幼儿还不能理解分享是什么。从幼儿的成长过程来看，争抢玩具可以锻炼幼儿解决问题的能力，发展自我控制力。家长应该为幼儿提供和小朋友一起玩的机会。需准备足够的玩具，尽量避免发生争抢。如果幼儿不敢和其他的小朋友玩，大部分是家长的过度保护造成的，也和幼儿性格有关。

表 5-3-98　知道故事中的人物

分组内容	操作方法	评价标准	标准解读	解决方案
知道故事中的人物	听故事时，记住故事中的人物或动物，观察幼儿记住几种	A. 记得 2 种	情感的理解和表达能力好	重复的故事可以让幼儿积累经验，按照幼儿喜欢的方式讲
		B. 记得 1 种	情感的理解和表达能力较好	允许幼儿重复听故事
		C. 来回翻书，指图中人物	情感的理解和表达能力一般	幼儿自己翻书，说明幼儿想知道故事的结尾，按照喜欢的方式讲故事
		D. 不知道	情感的理解和表达能力有限	给幼儿绘声绘色讲故事，更能吸引幼儿的注意力，重复的故事可以让幼儿积累经验

延伸解读　在给幼儿讲故事的过程中，应该准确描述人物的特点，尽力做到绘声绘色，吸引幼儿的注意力，同时也有利于培养幼儿读书的兴趣。幼儿喜欢听有趣的故事，重复听故事是幼儿听故事的特点。给幼儿阅读或听故事时不要强迫认字，以免影响幼儿听故事的积极性。

（5）自理能力

表 5-3-99　会做家务

分组内容	操作方法	评价标准	标准解读	解决方案
会做家务	做家务：抹桌子、拿东西、掸土、把东西放好、扫地，观察幼儿的行为	A. 4 种	主动自我照顾能力及秩序感好	继续这个活动，让幼儿增强体验能力及责任感，
		B. 3 种	主动自我照顾能力及秩序感较好	继续这个活动，让幼儿增强体验能力及责任感
		C. 2 种	主动自我照顾能力及秩序感一般	继续这个活动，让幼儿增强体验能力及责任感
		D. 1 种或不会	主动自我照顾能力及秩序感有限	继续这个活动，让幼儿增强体验能力及责任感，不要过多限制或保护

延伸解读　家务活动也是幼儿的劳动教育。经常参加家务活动的幼儿，在日常活动中会积极主动，并在活动中体验到快乐。在家务活动中表现不主动的幼儿，一般由于家长的限制，或在活动中没有得到家长的肯定。

表 5-3-100　会脱松紧带裤子，坐便盆

分组内容	操作方法	参考标准	标准解读	解决方案
会脱松紧带裤子，坐便盆	去卫生间时，脱松紧带裤子，坐便盆，观察幼儿的行为	A. 及时熟练脱下	主动自我照顾能力好	让幼儿体验自我照顾能力，鼓励幼儿的行为
		B. 大人协助脱，蹲下会扒开裤子	主动自我照顾能力较好	让幼儿体验自我照顾能力，鼓励幼儿的行为，必要的时候给予帮助
		C. 不会及时脱下，会尿湿衣服	主动自我照顾能力一般	开始的时候大人协助脱下，逐渐过渡到幼儿自己完成，同时给幼儿穿宽松衣服
		D. 叫大人帮助	主动自我照顾能力有限	大人协助幼儿脱下，逐渐过渡到幼儿自己完成，同时给幼儿穿宽松衣服

延伸解读　去卫生间及时脱下衣服、整理衣服对幼儿来说是重要的自我照顾能力。在日常生活中应该为幼儿提供生活中体验的机会。例如穿脱衣服、清洗自己的玩具，收拾自己的玩具等。这些活动有利于幼儿自我管理能力及生活秩序感的建立，也是对幼儿的劳动教育。

表 5-3-101　擦手、放手绢或纸

分组内容	操作方法	参考标准	标准解读	解决方案
擦手、放手绢或纸	使用手绢或纸，并把用过的东西放回原处，观察幼儿的行为	A. 擦完手自己会把手绢放好（放回原处）、纸放回纸篓	生活秩序感及空间能力好	鼓励幼儿的行为
		B. 需要引导	生活秩序感及空间能力较好	引导幼儿把用过的东西放回原处
		C. 自己用完直接扔掉	生活秩序感及空间能力一般	引导幼儿把用过的东西放回原处，大人给予正确的示范
		D. 不会使用	生活秩序感及空间能力有限	引导幼儿使用手绢，并把用完的东西放回原处，需要给幼儿准备方便的环境，每天重复

延伸解读　幼儿自觉把用过的东西放在应该放的地方，说明幼儿不仅有很好的自我控制力，而且有很好的空间能力。如果幼儿到处乱放东西，和家长的要求或家长的行为有很大的关系。简单丰富的环境有利于幼儿秩序感及自我管理能力的建立。一日清单标准不仅有利于教师管理，而且有利于幼儿的自我管理能力培养。

8. 22~24 个月幼儿观察记录清单与解读

（1）运动能力

表 5-3-102　学跳

分组内容	操作方法	参考标准	标准解读	解决方案
学跳	引导幼儿双脚跳，观察幼儿的行为	A. 独立双脚离地跳	身体平衡和控制力好	继续这个活动，引导幼儿连续跳跃
		B. 大人牵双手从最后一级台阶跳下	身体平衡和控制力较好	继续这个活动，逐渐过渡到幼儿在平地跳
		C. 跳的时候只抬起一只脚	身体平衡和控制力一般	大人牵双手从最后一级台阶跳下，然后过渡到幼儿在地面跳
		D.拉着幼儿手引导跳，但无跳的意识	身体平衡和控制力有限	让幼儿做蹲下起来的动作，大人牵双手从最后一级台阶跳下，然后过渡到幼儿在地面跳

延伸解读　2 岁左右是幼儿跳跃的关键期。跳跃是幼儿身体爆发力的表现，也是良好的身体平衡、专注力的表现。会跳的幼儿可以锻炼连续的跳跃，即向前跳一定距离，让幼儿体验在

活动中如何控制身体平衡的能力。幼儿不会跳或者起跳但双足不离地面，说明幼儿这类活动比较少。引导幼儿练习跳的简单方法是让幼儿站在楼梯或较矮的台子上，成人牵着幼儿手引导幼儿向下跳，让幼儿体验一下跳的感觉，反复练习慢慢就学会了。

表 5-3-103　单脚独立

分组内容	操作方法	参考标准	标准解读	解决方案
单脚独立	观察幼儿单脚独立时行为	A. 10 秒以上	身体的协调性及控制力好	继续这个活动
		B. 5 秒	身体的协调性及控制力较好	继续这个活动
		C. 要扶物扶人	身体的协调性及控制力一般	逐渐放开手，让幼儿独立完成
		D. 不会	身体的协调性及控制力有限	先用手扶幼儿，然后逐渐放手，让幼儿独立站立

延伸解读　幼儿运动能力的发展与自我意识和安全性相关。幼儿能够单脚站立，说明身体平衡能力比较好。不会单脚站立可先学习扶站，逐渐过渡到自己单脚站立。身体的平衡能力发展和幼儿的平时活动的多少有很大的关系，如翻滚、各种形式的爬行、各种形式的走等，因此要注意让幼儿多参与多种形式的活动。

表 5-3-104　踮脚尖走

分组内容	操作方法	参考标准	标准解读	解决方案
踮脚尖走	踮脚尖走，观察幼儿的行为	A. 10 步	身体协调性及控制力好	继续这个活动，鼓励幼儿坚持
		B. 5 步	身体协调性及控制力较好	继续这个活动，鼓励幼儿坚持
		C. 3 步	身体协调性及控制力一般	继续这个活动，鼓励幼儿坚持
		D. 不会	身体协调性及控制力有限	先牵着幼儿的手，鼓励幼儿用脚尖踮着走

延伸解读　踮脚尖走路对幼儿来说要有很好的身体控制力和平衡能力。不会用脚尖踮着走路，一般是由于幼儿缺乏这种锻炼。为了增加幼儿的兴趣，看护人可以和幼儿一起先做长高（踮脚尖）和变矮（放平脚）的游戏，让幼儿体验一下脚位置的变化带来的身体感觉。需要提醒的是，任何活动都不以测评目标为目的，而以引发幼儿的兴趣为主，让幼儿在互动时感受快乐，幼儿一旦感觉有兴趣就会重复这个活动，能力自然就会达到。

表 5-3-105　模仿画圆

分组内容	操作方法	参考标准	标准解读	解决方案
模仿画圆	给幼儿准备一张大的纸，引导幼儿模仿画圆，观察幼儿行为	A. 模仿画圆形（封口曲线或画由圆形衍变的图画如太阳、苹果、梨等）	手控制力好，想象力好	继续这个活动，可以引导幼儿把圆形变化成各种图形，允许幼儿按照自己的方式画
		B. 画开口曲线	手控制力较好	引导幼儿认识圆形，允许幼儿按照自己的方式画画
		C. 画横线或竖线	手的控制力一般	引导幼儿认识圆形，多给幼儿随意涂鸦的机会
		D. 随意乱涂	手的控制力有限	多给幼儿随意涂鸦的机会，开始的时候不要限制幼儿画的形式，主要是培养兴趣

延伸解读　这个阶段的大多数幼儿还不能画出完整的圆形，画圆不是最终目的，主要是激发幼儿绘画的兴趣，同时也锻炼幼儿手眼脑的协调性。不要对幼儿作品做评价，可以分享幼儿画的像是什么。这个阶段的幼儿喜欢自己随意地乱画，我们可以把幼儿所画的图形变化成其他图形，激发幼儿画的兴趣。

表 5-3-106　按顺序玩套盒

分组内容	操作方法	参考标准	标准解读	解决方案
按顺序玩套盒	准备8~10个套盒，引导幼儿按照大小顺序套在一起，观察幼儿的行为	A. 8个	手眼脑协调性及视觉判断力好	继续这个活动，逐渐增加套盒的数量，也可以使用其他类似的玩具，比如大小不一的食品盒子等
		B. 6个	手眼脑协调性及视觉判断力较好	继续这个活动，逐渐增加套盒的数量，也可以使用其他类似的玩具，比如大小不一的食品盒子等
		C. 4个	手眼脑协调性及视觉判断力一般	继续这个活动，逐渐增加套盒的数量，也可以使用其他类似的玩具，比如大小不一的食品盒子等
		D. 2个	手眼脑协调性及视觉判断力有限	继续这个活动，逐渐增加套盒的数量，也可以使用其他类似的玩具，比如大小不一的食品盒子等，开始的时候让幼儿按照自己的方式玩，逐渐引导幼儿按要求完成

延伸解读　幼儿能按照顺序放入套盒，说明幼儿可以判断大小，证明有很好的视觉空间能力。这个活动刚开始不一定会成功，在反复操作的过程中，幼儿会自己调整方法总结经验，慢慢就知道大的套小的或把大的放在下面才能搭得比较高。这个过程同时也锻炼了幼儿解决问题的能力及专注力。

（2）语言能力

表 5-3-107　说清楚大人姓名

分组内容	操作方法	参考标准	标准解读	解决方案
说清楚大人姓名	引导幼儿说清楚大人姓名，观察幼儿能说几个	A. 4 个	语言理解及表达能力好	继续这个活动，这个阶段的幼儿非常喜欢说话，听幼儿说完，不打断
		B. 3 个	语言理解及表达能力较好	继续这个活动，家长注意和幼儿说话时要说完整话，耐心听幼儿说完
		C. 2 个	语言理解及表达能力一般	继续这个活动，如果幼儿不说不要强迫，大人需要按照幼儿说的方式说出来
		D. 1 个	语言理解及表达能力有限	幼儿不说不代表语言落后，需要反思和幼儿沟通的方式。这个时候需要更多地说给幼儿听，如完整说出需要表达的意思，也就是给幼儿示范如何说

延伸解读　前面虽然已经说过幼儿语言的发展受很多因素的影响，但是还需要提醒的是要关注这个阶段幼儿说的欲望，因此不管幼儿说什么都要耐心听完，不打断。幼儿能说出家里人的名字说明幼儿和家庭成员之间有良好的关系。幼儿会说父母姓名和住址也是很重要的安全教育。对不会说的幼儿，家长要注意和幼儿沟通的方式。

表 5-3-108　回答问题

分组内容	操作方法	参考标准	标准解读	解决方案
回答问题	问“这是谁的鞋？”或“谁的玩具？”等，回答使用的代名词是什么	A. 主动使用“我的”	语言理解能力与表达能力好	和幼儿说话时，使用代名词，示范或引导幼儿使用
		B. 说：幼儿的（自己的名字）	语言理解能力与表达能力较好	使用代名词和幼儿交流，并示范或引导幼儿使用代名词
		C. 拍自己（不说）	语言理解能力与表达能力一般	注意和幼儿使用完整话说话
		D. 不理会	语言理解能力与表达能力有限	让幼儿多听，并注意和幼儿使用完整话说话

延伸解读　学会用代名词说明幼儿的语言表达和理解能力有了很大的进步。不会说的幼儿大多由于家长和幼儿说话时很少使用代名词。

表 5-3-109　唱和表演儿歌

分组内容	操作方法	参考标准	标准解读	解决方案
唱和表演儿歌	唱和表演熟悉的儿歌，观察幼儿表现	A. 清楚完整地唱自己熟悉的儿歌，伴有肢体和表情表演	语言及情感表达能力好	继续这个活动，鼓励幼儿儿歌表演
		B. 会唱，部分表演	语言及情感表达能力较好	继续这个活动，鼓励幼儿儿歌表演
		C. 只唱不表演	语言及情感表达能力一般	继续这个活动，鼓励幼儿儿歌表演，让幼儿多听儿歌
		D. 提示后会唱，但不清楚	语言及情感表达能力有限	让幼儿多听，并和幼儿一起说或者表演，但不要强迫

延伸解读　每个幼儿都是天生的艺术家，会闻歌起舞，并且非常享受这个过程。幼儿边唱边表演，说明幼儿有很好的音乐节奏感和语言的表达能力。

幼儿不会唱歌并不奇怪，这和家长日常生活习惯有很重要的关系。但需要提醒的是不要强迫幼儿在陌生人面前表演，除非幼儿自己愿意。

（3）认知能力

表 5-3-110　背数或点数

分组内容	操作方法	参考标准	标准解读	解决方案
背数或点数	引导幼儿背数或点数，观察幼儿的行为	A. 背数 30 或点数到 10	理解能力及表达能力好	继续这个活动，引导幼儿数数周围环境中熟悉的东西，了解数字的实际意义
		B. 背数 20 或点数到 7	理解能力及表达能力较好	继续这个活动，引导幼儿数数周围环境中熟悉的东西，了解数字的实际意义
		C. 背数 15 或点数到 5	理解能力及表达能力一般	继续这个活动，会数数不仅是对数字的理解，而且是对周围环境的认知和理解
		D. 背数 5 或点数到 3	理解能力及表达能力有限	继续这个活动，不要强迫幼儿一定记住多少个数，先激发幼儿的兴趣

延伸解读　让幼儿学习点数时一定要有具体的实物，这样幼儿就容易理解。数字渗透我们生活中很多细节方面，如吃饭时数数几个人，上楼梯时数台阶，户外时数数广场几个人、几棵

树等，这个过程中不仅要数数，而且要启发幼儿对环境的观察能力。

表 5-3-111　说出图书或图画中人物的职业和名称

分组内容	操作方法	参考标准	标准解读	解决方案
说出图书或图画中人物的职业和名称	准备带有人物职业的图书或图画，观察幼儿能说出几种职业和名称	A. 4 人以上	视觉分辨能力及记忆力好	继续这个活动，引导幼儿观察生活中的常见职业，可以带领幼儿参观相关职业的工作
		B. 3 人	视觉分辨能力及记忆力较好	继续这个活动，引导幼儿观察生活中的常见职业，与幼儿分享职业的特点
		C. 2 人	视觉分辨能力及记忆力一般	继续这个活动，引导幼儿观察生活中的常见职业，与幼儿分享职业的特点
		D. 1 人	视觉分辨能力及记忆力有限	继续这个活动,引导幼儿观察生活中常见的、有明显标志的职业，引发幼儿的兴趣

延伸解读　认识职业特征除了能锻炼幼儿的认知能力，还可以激发幼儿对不同职业的了解，同时也培养了幼儿对不同职业的尊重，让幼儿通过日常行为能注意到观察周围的环境和人物的不同。大多数幼儿能够说出 2～3 种不同人物的职业和称呼，在日常的生活中幼儿可以见到警察、医生、司机等。让幼儿了解不同职业的不同服装特点和工作特点，也可以带幼儿参观这些行业的工作场所，增加幼儿对不同行业的认知。

表 5-3-112　用颜色描述常用的东西

分组内容	操作方法	评价标准	标准解读	解决方案
用颜色描述常用的东西	用颜色描述常用的东西，如红色的苹果，绿色的树叶等，观察幼儿的表现	A. 4 种	视觉观察力及记忆力好	继续这个活动，引导幼儿说出周围事物的颜色
		B. 3 种	视觉观察力及记忆力较好	继续这个活动，引导幼儿说出周围事物的颜色
		C. 2 种	视觉观察力及记忆力一般	继续这个活动，引导幼儿说出周围事物的颜色
		D. 1 种	视觉观察力及记忆力有限	继续这个活动，引导幼儿说出周围事物的颜色，当幼儿对颜色认知不确定的时候，一次准备玩具的颜色不要太多，防止幼儿视觉混乱

延伸解读　用颜色来说出周围的东西或物品，一方面是培养幼儿的视觉观察力，另一方面也是锻炼幼儿丰富的语言表达能力，也是情感表达的一部分。例如说一个苹果和说一个红红的苹果感觉是不一样的。这个阶段的幼儿大多数能够使用颜色说出 3～4 个句子，比如红花、绿树叶、

白色的纸等。幼儿不会用颜色去形容，是没有和幼儿这样说过，导致幼儿对颜色的认知不准确，或者是幼儿对颜色有认知，但语言表达能力有限，再就是一次教的颜色太多，引起幼儿的视觉混乱也不知道怎么说。

表 5-3-113　摸摸猜猜图形或表面的感觉

分组内容	操作方法	评价标准	标准解读	解决方案
摸摸猜猜图形或表面的感觉	在半密封的盒子（看不到里面的东西）放置各种形状和质地的积木，摸猜如圆形、正方形、三角形、长方形，以及是软的、硬的等，观察幼儿的行为	A. 4 种形状或表面感知	手的触觉和思维判断力好	继续这个活动，每次说出来让幼儿拿出来看一下，然后和幼儿分享活动的感受
		B. 3 种形状或表面感知	手的触觉和思维判断力较好	继续这个活动，可以逐渐增加图形和其他玩具，一次增加 1～2 个
		C. 2 种形状或表面感知	手的触觉和思维判断力一般	引导幼儿认识形状和玩具的质地，再继续这个活动
		D. 1 种形状或表面感知	手的触觉和思维判断力有限	不急于让幼儿一定说对，首先激发兴趣，可以找出生活中有形状的东西，如钟表形状、苹果的形状等。然后再进行这个活动

延伸解读　做这种游戏幼儿完全依靠手的触觉和对形状的判断力，其实也是对幼儿思维判断能力的锻炼。经常做这个活动的幼儿触觉感知比较敏感，可以准确说出摸到的 3～4 块形状和质地不同的玩具。玩这个游戏的前提是幼儿能正确认识几种形状，当幼儿不能准确判断出形状时，还要让幼儿学习认识形状，然后逐渐增加游戏的难度，比如把 1～2 个形状玩具，放进盒子里反复触摸。大部分幼儿喜欢这个活动，因为幼儿在看不见的时候去触摸，会感觉非常好奇。开始也要允许幼儿按照自己的方式玩。任何活动都不是以评估为目标的，是以激发幼儿的探索欲望为目的，当幼儿有兴趣了，目的自然就达到了。

（4）社交能力

表 5-3-114　喜欢玩藏猫猫

分组内容	操作方法	参考标准	标准解读	解决方案
喜欢玩藏猫猫	藏起来让家人寻找（如门后、窗帘后面、柜子后、桌下、床下等），观察幼儿的行为	A. 3 处不同地方	合作能力及主动活动意识好	保证安全的情况下，继续这个活动
		B. 2 处不同地方	合作能力及主动活动意识较好	保证安全的情况下，继续这个活动

续表

分组内容	操作方法	参考标准	标准解读	解决方案
喜欢玩藏猫猫	藏起来让家人寻找（如门后、窗帘后面、柜子后、桌下、床下等），观察幼儿的行为	C. 总是 1 处地方	合作能力及主动活动意识一般	先让幼儿看到，再藏起来，这样来引导幼儿多处寻找
		D. 不喜欢玩	合作能力及主动活动意识有限	开始的时候和幼儿一起藏起来，慢慢让幼儿适应，如果幼儿害怕大哭，就暂时停止这样的活动

延伸解读　这个阶段的幼儿玩藏猫猫非常有趣，自己藏起来会说："我在这里，你来找我呀！"这也是幼儿阶段的特点。在寻找的过程中一方面启发了幼儿好奇心，另一方面在互动中锻炼了思维能力及建立了自己和环境之间的关系。开始时幼儿只会躲在大人藏过的地方，幼儿先是模仿，慢慢会自己想办法寻找地方。玩这个活动一定要注意环境的安全性。

（5）自理能力

表 5-3-115　会用小勺

分组内容	操作方法	参考标准	标准解读	解决方案
会用小勺	用小勺或使用筷子，观察幼儿的行为	A. 完全自己吃干净或使用筷子	主动自我照顾意识及手眼协调能力好	鼓励幼儿行为，让做其他力所能及的事情
		B. 用勺子吃去大半	主动自我照顾意识及手眼协调能力较好	鼓励幼儿自己吃饭，不能催促
		C. 用勺子吃去一半或更少	主动自我照顾意识及手眼协调能力一般	鼓励幼儿自己吃饭，逐渐过渡到自己吃，这个阶段的幼儿完全可以做到，大人不要催促
		D. 要人喂	主动自我照顾意识及手眼协调能力有限	鼓励幼儿自己吃饭，逐渐过渡到自己吃，这个阶段的幼儿完全可以做到，大人不要催促

延伸解读　这个月龄的幼儿可以自己吃饭，有的会用勺子，有个别的会用筷子。幼儿不会独立吃饭，多是家长没有给幼儿锻炼机会导致的。要鼓励幼儿自己吃，开始时盛饭量要少些，当幼儿将碗内的吃完可给予鼓励，然后渐渐增加碗内的饭量。不要因为吃得一片狼藉就不让幼儿体验，吃饭是幼儿最早的自我照顾能力的体现。幼儿同大人一起用餐，会体验家庭氛围也是认知活动的开始。

表 5-3-116　穿上鞋袜

分组内容	操作方法	参考标准	标准解读	解决方案
穿上鞋袜	穿上袜子（不拉后跟）、穿上鞋（不分左右），观察幼儿的行为	A. 穿上袜子（不拉后跟）穿上鞋（不分左右）	主动性及自我照顾能力好	鼓励幼儿自己完成
		B. 穿上袜子，不会穿鞋	主动性及自我照顾能力较好	鼓励幼儿自己完成，必要时给予帮助
		C. 会脱不会穿	主动性及自我照顾能力一般	给幼儿足够的时间，鼓励幼儿自己完成
		D. 都不会	主动性及自我照顾能力有限	给幼儿足够的时间，鼓励幼儿自己完成

延伸解读　日常穿衣、吃饭、整理玩具等这些行为不仅是幼儿自理能力的锻炼，而且会让幼儿了解自己的需要，对自信心的培养非常重要。幼儿能独立完成说明其在日常生活中得到的锻炼比较多。不会做的幼儿不全是能力不足，主要是大人包办过多、帮助过多所致。

9. 2 岁 1~6 个月幼儿观察记录清单与解读

（1）运动能力

表 5-3-117　跳跃

分组内容	操作方法	参考标准	标准解读	解决方案
跳跃	在平坦的地面上，让幼儿跳跃，观察幼儿的行为	A. 自由双脚离地跳，有部分幼儿会连续向前跳	平衡控制力及主动活动意识好	继续这个活动，引导幼儿连续跳跃
		B. 能跳但不连贯，扶人扶物跳	平衡控制力及主动活动意识较好	继续这个活动，逐渐过渡到幼儿自己在平地跳
		C. 跳不离地	平衡控制力及主动活动意识一般	大人牵双手从最后一级台阶跳下，然后过渡到地面跳
		D. 不会跳	平衡控制力及主动活动意识有限	让幼儿多做蹲下起来的动作，大人牵双手从最后一级台阶跳下，然后过渡到地面跳

延伸解读　幼儿所有能力的发展都是连续性的，其运动能力是我们最能直观看到的。如果前面做得多，后面的能力自然就能表现出来。2 岁多的幼儿运动能力有了明显的提高，因为这个阶段是运动能力发展的转折点。前面运动多，平衡协调性好，幼儿会积极挑战各种活动来体验自己身体的能力。跳跃利于幼儿身体平衡和协调性锻炼。不会跳跃的幼儿大部分和家长看护

方式有关，被照顾得过于细致的幼儿运动能力相对落后。

表 5-3-118　接从地面滚来的球

分组内容	操作方法	参考标准	标准解读	解决方案
接从地面滚来的球	成人和幼儿面对面，成人把球从地面滚向幼儿，让幼儿接住从地面滚来的球，观察幼儿的行为	A. 马上接住，会根据球的方向移动身体	身体协调性、判断力及空间能力好	继续这个活动，可以变化滚球的方向，利于幼儿身体灵活性的锻炼
		B. 去追球	身体协调性、判断力及空间能力较好	继续这个活动，尝试和幼儿玩近距离接球，然后逐渐拉开距离
		C. 只看不接	身体协调性、判断力及空间能力一般	和幼儿先玩踢球的活动，然后再玩滚球的活动，逐渐过渡到接球活动
		D 躲开过来的球	身体协调性、判断力及空间能力有限	让幼儿按照自己的玩法玩球，引导幼儿踢球、滚球等

延伸解读　球是幼儿特别喜欢的玩具，可以变化多种玩法。幼儿会接从地面滚来的球，需要有很好的视觉判断能力和时间空间判断力，同时也要有很好的运动企划能力，也就是当球滚过来的时候，知道身体应该如何运动才能接住滚过来的球。在活动中观察发现很多幼儿都玩球，但没有用这种方法玩过。因此接不住球或不知道怎么接球的幼儿不是能力不足，只是缺乏锻炼和体验。对于玩得好的幼儿，可以增加球滚动的速度、变化方位或拉长一定距离，让幼儿在运动过程中接球，进一步锻炼幼儿的运动统合能力。

表 5-3-119　钻入比自己矮的洞（爬入或弯腰）

分组内容	操作方法	参考标准	标准解读	解决方案
钻入比自己矮的洞（爬入或弯腰）	安静的室内，成人引导幼儿钻比自己低矮的洞，观察幼儿的钻爬方式	A. 顺利钻过不碰头	身体控制能力和视觉空间感觉好	继续进行这个游戏，同时尝试增加游戏难度
		B. 钻过但碰头	身体控制能力和视觉空间感觉较好	继续进行这个游戏，适时尝试增加游戏难度
		C. 钻进去遇到阻碍返回	身体控制能力和视觉空间感觉一般	减小难度，从增强幼儿的兴趣开始
		D. 不敢钻	身体控制能力和视觉空间感觉有限	给幼儿做示范，不要讲道理，更不要说幼儿不要怕等，允许幼儿做一个观察者

延伸解读　幼儿在钻爬的过程中，要准确地估计自己身体的高度，并要保持身体的平衡，才能顺利钻过去。幼儿学会钻洞或钻过矮绳，证明幼儿的身体本体感觉和平衡感觉发展得比较好。

如果幼儿只知道爬过去，不会低头或弯腰钻过去，那么是由于幼儿没有做过类似的游戏。看护人应该让幼儿先钻相对较高的洞或绳子，只要幼儿稍微低头就可以过去，逐渐降低绳子的高度，让幼儿有个适应的过程。

表 5-3-120　骑三轮车

分组内容	操作方法	参考标准	标准解读	解决方案
骑三轮车	室外，观察幼儿骑三轮车的行为	A. 自由完成直走转弯	脚眼脑协调能力和身体控制能力好	继续进行这个游戏，需保证安全
		B. 直走不会转弯	脚眼脑协调能力和身体控制能力较好	练习直走转大弯，需保证安全
		C. 大人扶把会骑	脚眼脑协调能力和身体控制能力一般	成人扶把直走，当幼儿能够完全控制时成人适时放手，并及时给予鼓励
		D. 大人推着走	日常缺乏练习	先短距离骑行，让幼儿在尝试中培养自信心

延伸解读　骑三轮车可以锻炼幼儿下肢的协调性和控制力，同时也是幼儿脚眼脑协调能力的锻炼。幼儿在开始骑三轮车时只会直线骑，经过锻炼后会拐弯。因此幼儿在骑三轮车的过程中，同时建立了身体对物体的控制力和对周围环境的适应能力。如果家长让幼儿经常坐电瓶车或不必踏的惯性车，幼儿下肢控制力就得不到充分的锻炼。当幼儿能熟练骑行后可以让幼儿骑三轮车走规定的直线或弯曲的线，增加难度，但要注意安全。

表 5-3-121　用积木搭高或组建造型

分组内容	操作方法	参考标准	标准解读	解决方案
积木搭高或组建造型	用积木和幼儿玩搭高或摆造型的游戏，观察幼儿的活动过程	A. 能搭高 15 块以上，包括金字塔底 5 块	思维推理及空间建构能力好	继续进行这个游戏，分享活动过程，允许幼儿按照自己的方式玩
		B. 能搭高 10 块以上，包括金字塔底 4 块	思维推理及空间建构能力较好	继续进行这个游戏，分享活动过程，允许幼儿按照自己的方式玩
		C. 能搭高 8 块以上，包括金字塔底 3 块	思维推理及空间建构能力一般	继续进行这个游戏，不强迫幼儿一定做成什么形状，允许幼儿按照自己的方式玩
		D. 能搭高 6 块及以下	思维推理及空间建构能力有限	继续进行这个游戏，允许幼儿按照自己的方式玩，玩的过程中找到不同形状的关系

延伸解读　一位老师曾记录过幼儿玩一周积木的过程，对每个形状幼儿都有自己独特的解读。因此关注过程比关注结果更重要。幼儿能搭 10 块积木，说明幼儿理解了不同形状积木如何搭建才能保持平衡。这个过程中需经过无数次的尝试，才能积累经验，因此幼儿需要很长时间才能找到一个积木内在的关系，这也是在这个清单里经常出现重复活动的原因。因此活动本身并不是为了完成这个目标，是希望通过活动让幼儿积累经验，体验成就感。

（2）认知能力

表 5-3-122　说天气的变化

分组内容	操作方法	参考标准	标及准解读	解决方案
说天气的变化	说天气的变化：晴天、阴天、刮风、下雨、下雪等不同天气，观察幼儿的行为	A. 5 项	对环境的感知能力好	继续这个活动。和幼儿讨论在不同的天气自己的感觉是什么，最喜欢什么天气，应该穿什么衣服、做什么活动等
		B. 4 项	对环境的感知能力较好	继续这个活动。和幼儿讨论不同天气应该穿什么衣服，还可以做什么
		C. 3 项	对环境的感知能力一般	继续这个活动，和幼儿讨论不同天气应该穿什么衣服，可以做什么
		D. 2 项	对环境的感知能力有限	继续这个活动，和幼儿讨论不同天气应该穿什么衣服，可以做什么

延伸解读　幼儿对自然现象的认识，源自日常生活的积累。让幼儿关注天气的变化可以让幼儿适应环境，并建立对自然界的保护意识。在幼儿了解天气的基础上，结合日常生活，引导幼儿选择各种天气所需要的用品。

表 5-3-123　认图形

分组内容	操作方法	参考标准	标准解读	解决方案
认图形	室内活动时准备圆形、正方形、三角形、长方形、椭圆及半圆形，观察幼儿的认知过程	A. 认对 5 种以上	很好的空间知觉能力和记忆力	继续进行这个游戏，和家里各种物品的形状相结合
		B. 认对 4～5 种	较好的空间知觉能力和记忆力	继续进行这个游戏，和家里各种物品的形状相结合
		C. 认对 3～4 种	空间知觉能力和记忆力一般	继续进行这个游戏，和家里各种物品的形状相结合
		D. 认对不超过 2 种	空间知觉能力和记忆力有限	继续进行这个游戏，和家里各种物品的形状相结合

延伸解读　幼儿已学会认识几何图形（圆形、正方形、三角形、长方形、椭圆及半圆形）。有的幼儿能认识 4 种以上的图形，说明幼儿有初步空间知觉能力。有些幼儿虽然不会说出图形的名称，但能形象地说出它像什么，如圆形似饼干，正方形像窗户，长方形像门或冰箱等，可以进一步认识图形名称。在日常活动中引导幼儿观察生活中的形状，和幼儿讨论这些像什么，可以变成什么，激发幼儿的兴趣。

表 5-3-124　哪边多

分组内容	操作方法	评价标准	标准解读	解决方案
哪边多	使用同种物品，数量不同的图片和幼儿进行对比游戏，观察幼儿的认知过程	A. 认对 4 个	对数量理解能力好	继续进行这个游戏，和生活用品相结合
		B. 认对 3 个	对数量理解能力较好	继续进行这个游戏，和生活用品相结合
		C. 认对 2 个	对数量理解能力一般	从数量差距较大的数量对比游戏开始，并及时给予鼓励
		D. 认对 1 个	对数量理解能力有限	从数量差距较大的数量对比游戏开始，并及时给予鼓励

延伸解读　幼儿会点数就可以分清数量的多少，一般情况下幼儿在 2 岁半左右能判断出同类东西一样多。当幼儿还不会说出哪边多，最好用玩具做比较，一边放 4 块积木，另一边放 1 块，引导幼儿对比一下哪边多。开始选择数量差异性比较大的，便于幼儿的视觉判断。然后再逐渐缩小数量差异，让幼儿明白多、少、一样多的意义，这个活动需要反复练习持续的时间比较长。

表 5-3-125　认识颜色

分组内容	操作方法	参考标准	标准解读	解决方案
认识颜色	在安静的室内，准备颜色卡，和幼儿一起认识颜色，观察幼儿认识过程和认识数量	A. 能准确认识 5 种以上颜色	很好的记忆力和颜色分辨能力	继续这个活动，引导幼儿使用颜色描述常见的物品
		B. 能准确认识 4 种以上颜色	较好的记忆力和颜色分辨能力	继续这个活动，引导幼儿使用颜色描述常见的物品
		C. 能准确认识 3 种以上颜色	记忆力和颜色分辨能力一般	继续这个活动，让幼儿说出认识的颜色，通过活动增加幼儿对颜色的认知
		D. 能准确认识 2 种颜色	记忆力和颜色分辨能力有限	从日常生活用品开始帮助幼儿认识颜色，每次不要太多

延伸解读　颜色的认知也是一个漫长的过程，幼儿认识颜色的过程可以和具体的物体结合起来，这样更容易记住。幼儿能认识颜色说明其具有良好的空间能力和分辨能力。幼儿能够准确的认知，一般是因为在日常生活中家庭引导得较多。如果幼儿还不会认颜色，要先重复已经

认识的颜色，加深印象。当认识新的颜色时，千万不要急于求成，如一次教许多种，幼儿反而不易于学会。认识颜色多少并不是目的，而是通过认识颜色增加幼儿对空间和色彩的感知能力。

（3）语言能力

表 5-3-126　一问一答或使用代名词

分组内容	操作方法	参考标准	标准解读	解决方案
问答或使用代名词	问：“你几岁了？”观察幼儿的回答方式	A. 我 2 岁	语言表达能力及理解能力好	在语言活动中，多和幼儿说代名词：你、我、他等
		B. XX（名字）2 岁	语言表达能力及理解能力较好	和幼儿说话时，引导幼儿使用我、你、他
		C. 引导下竖起 2 根手指	语言表达能力及理解能力一般	引导幼儿使用口头语言说出来，但不要强迫，更不要评价
		D. 家长代替说	语言表达能力及理解能力有限	引导幼儿使用口头语言说出来，但不要强迫，更不要评价

延伸解读　这个阶段幼儿偶尔会使用代名词，还不是特别理解其意义，在日常沟通中可有目的地使用代名词和幼儿说话。不需要强迫幼儿一定要这样说，家长的正确示范更重要，因为幼儿语言表达是通过模仿来学习的。例如家长同幼儿分水果时说“这个是我的”“这个是你的”“那个是他的”，慢慢地幼儿就会理解“我”“你”“他”的意义了。

表 5-3-127　理解我的、你的、他的等

分组内容	操作方法	参考标准	标准解读	解决方案
理解我的、你的、他的、他们的和大家的	用游戏的方式说出物品的归属，如这是我的，这是你的，这是他的，这是他们的和大家的等，观察幼儿说话的过程	A. 能分清 5 项以上	语言表达和理解能力好	继续进行这个游戏
		B. 能分清 4 项	语言表达和理解能力较好	继续进行这个游戏
		C. 能分清 3 项	语言表达和理解能力一般	在日常生活中开始多使用代名词
		D. 能分清 2 项及以下	语言表达和理解能力有限	如果幼儿不是特别理解，要从让幼儿为大家分配物品开始

延伸解读　当幼儿表达不清楚时，家长可以用正确的方式说给幼儿听。由于这个月龄的幼儿具有语言的理解和表达能力，通过生活中有效的沟通方式，幼儿很快就会理解和使用，也会逐渐理解其中的意义，就会慢慢使用了。

（4）社交能力

表 5-3-128　替大人拿东西

分组内容	操作方法	参考标准	标准解读	解决方案
替大人拿东西	替大人拿东西：拖鞋、伞、书包、上衣、帽子（分清是谁的东西，不能拿错），观察幼儿的行为	A. 主动拿对 5 种	主动合作能力及理解能力好	让幼儿自己完成力所能及的活动，整理的过程能帮助幼儿提升认知能力和交往能力
		B. 主动拿对 4 种	主动合作能力及理解能力较好	让幼儿自己完成力所能及的活动，给予幼儿清晰的指令
		C. 简单提醒后拿对 3 种	合作能力及理解能力一般	协助幼儿收拾玩具角，整理自己的物品，说出这是什么
		D. 反复提醒后拿对 2 种	合作能力及理解能力有限	让幼儿完成自己可以完成的事情，给幼儿时间，协助而不是代替和催促

延伸解读　这个阶段的幼儿非常喜欢帮忙，你干什么他就要干什么，幼儿希望通过活动体验自己的能力。尤其喜欢帮助你拿东西，并能知道是谁的，这说明幼儿有主动观察力及良好记忆力，同时运动能力协调，表现动作敏捷。在日常生活中保证安全的情况下，适当授权让幼儿做事情，培养幼儿爱劳动的好习惯，幼儿也会通过帮忙，知道物品的所属，利于准确理解你、我、他的关系，利于幼儿的社会性发展。

表 5-3-129　记住家庭门牌号或电话号码

分组内容	操作方法	参考标准	标准解读	解决方案
记住家庭门牌号或电话号码	引导幼儿说出自己的家庭门牌号或电话号码，观察幼儿的表现	A. 熟练、准确地说出楼号或电话号码	记忆力及环境的认知能力好	引导幼儿观察周围环境的标志性物体，如花园、游乐场、一棵大树等
		B. 经提醒后说出楼号或电话号码	记忆力及环境的认知能力较好	引导幼儿观察周围环境的标志性物体，经常给幼儿说家长的电话或家里楼号等有效信息
		C. 经提醒后说不正确	记忆力及环境的认知能力一般	引导幼儿说出家里楼号或妈妈爸爸的电话，或引导幼儿说出居住小区的明显的标志
		D. 不知道	记忆力及环境的认知能力有限	引导幼儿说出家里楼号或电话，或引导幼儿观察居住小区的明显的标志，这个活动需要反复进行

延伸解读　任何时候对幼儿的安全教育都不要放松。万一幼儿走失，能说出父母姓名和地址，会让大人减少查找的困难，所以要有目的地教 2 岁以上幼儿记住门牌号和小区名称。大部分 2 岁幼儿会背两位数，还有部分幼儿会背诵小区的名称。引导幼儿记住楼前的标志，和幼儿一起说一下家周围环境的标志性建筑或其他有明显标记的地方，引导幼儿关注家庭环境的特点。

表 5-3-130　猜谁在讲话

分组内容	操作方法	参考标准	标准解读	解决方案
猜谁在讲话	在安静的室内，和幼儿玩辨认声音的游戏，观察幼儿的行为	A. 很快说对 6 人以上	很好的听觉记忆能力和分辨能力	在原有游戏基础上增加声音种类
		B. 提醒后说对 5 人	较好的听觉记忆能力和分辨能力	继续这个活动
		C. 反复提醒说对 4 人	听觉记忆能力和分辨能力一般	继续这个活动
		D. 反复提醒后说对 2 人以下	听觉记忆能力和分辨能力有限	多和家人接触，增加听觉注意力和记忆力练习

延伸解读　听觉发展的目标是发展一定听觉的判断力和分辨能力和对周围环境的判断力，同时也锻炼幼儿的社会性。多数的幼儿能分辨出自己家里人的声音，并且能分辨出小朋友的声音。幼儿能分辨出父母的声音，不能区分家中其他人的声音，多数是由于和家里其他人接触较少。对于说话有特点的人幼儿容易记住。

（5）自理能力

表 5-3-131　用筷子

分组内容	操作方法	评价标准	标准解读	解决方案
用筷子	观察幼儿用筷子的行为	A. 会扒饭入口	主动的自我照顾能力好	让幼儿自己吃饭，能够学会用筷子是比较漫长的过程。安排用筷子夹物的活动，锻炼手指的灵活性
		B. 会拿不会用	主动的自我照顾能力较好	多参加使用筷子的活动
		C. 用勺子吃干净	主动的自我照顾能力一般	安排用筷子夹物的活动，增加手指的灵活性，逐渐过渡到使用筷子
		D. 要人喂	主动的自我照顾能力有限	让幼儿先使用勺子自己吃饭，原则上是幼儿能吃碗中的 1/3，然后再喂 2/3，不能完全包办代替，逐渐过渡到使用筷子独立吃饭

延伸解读　从用勺子到用筷子需要较长时间的练习，学会使用筷子需要手指具有灵活性、控制力及专注力。一开始幼儿只会学拿或者拿得不好，但也能扒饭入口，经反复使用后慢慢就会使用。使用筷子是对幼儿手的协调能力很好的锻炼。自己吃饭也是对幼儿自我管理能力的锻炼。不会使用的幼儿可以先玩用筷子夹小东西的游戏，增加用筷子的乐趣。

表 5-3-132　洗手流程

分组内容	操作方法	评价标准	标准解读	解决方案
洗手流程	洗手流程，观察幼儿开关龙头、擦肥皂、洗净指缝、甲缝、擦手等行为	A. 对 5 项	秩序感及自我照顾能力好	继续这个活动，让幼儿熟悉这个流程。利于保持良好的生活习惯
		B. 对 4 项	秩序感及自我照顾能力较好	继续这个活动，让幼儿熟悉这个流程。利于保持良好的生活习惯
		C. 对 3 项	秩序感及自我照顾能力一般	继续这个活动，让幼儿熟悉这个流程，有利于保持良好的生活习惯。开始的时候需要示范
		D. 对 2 项	秩序感及自我照顾能力有限	继续这个活动，让幼儿熟悉这个流程，有利于保持良好的生活习惯。开始的时候需要示范

延伸解读　按要求的步骤洗手才能达到对手的清洁，这也是对幼儿的健康教育。经常给幼儿做正确的示范，直到幼儿形成习惯。养成良好习惯终生受用。洗手的过程也是幼儿自我管理及建立生活秩序感的过程。要特别注意幼儿饭前便后洗手。

表 5-3-133　洗脸、漱口

分组内容	操作方法	参考标准	标准解读	解决方案
洗脸、漱口	在洗漱的环节，观察幼儿的行为	A. 主动完成，方法正确	自理能力和生活秩序感好	继续原有练习
		B. 部分完成，需要提醒	自理能力和生活秩序感较好	继续原有练习，成人积极鼓励引导和示范
		C. 需要协助，完成部分	自理能力一般	成人示范并和幼儿共同进行
		D. 大部分需要大人帮助	缺乏独立锻炼机会	多给幼儿锻炼机会

延伸解读　良好的卫生习惯对幼儿的成长非常重要。让幼儿学会漱口，保持口腔的清洁卫生，可以选适合的牙刷试着让幼儿学习刷牙。开始时需要给幼儿做正确的示范，让幼儿模仿，然后再让他单独操作。开始的时候幼儿会洗得一片狼藉，多次练习后就会熟练。让幼儿在学会照顾自己的同时也能做好家长的帮手。

10. 2岁7～12个月幼儿观察记录清单与解读

（1）运动能力

表5-3-134　运动过程中身体的平衡及控制力

分组内容	操作方法	参考标准	标准解读	解决方案
运动过程中身体的平衡及控制力	观察幼儿上下楼梯的过程，关注幼儿的安全	A. 独立一步一个台阶自由地上下楼梯	身体控制和平衡能力好	继续这个活动，但保证幼儿的安全
		B. 两脚踏一台阶上下楼	身体控制和平衡能力较好	继续这个活动，慢慢幼儿就会双脚交替自由上下
		C. 大人牵手上下楼	身体控制和平衡能力一般	鼓励幼儿的行为，需要给予幼儿更多的机会
		D 大人牵着双手上下楼	幼儿缺乏锻炼，不敢走	牵着幼儿的手玩上下楼梯的活动，激发幼儿的兴趣

延伸解读　这个阶段的幼儿对上下空间比较感兴趣，喜欢上下楼梯。为了保证幼儿的安全，当幼儿上楼梯时成人应该在幼儿的后面，下楼梯时在幼儿前面。不要让幼儿在无人陪同下自己在楼梯玩耍以防发生摔伤。当幼儿做不到一步一个台阶上下楼梯时，可以让幼儿牵着成人的手，让幼儿自己来控制自己的身体平衡上下楼梯，感受自己身体的能力。

表5-3-135　走平衡木

分组内容	操作方法	参考标准	标准解读	训练方案
走平衡木	距离地面20～30cm的平衡木，引导幼儿在上面行走，观察幼儿的行为	A. 自己上，不必扶人和物由起点到终点并反复走	专注力及平衡协调能力好	继续这个活动
		B. 扶人上，不需要扶人走，但需要陪伴	专注力及平衡协调能力较好	经常开展这个活动，逐渐过渡到不需要扶
		C. 扶人或扶物走	专注力及平衡协调能力一般	在日常生活中增加幼儿的运动，锻炼身体的平衡协调性
		D. 不敢上	平衡力及专注力有限	可以让幼儿通过喜欢的活动增加锻炼，家长不要限制太多

延伸解读　走平衡木是让幼儿在高空的情况下保持身体平衡，需要有很好的专注力。能够完成的幼儿在日常的生活中活动较多。幼儿不敢走平衡木，大部分原因是很少参加活动，看护者应该在做好保护措施的前提下，鼓励幼儿多运动，但防止幼儿发生意外伤害。还可用感觉统合的教具组合多种形式让幼儿体验，增加游戏的乐趣。

表 5-3-136　单脚连续跳跃

分组内容	操作方法	参考标准	标准解读	训练方案
单脚连续跳跃	在宽阔的场地，让幼儿单脚连续跳跃，观察幼儿的行为	A. 独立连续跳跃 5 次	身体控制力及专注力好	继续这个活动
		B. 扶着人或物可以连续跳	身体控制力及专注力较好	多做单脚站立及下肢的蹲跳活动
		C. 扶着人或物可以跳 1 下，不会连续跳	身体控制力及专注力一般	多做下肢蹲跳及肢体按摩
		D. 只会单脚站立	身体控制力及专注力有限	重复以前的活动、双脚跳及肢体按摩

延伸解读　单脚跳跃是幼儿身体专注力和控制力的表现。有的幼儿可以做到双脚交替连续跳，仔细观察发现这些幼儿平时的自由活动比较多，完成不好的幼儿平时运动比较少。会单脚连续跳的幼儿可以玩跳格子、跳房子和踢毽子等传统游戏。不能完成的幼儿需要成人的帮助，也可以先练习扶物单脚跳。经常锻炼的幼儿很快就能完成。

表 5-3-137　折纸

分组内容	操作方法	参考标准	标准解读	解决方案
折纸	在安静的室内，准备几张彩色的纸，观察幼儿的行为	A. 正方形折成长方形，再折成小正方形；正方形折成三角形，再折成小三角形；正方形折成三角形，再折成别的形状	手的控制力及想象力好	在原有游戏的基础上，增加折纸游戏难度
		B. 在成人帮助下能够完成以上 3 种的变换折	手的控制力及想象力较好	继续这个游戏，以幼儿独立完成为主，以培养兴趣为主
		C. 成人帮助下能完成长方形和正方形的变换折	手的控制力及想象力一般	允许幼儿按照自己的方式折纸，成人给予及时鼓励
		D. 完全需要成人帮助	手的控制力及想象力有限	增加相关游戏次数，从简单的对折开始

延伸解读　独立完成折纸并能折出形状，一方面说明幼儿有很好的手眼脑协调能力和专注力，另一方面说明幼儿具有良好的想象力和空间感知能力。折出形状需要按照一定的步骤和方法才能完成，因此在折纸的过程中会锻炼幼儿的思维推理能力。没有玩这个活动的幼儿操作就有困难，因此成人要多为幼儿提供动手活动的机会。

表 5-3-138　拼图

分组内容	操作方法	参考标准	标准解读	解决方案
拼图	用过的废旧的图片等剪成2、3、4、5、6、7、8块，让幼儿重新拼在一起，观察幼儿的行为	A. 幼儿独立顺利完成所有拼图	很好的视觉判断能力和推理能力	继续进行相关游戏，变换拼图的样式
		B. 幼儿独立完成5块以下拼图	较好的视觉判断能力和推理能力	继续进行原有游戏
		C. 在成人引导下完成5块以下拼图	视觉判断能力和推理能力一般	继续进行原有游戏
		D. 幼儿不会拼图，完全依靠成人完成	缺乏相关经验	多提供相关游戏机会，从最简单的2块开始递增

延伸解读　拼图是对幼儿视觉判断能力和推理能力的锻炼，同时让幼儿理解部分和整体的关系。有一部分的幼儿能拼6～8块。

如果幼儿完成得不好，那么一开始可以使用幼儿比较熟悉的图片，先从2块图开始，再逐渐增加多块图，激发幼儿的兴趣。

（2）认知能力

表 5-3-139　描述动物的特点

分组内容	操作方法	参考标准	标准解读	解决方案
描述动物的特点	准备一组幼儿熟悉的动物图片，成人和幼儿交流图片上的内容，提问图片上动物的特点：谁的鼻子长或耳朵长？谁爱吃草？谁爱吃鱼？等等，观察幼儿的行为	A. 准确地表达10个以上动物的特征，并能加以延伸	观察记忆力及语言表达能力好	继续进行这个活动，和幼儿讨论看到的和听到的
		B. 能描述常见的8～10种动物的特征	观察记忆力及语言表达能力较好	继续这个活动，鼓励幼儿主动表达，不管说什么家长都要耐心听完
		C. 能描述6种以上动物的特征	观察记忆力及语言表达能力一般	提问启发思考和专注力，鼓励幼儿主动表达
		D. 只能描述5种以下动物的特征或描述不准确	观察记忆力及语言表达能力有限	多给幼儿表达的机会

延伸解读　激发幼儿对周围事物有兴趣的最好方式就是提问。提问的方式也会锻炼幼儿的专注力和记忆力。当然提问的问题应该是幼儿比较熟悉的。如给幼儿讲故事时可以有目的地和幼儿分享一些幼儿感兴趣的话题，同时注意幼儿的提问。生活中除了通过图书、动画片等，还可以带幼儿去动物园看真正的动物，引导幼儿观察动物的外貌特征，这样就会更加激发幼儿的兴趣。

表 5-3-140　找出图形中缺少的部位或错误之处

分组内容	操作方法	评价标准	标准解读	解决方案
找出图形中缺少的部位或错误之处	一组部分缺少的图，如没有窗户的房子、大象没有鼻子、小鸡游泳	A. 快速找出图片缺少或错误的部分	观察力和推理能力好	继续进行相关游戏
		B. 需要一段时间才能找出缺少或错误的部分	观察力和推理能力较好	继续进行相关游戏
		C. 成人引导下能找出缺少或错误的部分	观察力和推理能力一般	继续进行相关游戏
		D. 无法找到缺少或错误的部分	观察力和推理能力有限	继续进行相关游戏，开始的时候要比较简单

延伸解读　能找出图中 2 处错误或缺陷，说明幼儿有很好的观察和推理能力，这也与平时玩类似活动比较多有关。在日常生活中引导幼儿多观察周围的事物，如果幼儿不感兴趣，那么可以通过提问的方式，引起幼儿的注意，然后和幼儿一起观察少了什么。

表 5-3-141　按吃、穿、用、玩等用途将物品分类

分组内容	操作方法	参考标准	标准解读	训练方案
按吃、穿、用、玩等用途将物品分类	把日常用品如苹果、毛衣、剪刀、铅笔、鸡蛋、勺子、娃娃、伞、碗、西红柿、积木、钥匙、钟、面包、鞋放一起，让幼儿分类，观察幼儿的行为	A. 记住 10 个并说出用途	思维推理及理解能力好	理解日常用品，会很好的使用
		B. 记住 6~9 个并说出用途	思维推理及理解能力较好	让幼儿自己来整理自己的玩具箱，做力所能及的事情
		C. 记住 4~5 个并说出用途	思维推理及理解能力一般	把玩具和用品分别放置不同的玩具箱，让幼儿说出用途
		D. 记住 1~3 个并说出用途	思维推理及理解能力有限	准备简单的玩具箱，协助幼儿进行分类，并给幼儿描述物品的用途

延伸解读　整理物品对幼儿来说是一种综合能力的锻炼。如果能将物品按用途分类，首先就要知道物品和用途，再经过大脑的分析推理和判断才能归入某一类，所以要求幼儿有很好的判断能力和思维推理能力。做得不好的幼儿是因为很少进行这样的活动。日常生活中多给幼儿提供这样的机会，先从少量开始，每次整理时说出玩具或物品的名字，提问幼儿这是做什么的，重复这个活动，幼儿慢慢就可以做到。这个过程中幼儿也会经常问为什么等，来求证自己的感觉和判断。

（3）语言能力

表 5-3-142　回答反义词

分组内容	操作方法	参考标准	标准解读	解决方案
回答反义词	准备一组说反义词的图片，和幼儿进行互动，观察幼儿的表现	A. 在成人引导下能答对 10 个以上	语言理解与表达能力好	继续这个活动，引导幼儿观察生活中差异明显的物品
		B. 在成人引导下，能答对上图 8～9 个	语言理解与表达能力较好	继续这个活动，注意和幼儿说话的方式
		C. 在成人引导下，能答对 6～7 个	语言理解与表达能力一般	继续这个活动
		D. 能说出不超过 5 个	语言理解与表达能力有限	多和幼儿利用生活用品进行游戏，引导幼儿观察物品之间的差异

延伸解读　说反义词的目的除了锻炼幼儿的语言理解和表达能力，同时要求幼儿有很好的视觉鉴别能力，帮助幼儿建立对周围环境的适应能力。一般情况下幼儿能在这个阶段理解反义词的意义，并能和成人一问一答地说出来。如果幼儿不会说也不要着急，生活中就多和幼儿玩类似的活动，比如妈妈高、幼儿矮，妈妈手大、幼儿手小等。当幼儿看到实物后幼儿更容易理解，也容易记住。

表 5-3-143　回答故事的问题

分组内容	操作方法	参考标准	标准解读	解决方案
回答故事的问题	准备故事图片，让幼儿回答成人提出的问题，观察幼儿的行为	A. 能够准确回答	语言理解和表达能力好	继续这个活动
		B. 能够回答但不完全准确	语言理解和表达能力较好	继续这个活动，尊重幼儿的阅读习惯
		C. 稍微提醒就能回答	语言理解和表达能力一般	继续这个活动，不强迫幼儿一定要回答
		D. 反复提醒后能回答	语言理解和表达能力有限	从回答简单的问题开始

延伸解读　幼儿不熟悉故事的时候是不能回答其中的问题，因此提问问题的时候一定要关注到幼儿阅读这个故事的时间，对故事是否熟悉。如果幼儿不喜欢家长的问题，那么就继续读书。对图片和故事的提问是启发幼儿阅读兴趣的一种方式，不以完成多少为评估主要目标。有些幼儿不说但用手指指图回答。不能完整回答问题的幼儿，一方面是由于没有理解故事的内容，另一方面是没有听懂家长在问什么。也和幼儿的性格有关，需要反复听故事，才能理解故事的内容，

这也是幼儿听或阅读故事的特点。

表 5-3-144　看图或绘本讲故事

分组内容	操作方法	参考标准	标准解读	解决方案
看图或绘本讲故事	准备熟悉的图片或绘本，让幼儿讲述里面的内容，观察其表达能力	A. 用完整的语言讲简单的故事	语言的理解能力及表达能力好	继续这个活动
		B. 用完整的语言讲故事，但偶尔需要提醒	语言的理解能力及表达能力较好	继续这个活动
		C. 和家长一起讲完整的故事	语言的理解能力及表达能力一般	给幼儿说的机会，不要强迫
		D. 不会讲或不愿意讲	语言的理解能力及表达能力有限	不强迫，允许幼儿继续听故事

延伸解读　语言的表达和幼儿的日常行为有直接的关系，如和幼儿的沟通方式、家长为幼儿提供的机会、个体的差异等。从幼儿的发育角度来说，3 岁的幼儿可以讲 5 个字的一句话，并且表达的意思比较完整。语言锻炼的方法有很多种，多听、多说是最基本的方式。

（4）社交能力

表 5-3-145　合着音乐节拍敲打或摇响玩具

分组内容	操作方法	参考标准	标准解读	解决方案
合着音乐节拍敲打或摇响玩具	准备可以敲打的玩具，和幼儿玩敲鼓类的节奏游戏，观察幼儿的行为	A. 合上节拍并分清强弱	合作及情感表达能力好	继续进行原有游戏
		B. 节拍均匀但略慢	合作及情感表达能力较好	和幼儿玩节奏清晰的音乐游戏
		C. 经过提示知道合着节拍，但节奏不对	合作及情感表达能力一般	增加游戏的次数并给予积极鼓励
		D. 乱敲	这种活动少	给幼儿多听音乐，玩音乐活动或节奏感强的游戏

延伸解读　每个幼儿都喜欢音乐活动，尤其是集体音乐活动。幼儿在互动的过程中，可以体验到相互之间的配合。音乐活动适合家庭或集体进行。大多数的幼儿都可以做到闻歌起舞，需要提醒的是家长千万不要以为幼儿这个时候喜欢跳跳就具有音乐天赋，就报音乐学习班。如果希望幼儿喜欢音乐，重要的是激发幼儿的兴趣，找到适合幼儿学习的方式。

表 5-3-146　摆饭桌、擦桌子等

分组内容	操作方法	参考标准	标准解读	训练方案
摆饭桌、擦桌子等	摆饭桌、擦桌子、放凳子、碗筷或勺子，观察幼儿的完成情况	A. 主动完成 4 项	理解与合作能力好	鼓励幼儿的行为，让幼儿完成力所能及的活动
		B. 提醒后主动完成 3 项	理解与合作能力较好	鼓励幼儿的行为，让幼儿完成力所能及的活动
		C. 协助下完成 1~2 项	理解与合作能力一般	鼓励幼儿的行为，让幼儿完成力所能及的活动
		D. 没有主动做的意识	很少让幼儿参与，理解与合作能力有限	鼓励幼儿的行为，让幼儿完成力所能及的活动

延伸解读　日常生活的锻炼对幼儿社会性发展非常重要。幼儿能够通过和家人的合作了解自己的能力，理解对方需要，在活动的过程中建立和周围环境的适应能力。同时幼儿能学会如何关爱他人，建立自我意识。

（5）自理能力

表 5-3-147　学刷牙

分组内容	操作方法	参考标准	标准解读	解决方案
学刷牙	每天成人和幼儿一起刷牙，给幼儿正确示范，观察幼儿的行为	A. 自己会挤牙膏、会上下刷牙	自我管理能力好	继续保持独立刷牙
		B. 自己会挤牙膏、会刷牙，但不能上下刷	自我管理能力较好	继续保持独立刷牙，给予积极鼓励
		C. 需要成人帮忙挤牙膏，能放进嘴里不会刷	自我管理能力一般	成人和幼儿一起刷牙，并给正确示范
		D. 完全需要成人帮忙或没有体验过刷牙	缺少锻炼，自我管理能力有限	给幼儿独立完成力所能及的事情的机会

延伸解读　幼儿的卫生习惯非常重要，开始的时候需要成人示范，用牙刷从上下方向刷牙，不要横向刷，因为这样会让牙齿受损。家长不要忽略乳牙的护理，乳牙护理不好会直接影响幼儿的恒牙。如果不注意口腔卫生，幼儿在牙还未长齐时就出现龋洞。要为幼儿选择适合的牙刷，用后冲净向上存放，保持牙刷干燥并定期更换。另外需要提醒幼儿睡前不要吃甜食。

表 5-3-148 穿鞋、袜、内衣或外衣

分组内容	操作方法	评价标准	标准解读	解决方案
穿鞋、袜、内衣或外衣	穿鞋、袜、内衣或外衣，鞋能分左右，观察幼儿的行为	A. 独立正确穿鞋、袜、内衣或外衣	自我管理和生活秩序感好	继续让幼儿独立完成各项活动
		B. 在家长引导下能够穿正确	自我管理和生活秩序感较好	继续让幼儿独立完成各项活动
		C. 家长替代大部分	自我管理和生活秩序感一般	多让幼儿自己穿衣服，成人给予及时的引导即可
		D. 由家长完全代替	自我管理和生活秩序感有限	成人和幼儿一起进行，从穿简单衣服开始

延伸解读　幼儿的自我照顾能力很重要，家长不能把所有的事情都包办代替。幼儿一旦具备了某种能力，就要给幼儿独立完成的机会。这个过程会增加幼儿的自信心，建立自己的生活秩序感。日常生活中家长除了让幼儿做一些力所能及的事情，还可以给幼儿一些建议，让幼儿自己选择 ，也就是和幼儿讨论做事情，让幼儿了解自己的需要和能力。比如问可以把餐桌收拾一下吗？可以帮妈妈扫地吗？把垃圾放到垃圾箱里等。但不论做什么事情都要注意安全。

表 5-3-149 如厕会用手纸，会整理裤子和衣服

分组内容	操作方法	参考标准	标准解读	训练方案
如厕会用手纸，会整理裤子和衣服	观察上厕所的行为，会用手纸，会整理裤子和衣服等，看幼儿完成几项	A. 主动顺利完成	主动动手及自我照顾能力好	鼓励幼儿的行为，让幼儿自己上厕所，整理衣服冲厕所
		B. 少部分需要适当协助	主动动手及自我照顾能力较好	鼓励幼儿的行为，让幼儿完成力所能及的事，必要时正确的示范
		C. 大部分需要协助	主动动手及自我照顾能力一般	鼓励幼儿的行为，让幼儿完成力所能及的事，必要时正确的示范
		D. 不会，完全由成人代替	日常锻炼少，自我照顾能力有限	鼓励幼儿的行为，让幼儿完成力所能及的事，协助完成不好的部分，必要时正确的示范

延伸解读　这个阶段的大部分幼儿应当能自己完成。这和生活中的锻炼有直接关系，会独立上厕所，会用手纸，会穿好裤子，证明幼儿有很好的动手能力及自我照顾能力。如果幼儿做不好，可以适当协助，但不能直接代替。

四、3～6 岁幼儿观察记录清单与解读

1. 3～4 岁幼儿观察记录清单与解读

（1）运动能力

表 5-4-1　从低的地方跳下来

分组内容	操作方法	参考标准	标准解读	解决方案
从低的地方跳下来	引导幼儿从较低的地方跳下来，观察幼儿的行为	A. 主动跳下，站稳跳下，不需要帮助	身体平衡协调及专注力好	在保证幼儿安全的情况下，继续这个活动（这样的活动需要在成人陪伴下进行）
		B. 需要成人帮助，才能跳下	身体平衡协调及专注力较好	在保证幼儿安全的情况下，继续这个活动，逐渐过渡到不需要帮助
		C. 敢上不敢跳	身体平衡协调及专注力一般	开始的时候要在成人帮助下完成，选择比较矮的地方，慢慢过渡到自己独立完成
		D. 不敢上，也不敢跳	身体平衡协调及专注力有限	让幼儿学会平地跳跃，逐渐引导幼儿进行爬上爬下的活动，再引导幼儿从矮的地方跳下

延伸解读　从高处向下跳，对幼儿的空间及平衡协调是很好的锻炼，也会锻炼幼儿的胆量，并利于幼儿运动统合能力的发展。这个阶段幼儿还缺乏对危险的判断力，因此在做这个活动时需要成人在身边。在生活中不要过度地限制幼儿，在安全的情况下，给幼儿各种身体运动的机会，这样会很好地促进幼儿的运动协调性的发展，因为运动协调性有助于提高幼儿的学习能力。

表 5-4-2　用手接住对面滚过来的球

分组内容	操作方法	参考标准	标准解读	解决方案
接住直径 15～20cm 大小的球	在宽阔的场地，和幼儿面对面在 2m 的距离，让幼儿伸开胳膊双手接住从对面滚过来的球，观察幼儿的行为	A. 每次准确接住	手眼协调性及判断力好	继续这个活动，可以加快滚球的速度或变化滚球的方向，增加活动的兴趣
		B. 大部分情况能接住	手眼协调性及判断力较好	继续这个活动，可以加快滚球的速度或变化滚球的方向（开始的时候方向不要变化太大），增加活动的兴趣
		C. 接住一半	手眼协调性及判断力一般	继续这个活动，控制球的速度，不要太快
		D. 很少接住	手眼协调性及判断力有限	继续这个活动，开始时距离不要太远，球的速度不要太快，尽力让幼儿接住，激发幼儿的兴趣

延伸解读　滚球活动可以锻炼幼儿的专注力、身体平衡协调及判断力。幼儿伸开双臂接球的过程，让幼儿了解自己身体空间的大小，以及在活动中如何控制自己身体的平衡。变化的活动可以给幼儿带来愉快的情绪，激发幼儿活动的兴趣。

表 5–4–3　在跑或骑三轮车时，能绕开障碍物

分组内容	操作方法	参考标准	标准解读	解决方案
在跑或骑三轮车时，能绕开障碍物	在宽阔的场地，引导幼儿骑三轮车，观察幼儿的行为	A. 跑或骑三轮车时可以主动绕开障碍	身体的控制力及空间感觉好	在保证幼儿安全的情况下，继续这个活动
		B. 跑或骑三轮车时需要成人协助绕过障碍或转弯	身体的控制力及空间感觉较好	在保证幼儿安全的情况下，继续这个活动，引导幼儿自己避开障碍
		C. 跑或骑三轮车时只能走直线不会绕弯	身体的控制力及空间感觉一般	在保证幼儿安全的情况下，继续这个活动
		D. 跑或骑三轮车时把握不好方向	身体的控制力及空间感觉有限	鼓励幼儿，刚开始时有成人陪伴

延伸解读　骑三轮车是对幼儿身体平衡协调及控制力很好的锻炼，骑三轮车不单纯是腿用力，既要把握方向，又要观察周围的环境，在运动中需要高度的专注力。这个活动对幼儿运动统合能力是很好的锻炼，但要注意安全。

表 5–4–4　使用剪刀剪纸

分组内容	操作方法	参考标准	标准解读	解决方案
使用剪刀剪纸	准备安全的剪刀与较硬的纸张，观察幼儿的行为	A. 单手熟练使用剪刀，并把纸剪开	手眼脑协调及控制力好	在安全的情况下，让幼儿尝试剪纸，引导幼儿剪出直线或曲线
		B. 单手使用剪刀不熟练，不能剪开纸	手眼脑协调及控制力较好	在安全的情况下，允许幼儿按照自己的方式使用剪刀
		C. 双手使用剪刀	手眼脑协调及控制力一般	在安全的情况下，允许幼儿使用剪刀，也要注意幼儿的其他动手活动
		D. 不用剪刀，手撕纸	手眼脑协调及控制力有限	生活中让幼儿多动手，锻炼手的控制力和协调性

延伸解读　使用剪刀可以锻炼幼儿的手眼脑协调性、控制力及专注力，幼儿园里教师要把尖锐的东西放到幼儿拿不到的地方，用完以后及时收回，在任何时候幼儿的安全都是第一位的。

当幼儿不会使用剪刀的时候，允许幼儿按照自己的方式剪，不要强迫幼儿一定按照要求剪纸。剪纸也可以启发幼儿的创造性。

（2）认知能力

表 5-4-5　匹配 5～8 种颜色

分组内容	操作方法	参考标准	标准解读	解决方案
匹配 5～8 种颜色	准备几种颜色的玩具，其中有 8 种不同颜色的，让幼儿匹配其中的颜色，观察幼儿的行为	A. 熟练的匹配 5～8 种颜色	视觉分辨能力及概念的形成好	鼓励幼儿的行为，逐渐增加颜色的数量，一次增加 1～2 种，和幼儿分享不同颜色的物品
		B. 指导下匹配 4 种颜色	视觉分辨能力及概念的形成较好	鼓励幼儿的行为，逐渐增加颜色的数量，观察周围环境中的不同颜色
		C. 指导下匹配 3 种颜色	视觉分辨能力及概念的形成一般	鼓励幼儿的行为，关注生活中物品或玩具的颜色
		D. 自己完成匹配 1～2 种颜色	视觉分辨能力及概念的形成有限	确定幼儿认识一种颜色后，再增加一种，逐渐增加颜色的数量，一次增加 1～2 种

延伸解读　颜色的认知相对时间比较长，部分幼儿对颜色的认知不是很准确，调查发现是由于家长让幼儿认识的颜色太多，甚至相近颜色比较多。一次过多的颜色会引起幼儿的视觉混乱，不利于幼儿的认知。颜色的分类是锻炼幼儿视觉判断能力及分辨能力的有效方式之一，同时也有利于幼儿空间知觉的建立及概念的形成。在日常生活中，可引导幼儿观察周围事物的颜色，用颜色描述看到的东西。如果幼儿认识颜色的数量不多，就更不要着急，当确认幼儿认识一种颜色时，再增加一种颜色。

表 5-4-6　理解问题

分组内容	操作方法	参考标准	标准解读	解决方案
理解问题	当问幼儿：当你……时候，你会做什么？观察幼儿的行为	A. 完全正确的回答	解决问题与推理能力好	在分享的时间里，给幼儿假设问题，让幼儿说出解决的答案。启发幼儿找出解决问题的其他方案
		B. 提示后正确的回答	解决问题与推理能力较好	在分享的时间里，给幼儿假设问题，让幼儿说出解决的答案。启发幼儿找出解决问题的其他方案

续表

分组内容	操作方法	参考标准	标准解读	解决方案
理解问题	当问幼儿：当你……时候，你会做什么？观察幼儿的行为	C. 重复大人的答案	解决问题与推理能力一般	在分享的时间里，给幼儿假设问题，让幼儿说出解决的答案，启发幼儿找出解决问题的其他方案
		D. 不回答	解决问题与推理能力有限	幼儿不说的时候不要说教，可以把问题的答案告诉幼儿，允许幼儿做一个旁听者或观察者，等幼儿有经验了自然就会说出来

延伸解读　提问可以锻炼幼儿的专注力，激发幼儿的好奇心，这是幼儿学习的动力。在日常生活中，经常提问幼儿问题，启发幼儿说出解决问题的方法，在安全的情况下允许幼儿尝试，即便错了也没关系，允许幼儿自己纠错，这个过程会帮助幼儿积累经验，同时锻炼幼儿的理解能力、解决问题的能力及逻辑推理能力。

表 5-4-7　知道自己的性别

分组内容	操作方法	参考标准	标准解读	解决方案
知道自己的性别	当问幼儿是男孩还是女孩时，观察幼儿的回答	A. 说出性别，并能说出男孩和女孩穿衣服或发型的区别	观察理解能力好	经常和幼儿讨论男孩和女孩的区别，也是性教育的开始。准备男孩和女孩的图片，和幼儿一起讨论穿衣、发型及其他不同
		B. 只说出性别	观察理解能力较好	继续以上活动
		C. 引导后说出	观察理解能力一般	继续以上活动
		D. 不知道	观察理解能力有限	继续以上活动

延伸解读　性别的认知有利于幼儿很好的角色定位及自我判断，也是对幼儿性教育的开始。把幼儿的性别教育看成很自然的事情，就和对待其他方面的认知行为是一样的。性别的认知，也是幼儿观察理解能力及概念形成的锻炼。

（3）语言能力

表 5-4-8　唱简单完整的儿歌

分组内容	操作方法	参考标准	标准解读	解决方案
唱简单完整的儿歌	日常活动中，观察幼儿能否唱简单完整的儿歌	A. 清晰完整地唱 2 首以上儿歌	听觉记忆及表达性语言好	鼓励幼儿的行为，在表演区让幼儿尽情的表演

续表

分组内容	操作方法	参考标准	标准解读	解决方案
唱简单完整的儿歌	日常活动中，观察幼儿能否唱简单完整的儿歌	B. 不清楚但完整唱 1 首儿歌	听觉记忆及表达性语言较好	鼓励幼儿的行为，在表演区让幼儿尽情的表演，不要纠正幼儿的发音，关注兴趣
		C. 部分需要提示才唱完整	听觉记忆及表达性语言一般	鼓励幼儿的行为，让幼儿按照自己的方式尽情的表演，不要纠正幼儿的发音，关注兴趣，和幼儿一起多听
		D. 只会接后面的 1 个或几个字	听觉记忆及表达性语言有限	儿歌表演是幼儿非常喜欢的活动，关注幼儿的兴趣更重要

延伸解读　每个幼儿都具有先天的表演能力，所以儿歌表演也是幼儿非常喜欢的活动。说唱及表演儿歌一方面是幼儿情感及语言表达的方式，另一方面是发挥想象力与创造力的活动，同时是幼儿进行听觉注意力及记忆力的锻炼。每周应该给幼儿设计儿歌表演的活动，激发幼儿语言及情感表达的兴趣。

表 5-4-9　使用合理的词汇完整表达

分组内容	操作方法	评价标准	标准解读	解决方案
使用合理的词汇完整表达	和幼儿讨论，可以回答的问题，如：你刚才在干什么？玩球吗？在哪里？观察幼儿怎么回答	A. 准确的描述，合理使用词汇，符合语言逻辑	观察记忆力及表达性语言好	鼓励幼儿的行为，活动结束的时候和幼儿分享刚才的经历，让幼儿说出自己看到的，可以说自己，也可以说其他人
		B. 可以回答问题，但描述不完整	观察记忆力及表达性语言较好	继续以上活动
		C. 需要提醒，才能回答完整	观察记忆力及表达性语言一般	继续以上活动
		D. 反复提问才能记起来	观察记忆力及表达性语言有限	继续以上活动

延伸解读　引导幼儿使用准确的语言说出自己看到的，有利于锻炼幼儿的语言表达能力和观察记忆力，同时发展幼儿的社会交往能力。活动结束后和幼儿分享刚才的经历，有利于培养幼儿愉快的情绪，当然首先要和幼儿分享自己感觉快乐的事情，也可以分享感觉不快乐的事情，允许幼儿表达自己不愉快的情绪。

表 5-4-10　简单讲自己的经历

分组内容	操作方法	评价标准	标准解读	解决方案
讲简单的经历	引导幼儿讲一个简单的经历，外出玩什么，幼儿园的路上看到的、玩过的玩具，好吃的东西等，观察幼儿的行为	A. 完整的描述，并说出自己体会，如高兴或不高兴等	听觉记忆力和分辨能力好	每天和幼儿进行分享，可以是一天中某个环节或是吃过的东西等，要让每个幼儿都有说的机会，但不强迫不想说的幼儿
		B. 在提示下，完整描述	听觉记忆力和分辨能力较好	继续以上活动
		C. 说得比较乱（不是同一件事）	听觉记忆力和分辨能力一般	继续以上活动
		D. 不记得	听觉记忆力和分辨能力有限	继续以上活动

延伸解读　这个阶段是幼儿对语言的使用的关键阶段，就是幼儿喜欢说话，根本停不下来，有时候说话缺乏逻辑，但幼儿在说话的过程中会梳理自己的语言逻辑。可在每天固定的时间，大人可以和幼儿分享一天有意义的事情，或活动中的一个环节，也可以是幼儿的一种快乐的经历，如户外活动或读书或分组等，引导每个幼儿说出自己的感受，这是引导幼儿体验活动的快乐，也是幼儿专注力的锻炼，利于建立幼儿团队意识，理解他人及增强合作意识的活动。

表 5-4-11　开始有目的地提问题

分组内容	操作方法	评价标准	标准解读	解决方案
开始有目的地提问题	和幼儿讨论问题，如饿了怎么办？天冷了怎么办？下雨时怎么办？等等。观察幼儿是否开始提有目的性的问题（观察记录日常行为）	A. 提出 3 个及以上的问题，被反问时，自己会有答案	理解判断力及语言表达能力好	鼓励幼儿的行为，当讨论问题时，应当允许幼儿有自己的答案，在安全的情况下，可以让幼儿尝试
		B. 提出 2 个问题，被反问时有时自己会有答案	理解判断力及语言表达能力较好	鼓励幼儿的行为，当讨论问题时，应当允许幼儿有自己的答案，在安全的情况下，可以让幼儿尝试
		C. 提出 1 个问题，被反问时，没有答案	理解判断力及语言表达能力一般	鼓励幼儿的行为，可以给幼儿提供 1~2 个参考答案，启发幼儿说出自己的答案
		D. 不会提问	理解判断力及语言表达能力有限	针对常见的问题，提问幼儿，和幼儿一起寻找答案，分享事情的过程

延伸解读　好问就是这个阶段的特点，因为这个阶段幼儿想象力比较丰富，所以会经常提问。这表明幼儿有很好的观察判断力及语言的表达能力，同时说明幼儿在关注周围的环境，也是幼儿自然智能发展的表现。积极地回答幼儿的问题，也可以提问幼儿。有效的提问可以激发幼儿积极探索的兴趣。

（4）社交能力

表 5-4-12　合作游戏

分组内容	操作方法	参考标准	标准解读	解决方案
合作游戏	集体活动，户外的集体运球或室内一起搭建积木屋等，观察幼儿的行为（关注幼儿的个性特点）	A. 主动积极参与集体活动，希望和小朋友一起活动，表现快乐的情绪	交往能力及合作意识好	鼓励幼儿的行为，设计室内外的集体活动，鼓励幼儿之间的合作
		B. 希望参加，必须是成人鼓励和帮助后才参加	交往能力及合作意识较好	鼓励幼儿的行为，设计室内外的集体活动，鼓励幼儿之间的合作
		C. 需要陪伴才参加	交往能力及合作意识一般	幼儿性格不同给予协助的方式不同，但示范正确的做法是幼儿需要的
		D. 只是观望，不参加	交往能力及合作意识有限	幼儿性格不同给予协助的方式不同，示范正确的做法。让幼儿当老师的协助者，如收拾玩具，或拿玩具等

延伸解读　集体活动，可以增强幼儿的社会交往能力，同时让幼儿学会与他人的合作。在集体活动时，老师需要关注到每个幼儿的个性特点，让幼儿体验到自己是团队中不可缺少的一员，并为自己自豪。对于不愿意参加的幼儿，允许其先做一个观察者，等幼儿慢慢适应后，就会参加。另外和家长沟通家庭看护的方式，被过度保护的幼儿大多不喜欢参加集体活动。

表 5-4-13　与同伴一起玩发生冲突时，会求助他人

分组内容	操作方法	参考标准	标准解读	解决方案
与同伴一起玩，发生冲突时，会求助他人	与同伴一起玩，如发生冲突，观察幼儿的行为	A. 与同伴一起玩，如发生冲突，会主动和小朋友商量	情感的接受能力和表达能力好	客观看待幼儿之间的冲突，准备足够的玩具及宽松的环境，尽量避免冲突

续表

分组内容	操作方法	参考标准	标准解读	解决方案
与同伴一起玩，发生冲突时，会求助他人	与同伴一起玩，如发生冲突，观察幼儿的行为	B. 与同伴一起玩，如发生冲突，会求助他人	情感的接受能力和表达能力较好	引导幼儿的正确行为，告诉幼儿：你们都喜欢这个玩具，是吗？怎么玩呢？
		C. 与同伴一起玩，如发生冲突，自己哭	情感的接受能力和表达能力一般	告诉幼儿：你很喜欢那个玩具，是吗？和小朋友商量一下，一起玩好吗
		D. 与同伴一起玩，如发生冲突，会争吵或打架	情感的接受能力和表达能力有限	把遇到冲突容易动手的幼儿放在老师的身边，和幼儿讨论怎么玩

延伸解读　争吵和打架是幼儿成长过程中不可缺少的过程，也是幼儿社会性发展及自我判断的过程。这个过程帮助他们理解了什么是自己可以掌控的，什么是不可以掌控的。当然不能鼓励幼儿的这种行为，有效的方式是准备足够的玩具，区域教学或活动时不要让幼儿太拥挤，或等待时间太长等，同时注意不同类型幼儿的引导方式不同，遵照清单要求。

表 5-4-14　使用别人的东西

分组内容	操作方法	参考标准	标准解读	解决方案
使用别人的东西	在使用别人的东西，是否征得他人的同意，观察幼儿的行为	A. 征得他人同意后使用别人的东西	尊重别人及情感的表达能力好	鼓励幼儿的行为，可以设计玩具和物品交换的活动，让幼儿体验如何表达自己的需要
		B. 需要成人的帮助	尊重别人及情感的表达能力较好	鼓励幼儿的行为，可以设计玩具和物品交换的活动，让幼儿体验如何表达自己的需要
		C. 他人不同意，就不用	尊重别人及情感的表达能力一般	设计玩具和物品交换的活动，让幼儿体验如何表达自己的需要。开始的时候需要陪伴才能完成
		D. 不去问或直接拿过来	尊重别人及情感的表达能力有限	鼓励幼儿说出自己的需要，开始的时候需要陪伴

延伸解读　幼儿的社会性的发展是通过与他人的交往建立起来的，引导幼儿说出自己的需要，需要对方的同意，这是对对方的一种尊重。这种活动通过相互的交换能体验到。

表 5-4-15 能按照成人的指令去做

分组内容	操作方法	参考标准	标准解读	解决方案
按照成人的指令去做	日常生活中，能按照成人的指令去做，如做值日生工作，观察幼儿的行为	A. 按照要求，主动完成 80%～100% 工作，观察幼儿的行为	理解及合作能力好	鼓励幼儿的行为，和幼儿分享一天中的感受
		B. 按照要求，主动完成 60%～80% 工作	理解及合作能力较好	鼓励幼儿的行为，和幼儿分享一天中的感受。交代任务要简单，需要给予协助和示范
		C. 按照要求，主动完成 40%～60% 工作	理解及合作能力一般	鼓励幼儿的行为，和幼儿分享一天中的感受。交代任务要简单，需要给予协助和示范
		D. 按照要求，主动完成 20%～40% 工作	理解及合作能力有限	鼓励幼儿的行为，和幼儿分享一天中的感受。交代任务要简单，需要给予协助和示范

延伸解读 理解成人的指令，完成固定的工作，可以锻炼幼儿的理解能力、合作能力、自我管理能力、规则意识等，这些都是幼儿社会性发展的必要因素。如班级开展的值日生活动，对幼儿是一种很好的社会性的锻炼，能让幼儿学会承担责任，并体验成就感。

表 5-4-16 主动帮助打扫卫生或试图帮忙

分组内容	操作方法	参考标准	标准解读	解决方案
主动帮助打扫卫生或试图帮忙	在日常活动中，观察幼儿是否主动帮助打扫卫生或试图帮忙等	A. 经常主动帮助打扫卫生或试图帮忙	主动合作能力好	鼓励幼儿的行为，让幼儿体验力所能及的事情
		B. 偶尔会主动帮忙	主动合作能力较好	鼓励幼儿的行为，让幼儿体验力所能及的事情
		C. 提醒下帮忙	主动合作能力一般	鼓励幼儿的行为，让幼儿体验力所能及的事情
		D. 不会	主动合作能力有限	鼓励幼儿的行为，让幼儿体验力所能及的事情

延伸解读 主动帮忙是幼儿主动合作能力的体现。在生活中，给幼儿责任性授权，让幼儿做一些力所能及的事情，通过活动幼儿可以体验自己的能力，建立幼儿自信心及提高自我认知能力。幼儿也会模仿成人的行为，所以成人要注意自己的行为。

表 5-4-17　玩简单的分组活动

分组内容	操作方法	参考标准	标准解读	解决方案
玩简单的分组活动	玩简单的分组活动，观察幼儿的行为	A. 自己完成，不打扰他人	社会交往及自我管理能力好	鼓励幼儿的行为，根据幼儿的需要，准备适合的活动
		B. 自己玩一会儿，就会到其他地方	社会交往及自我管理能力较好	鼓励幼儿坚持下来，根据幼儿的需要，准备适合的活动
		C. 需要陪伴，才能不打扰别人	社会交往及自我管理能力一般	鼓励幼儿坚持下来，根据幼儿的需要，准备适合幼儿的活动，逐渐减少陪伴的时间，让幼儿自己玩
		D. 不理解分组，到处乱跑	社会交往及自我管理能力有限	根据幼儿的需要，准备适合幼儿的活动，开始的时候陪伴，然后逐渐过渡到幼儿自己玩，要鼓励幼儿的行为

延伸解读　分组活动的意义在于根据幼儿的个性特点，可以满足幼儿不同能力的发展需要，丰富教学活动。分组活动可以让幼儿学会合作，建立规则。在分组活动时，老师要根据幼儿的特点进行有效分组，并要关注有特殊需要的幼儿。

（5）自理能力

表 5-4-18　洗手并擦干，把手绢放回原来的地方

分组内容	操作方法	评价标准	标准解读	解决方案
洗手并擦干，把手绢放回原来的地方	生活中观察幼儿的洗手行为，手脏了，能否主动完成洗手	A. 主动洗手并擦干，把手绢放回原来的地方	健康意识及自我管理能力好	鼓励幼儿的行为，给幼儿养成良好的习惯
		B. 主动洗手擦干，经提醒后把手绢放回原来的地方	健康意识及自我管理能力较好	鼓励幼儿的行为，提示幼儿把手绢放回原来的地方，给幼儿养成良好的习惯
		C. 洗手后不擦干就去玩	健康意识及自我管理能力一般	引导幼儿把手擦干，并把手绢放回原来的位置，开始阶段需要成人的陪伴和引导
		D. 经提醒后洗手	健康意识及自我管理能力有限	引导幼儿把手擦干，并把手绢放回原来的位置，开始阶段需要成人的陪伴和引导

延伸解读　个人的卫生习惯是健康教育的一部分。良好的生活习惯是幼儿身体健康的基础，也是体现幼儿有自我管理能力的开始。给幼儿准备适合取放物品的地方，以方便幼儿做好自我管理。

表 5-4-19 不需要提醒可以冲厕所

分组内容	操作方法	评价标准	标准解读	解决方案
冲厕所	观察幼儿的日常行为，自己去卫生间后，是否主动冲厕所	A. 不需要提醒主动冲厕所	自我管理能力及秩序感好	鼓励幼儿的日常行为，在安全的情况下，让幼儿体验各种生活技能
		B. 提醒后会冲	自我管理能力及秩序感较好	鼓励幼儿的日常行为，在安全的情况下，让幼儿体验各种生活技能
		C. 喊人帮助	自我管理能力及秩序感一般	从协助幼儿完成，逐渐过渡到幼儿自己完成，在安全的情况下，让幼儿体验各种生活技能
		D. 不会或不在意	自我管理能力及秩序感有限	提醒幼儿并协助，而不是完全包办替代，鼓励幼儿的日常行为，在安全的情况下，让幼儿体验各种生活技能

延伸解读　生活即教育，很多的生活细节均有教育的内容，一日流程的每个环节都渗透了教育的内容。在幼儿成长的过程中，自我管理能力是决定幼儿成长的重要因素之一，所以在安全的情况下，给幼儿提供各种体验的机会，让幼儿体验自己的能力，建立自我评价能力。

表 5-4-20 主动用纸巾擦嘴、鼻子，把纸扔到垃圾桶

分组内容	操作方法	评价标准	标准解读	解决方案
用纸巾擦嘴、鼻子	生活中用纸巾擦嘴、鼻子，把纸扔到垃圾桶，观察幼儿的行为	A. 自己主动擦鼻子和嘴，并把纸扔到垃圾桶	健康意识好	继续这个活动，让幼儿学会自我照顾
		B. 会擦但需要提醒完成	健康意识较好	继续这个活动，让幼儿学会自我照顾
		C. 成人帮助擦，会自己扔纸	健康意识一般	鼓励幼儿自己擦嘴，并把纸扔到垃圾桶
		D. 成人帮助完成	健康意识有限	鼓励幼儿自己擦嘴，并把纸扔到垃圾桶。不要催促，也不要代替

延伸解读　把用过的废纸放进指定的垃圾桶，有助于幼儿养成良好的个人卫生习惯。自我管理能力也是个人健康意识建立的开始。鼓励幼儿的行为，不要因为幼儿做得慢或做得不好而代替，幼儿的经验是在不断地体验中积累的，给幼儿成长的机会。

表 5-4-21　从水壶向杯子里倒水

分组内容	操作方法	评价标准	标准解读	解决方案
从水壶向杯子里倒水	从水壶向杯子里倒水，观察幼儿的行为	A. 几乎没有或根本没有洒出来	理解容量关系及自我照顾能力好	鼓励幼儿的行为，继续这个活动
		B. 洒出很少	理解容量关系及自我照顾能力较好	鼓励幼儿的行为，继续这个活动
		C. 洒出一半	理解容量关系及自我照顾能力一般	鼓励幼儿的行为，继续这个活动
		D. 大部分洒出来	理解容量关系及自我照顾能力有限	鼓励幼儿的行为，继续这个活动

延伸解读　倒水看似是简单的过程，实则需要手眼脑协调、有控制力和判断能力。在倒水过程中幼儿可观察到容量关系等。吃饭、喝水、倒水等日常行为，很多时候对幼儿来说有一定的难度，甚至会洒得一片狼藉。但是在这个过程中，幼儿会积累自己的经验，所以在保证安全的情况下要鼓励幼儿的行为，允许幼儿体验更多。

2. 4～5 岁幼儿观察记录清单与解读

（1）运动能力

表 5-4-22　跳过移动的绳子

分组内容	操作方法	参考标准	标准解读	解决方案
跳过移动的绳子	准备一个长 3m 的绳子，距离地面 20cm，并慢慢移动绳子，引导幼儿跳过移动的绳子，观察幼儿的行为	A. 当绳子接近自己时，熟练跳过移动的绳子	身体的平衡及控制力好	鼓励幼儿的行为，集体活动时，可以进行分组比赛
		B. 降低 10cm 左右可以跳过	身体的平衡及控制力较好	鼓励幼儿的行为，集体活动时，可以进行分组比赛。逐渐增加高度
		C. 迈过去	身体的平衡及控制力一般	让幼儿锻炼跳过静止的障碍，在跳过移动的绳子时，降低绳子的高度
		D. 抓住绳子钻过去或踩住绳子	身体的平衡及控制力有限	让幼儿锻炼双脚跳，双脚跳过障碍

延伸解读　这个阶段的幼儿运动能力有了很大的提高，喜欢挑战有难度的活动。跳过移动的绳子，对幼儿来说既需要有判断力，又需要身体的平衡及控制力，空间知觉也要好，同时具

有身体的灵活性。日常生活中可以让幼儿练习跳绳。

表 5-4-23　踮着脚尖倒着走

分组内容	操作方法	参考标准	标准解读	解决方案
踮着脚尖倒着走	在宽阔的场地上，引导幼儿踮着脚尖倒着走	A. 倒着走 5m 以上	身体支配和控制力及空间知觉好	鼓励幼儿的行为，户外活动时，可以和幼儿开始这个活动
		B. 倒着走 3m 以上	身体支配和控制力及空间知觉较好	继续以上活动
		C. 倒着走 2m 以上	身体支配和控制力及空间知觉一般	继续以上活动
		D. 倒着走 1m 以上或不会倒着走	身体支配和控制力及空间知觉有限	鼓励幼儿，和幼儿开始这个活动。为让幼儿有安全感，老师可以站在幼儿的身后引导

延伸解读　倒着走路，是在完全没有视觉的引导下，通过身体的感知判断进行行走。踮着脚尖走路对幼儿来说有一定的难度，需要幼儿很好的身体平衡协调及控制力，也是对幼儿空间知觉的锻炼。做不到的幼儿先从倒着走路开始，在活动中注意幼儿的安全。

表 5-4-24　跳过障碍

分组内容	操作方法	参考标准	标准解读	解决方案
跳过障碍	在宽阔的地面放一个高于地面 15～20cm 的静止不动的绳子或积木或其他，引导幼儿跳过，观察幼儿的行为	A. 自己跳过	身体的控制力及脚眼协调好	鼓励幼儿的行为，适合室内外活动
		B. 牵单手跳过	身体的控制力及脚眼协调较好	鼓励幼儿的行为，逐渐过渡到自己独立跳过
		C. 牵双手跳过	身体的控制力及脚眼协调一般	鼓励幼儿的行为，适合室内外活动，逐渐过渡到独立跳过
		D. 不跳或迈过	身体的控制力及脚眼协调有限	鼓励幼儿的行为，先锻炼原地跳跃，再引导幼儿跳过矮的障碍

延伸解读　跳过障碍可以锻炼幼儿的身体协调、控制力以及专注力，同时也是幼儿脚眼脑协调能力的锻炼。脚眼脑协调对幼儿的发展很重要，可以多踢球、走障碍、骑三轮车等。在跳跃时需要身体的迸发力，也是对幼儿身体注意力的锻炼。

表 5-4-25　骑三轮车或跑绕过窄的拐角或障碍物

分组内容	操作方法	参考标准	标准解读	解决方案
骑三轮车时，能绕开障碍物	在宽阔的场地，引导幼儿骑三轮车，观察幼儿的行为	A. 主动绕开障碍	身体的控制力及空间感觉好	在保证幼儿安全的情况下，继续这个活动
		B. 需要成人的协助才能绕开	身体的控制力及空间感觉较好	在保证幼儿安全的情况下，继续这个活动，引导幼儿自己避开障碍
		C. 在成人的协助下会骑	身体的控制力及空间感觉一般	保证幼儿安全的情况下，继续这个活动
		D. 不会骑	身体的控制力及空间感觉有限	鼓励幼儿骑，开始的时候成人陪伴

延伸解读　骑三轮车是幼儿特别喜欢的活动，也是幼儿玩的时间比较长的活动。幼儿从慢骑到快骑再到过障碍、拐角，需要比较长的时间，能很好地锻炼身体平衡协调及控制力。这个过程中幼儿不仅要保持身体平衡，还要观察周围的环境，也是幼儿在运动中控制物体平衡及感知自身能力的锻炼。

（2）认知能力

表 5-4-26　知道物体不同

分组内容	操作方法	参考标准	标准解读	解决方案
知道物体不同	准备软、硬，光滑、粗糙，凉、热等物体，说说有什么不同，观察幼儿的行为	A. 知道 5 对以上	触觉感知及判断推理能力好	鼓励幼儿的行为，把各种不同表面的玩具放在一起，让幼儿边触摸边说出摸的感觉
		B. 知道 3～4 对	触觉感知及判断推理能力较好	鼓励幼儿的行为，把各种表面明显不同的玩具放在一起，让幼儿一边触摸一边说出摸的感觉
		C. 知道 1～2 对	触觉感知及判断推理能力一般	鼓励幼儿的行为，把各种表面明显不同的玩具放在一起，和幼儿一边触摸一边说出摸的感觉
		D. 不知道	触觉感知及判断推理能力有限	一次准备的玩具不要太多，开始的时候是 2 个，和幼儿讨论摸的感觉

延伸解读　触摸不同的物体，对比物体表面的不同，可以锻炼幼儿的触觉感知能力，提升幼儿的判断推理能力。在日常活动中，可以和幼儿分享摸到的东西的感觉，比如，软的、硬的、有棱角的、圆的等，丰富幼儿的感知觉，增加幼儿和周围环境的互动能力。

表 5-4-27　知道白天和晚上进行的活动不同

分组内容	操作方法	参考标准	标准解读	解决方案
知道白天和晚上进行的活动不同	和幼儿沟通生活常识，让幼儿说出白天和晚上进行的活动不同，观察幼儿的行为	A. 清晰地描述，并能说出细节，比如晚上会做梦	理解与推理能力好	鼓励幼儿的行为，在分享的环节，让幼儿说出在一天生活中某个环节的活动，让幼儿感觉愉快的事情
		B. 能说清白天与晚上的不同，但不能具体描述	理解与推理能力较好	继续以上活动
		C. 经提示后，能说清楚白天和晚上活动的不同	理解与推理能力一般	继续以上活动
		D. 不能够说清楚	理解与推理能力有限	继续以上活动

延伸解读　描述白天与晚上的不同，能锻炼幼儿的理解、推理能力，同时建立幼儿的生活秩序感及规则意识。在分享的环节，让幼儿说出一天生活中某个环节的活动，幼儿的感受是什么，让幼儿感觉愉快的事情，培养幼儿愉快的情绪。在幼儿说的过程中不要评价，允许幼儿说完要接纳幼儿的感受。

表 5-4-28　画出由 3 部分组成的人

分组内容	操作方法	参考标准	标准解读	解决方案
画出由 3 部分组成的人	准备一个带有 3 个部分（如五官的部分和上肢）组成的人的图，观察幼儿的行为	A. 能独立画出完整的人	手指控制力及观察想象力好	鼓励幼儿的行为，准备足够带有部分组成的图案，如汽车、房子等，让幼儿完整画完
		B. 提示后画完整	手指控制力及观察想象力较好	继续以上活动
		C. 提示后画出一部分	手指控制力及观察想象力一般	继续以上活动
		D. 随意乱画或画出的身体部位不合理	手指控制力及观察想象力有限	从简单并熟悉的图形开始，把幼儿作品展示出来，激发幼儿的兴趣

延伸解读　幼儿在画人的头像时最关注的是人的眼睛、嘴巴，因为这两个器官是活动的。画完整缺少的图形，可以锻炼幼儿的观察力及理解能力，同时也能让幼儿理解整体和部分的关系。开始的时候给幼儿准备简单并熟悉的图形，激发幼儿的兴趣。

表 5-4-29　理解问题

分组内容	操作方法	参考标准	标准解读	解决方案
理解问题	和幼儿分享日常活动，观察幼儿是否用：我们用……来做……	A. 熟练使用，能主动找到解决问题的方法	理解推理及分类能力好	设计几个问题，让幼儿想办法解决，如擦干净桌面，用手绢擦干净等
		B. 遇到问题时，偶尔使用	理解推理及分类能力较好	设计几个问题，让幼儿想办法解决，如擦干净桌面，用手绢擦干净等
		C. 经常需要成人的帮助	理解推理及分类能力一般	给幼儿自己做事的机会，让幼儿想办法解决，如擦干净桌面，用手绢擦干净等
		D. 不会使用	理解推理及分类能力有限	让幼儿自己收拾餐具，擦干净桌面，收拾玩具等

延伸解读　会使用“我们”，表明幼儿理解了团队的基本概念，在活动中能够很好地配合。让幼儿分享解决问题的过程，有利于锻炼理解推理能力，同时也锻炼幼儿和周围环境互动的能力。一天活动中，可以设计几个简单的问题，让幼儿说出自己解决问题的方案，激发幼儿探索及创造欲望。

表 5-4-30　完成有 12 片组成的拼图

分组内容	操作方法	参考标准	标准解读	解决方案
完成有 12 片组成的拼图	准备 12 片组成的拼图，观察幼儿能否完整拼在一起	A. 能完成 12 片	问题解决与分类能力好	鼓励幼儿的行为，逐渐增加图片的数量
		B. 能完成 10 片	问题解决与分类能力较好	根据幼儿的情况，适当增加数量
		C. 能完成 8 片	问题解决与分类能力一般	根据幼儿的情况，适当增加数量
		D. 能完成 6 片	问题解决与分类能力有限	根据幼儿的情况，适当增加数量

延伸解读　拼图可以锻炼幼儿的推理能力及分类能力，理解部分和整体的关系，同时锻炼幼儿解决问题的能力。拼图是幼儿非常喜欢的活动，开始准备的拼图不要太复杂，最好是幼儿熟悉的物体，以便激发幼儿探索欲和创造欲。

（3）语言能力

表 5-4-31　描述书上的物体或动作

分组内容	操作方法	参考标准	标准解读	解决方案
表演描述书上的物体或动作	准备幼儿熟悉的图片或图书，让幼儿描述书上的物体或动作，观察幼儿	A. 看过后立即熟练并完整地描述或模仿	模仿、理解及表达能力好	鼓励幼儿的行为，可以分配好角色，在艺术区进行各种表演
		B. 观察后再表演或描述	模仿、理解及表达能力较好	鼓励幼儿的行为，可以分配好角色，在艺术区进行各种表演
		C. 和成人一起表演或描述	模仿、理解及表达能力一般	鼓励幼儿的行为，可以分配好角色，在艺术区进行各种表演
		D. 不表演	模仿、理解及表达能力有限	鼓励幼儿的行为，在艺术区进行各种表演，可以分配好角色。允许不愿意表演的幼儿不表演，只做欣赏

延伸解读　这个阶段的幼儿非常喜欢模仿书上或动画片里看到的动作，或好玩的事情，幼儿还不能判断哪些是符合规则的，哪些是不符合规则的，只是从模仿中体验愉悦的感觉，因此需要有选择地给幼儿看图书或动画片。

表 5-4-32　能从功能上描述物体

分组内容	操作方法	参考标准	标准解读	解决方案
能从功能上描述物体	准备几个玩具（小汽车、橡皮泥等）或日常用品（毛巾、肥皂、书包等），让幼儿从功能上描述物体	A. 准确地描述玩具或日常用品的功能	语言的表达能力及理解能力好	鼓励幼儿的行为，准备几个玩具或日常用品，和幼儿分享这些玩具的功能。例如汽车可以在路上跑，可以运货物，可以运人等
		B. 描述正确一半	语言的表达能力及理解能力较好	继续以上活动
		C. 需要提示才说清楚	语言的表达能力及理解能力一般	继续以上活动
		D. 不会说或只说玩具的名称	语言的表达能力及理解能力有限	继续以上活动，同时和幼儿一起观察日常用品或玩具的功能

延伸解读　说出物体的功能，能锻炼幼儿的观察能力及推理能力，同时也是幼儿良好的语言表达能力的体现。幼儿从了解物体的功能到会使用需要比较长的时间，活动中可以和幼儿讨论这些物体还可以做什么，并引导幼儿尝试。

表 5–4–33　使用名词的所有格形式

分组内容	操作方法	参考标准	标准解读	解决方案
使用名词的所有格形式	日常交流时，使用名词的所有格形式，“我的”“你的”“我们的”“他们的”“你们的”等，观察幼儿的行为	A. 经常熟练使用	语言理解及表达能力好	鼓励幼儿的行为，在和幼儿沟通时，要经常使用“你的”“我的”“我们的”“他们的”，给幼儿做正确示范
		B. 用但有时不准确	语言理解及表达能力较好	继续以上活动
		C. 很少使用	语言理解及表达能力一般	继续以上活动
		D. 只会用“我的”	语言理解及表达能力有限	继续以上活动

延伸解读　所有格指在表示有生命的东西的名词后加“的”表示所有关系的形式，如“我的”“你的”“我们的”“他们的”“你们的”等。幼儿的语言发展会受很多因素的影响，如遗传、环境、看护人等。幼儿的语言发展也是以模仿为主，在和幼儿沟通时有目的的使用，听得多了慢慢就会使用了，有时候成人使用语言的方式直接决定了幼儿语言发展的水平。

表 5–4–34　在谈话时，准确表达自己的想法或事情的经过

分组内容	操作方法	参考标准	标准解读	解决方案
谈话	在谈话时，观察幼儿的行为，是否能准确表达自己的想法或事情的经过	A. 沟通时会准确的描述	语言理解及表达能力好	鼓励幼儿的行为，最好每天有分享活动，让幼儿分享自己感到高兴的事情
		B. 描述部分准确	语言理解及表达能力较好	继续以上活动
		C. 提醒后描述准确	语言理解及表达能力一般	继续以上活动
		D. 语无伦次，答非所问	语言理解及表达能力有限	继续以上活动

延伸解读　能够和他人分享自己看到的或自己的想法，并能很好地表达出来，说明幼儿有很好的语言表达和理解能力，以及推理能力。日常生活中，要经常分享幼儿的经历或看到的事物，并且让幼儿说出自己的想法。

（4）社交能力

表 5-4-35　积极表达自己的情感，说出来会很高兴

分组内容	操作方法	参考标准	标准解读	解决方案
积极用语言表达自己的情感	日常生活中，观察幼儿的行为，能否积极用语言表达自己的情感，说出来很高兴	A. 积极表达自己的情感，很高兴地和大家分享	情感的表达与接受能力好	鼓励幼儿的行为，每天和幼儿分享一天中最高兴的事情，让幼儿说出自己的感受
		B. 喜欢和他人说，但有时说不清楚	情感的表达与接受能力较好	鼓励幼儿的行为，每天和幼儿分享一天中最高兴的事情，让幼儿说出自己的感受
		C. 引导下会说出来，但不主动分享	情感的表达与接受能力一般	鼓励幼儿的行为，每天和幼儿分享一天中最高兴的事情，让幼儿说出自己的感受
		D. 一般不会说	情感的表达与接受能力有限	鼓励幼儿的行为，每天和幼儿分享一天中最高兴的事情，让幼儿说出自己的感受

延伸解读　幼儿积极地表达自己的情感，证明幼儿有很好的情感接受及表达能力，社交能力也很好。不同性格的幼儿，表达方式不同，重要的是给幼儿机会，所以日常生活的沟通，有利于了解幼儿的内心需求。

表 5-4-36　能公开和亲切地表达对其他幼儿的情感

分组内容	操作方法	参考标准	标准解读	解决方案
能公开和亲切地表达对其他幼儿的情感	观察幼儿的行为，是否在日常生活中，能公开和亲切地表达对其他幼儿的情感	A. 能主动和亲切地表达对其他幼儿的情感	情感的表达及接受能力好	在每天的分享环节，鼓励幼儿表达自己的愉快的情绪，说出今天和谁一起活动，在活动过程中的体验
		B. 观察一会儿再表达	情感的表达及接受能力较好	在每天的分享环节，鼓励幼儿表达自己的愉快的情绪，说出今天和谁一起活动，在活动过程中的体验
		C. 引导下表达	情感的表达及接受能力一般	在每天的分享环节，鼓励幼儿表达自己的愉快的情绪，说出今天和谁一起活动，在活动过程中的体验
		D. 不好意思表达	情感的表达及接受能力有限	引导幼儿说出自己的感受，鼓励幼儿表达自己的愉快的情绪，说出今天和谁一起活动，在活动过程中的体验

延伸解读　幼儿的社会交往行为和性格有直接的关系，外向型的幼儿积极主动，内向型的幼儿相对安静。对同伴表现出友谊，能主动地和亲切地表达对其他幼儿的情感，是幼儿情感表达能力及接受能力的表现。在日常沟通中，不要对幼儿的表达方式做评价。如果不恰当，需要给幼儿做正确的示范，鼓励幼儿表达自己的需要。

表 5-4-37　遇到困难时能向他人寻求帮助

分组内容	操作方法	参考标准	标准解读	解决方案
当遇到困难时	在活动中当幼儿遇到困难时，观察幼儿能否向他人寻求帮助	A. 积极主动求助老师或小朋友	主动交往能力好	鼓励幼儿的行为，当幼儿求助时，积极回应
		B. 观察他人，思考再去求助	主动交往能力较好	鼓励幼儿的行为，当幼儿求助时，积极回应
		C. 当成人询问时，表示需要	主动交往能力一般	观察幼儿的反应，当幼儿需要时再帮助，只是协助，而不是代替，更不能说教，只需要正确的示范
		D. 不求助或遇到问题时发脾气	主动交往能力有限	咨询幼儿的需要，协助而不是代替，更不能说教，只需要正确的示范

延伸解读　幼儿主动寻求他人帮助，可以锻炼幼儿主动交往能力，也是幼儿整合资源的开始。成人要积极回应幼儿的需求，首先问幼儿：需要帮助吗？然后根据幼儿的需要给予适当的帮助，不能代替，更不能说教，以免增加幼儿的心理压力。成人只需要给幼儿正确的示范，不要评价幼儿的行为。

表 5-4-38　主动说谢谢和请等

分组内容	操作方法	参考标准	标准解读	解决方案
主动说谢谢和请等	在日常交往的过程中，观察幼儿是否主动说谢谢、请、再见等礼貌用语	A. 主动说出，并且使用恰当	尊重别人及理解能力好	鼓励幼儿的行为，老师要注意使用礼貌用语
		B. 主动说出，偶尔使用得不恰当	尊重别人及理解能力较好	鼓励幼儿的行为，老师要注意使用礼貌用语
		C. 需要提醒才说	尊重别人及理解能力一般	鼓励幼儿的行为，老师要注意使用礼貌用语
		D. 不说	尊重别人及理解能力有限	鼓励幼儿的行为，老师要注意使用礼貌用语，如果幼儿不说就不要强迫，只需要给幼儿做正确的示范

延伸解读　礼貌用语是幼儿尊重他人的表现，同时也是语言理解能力和使用能力的体现。成人在和幼儿交往的过程中，要注意使用礼貌用语，因为幼儿是通过日常模仿进行学习的。

（5）自理能力

表 5-4-39　能自己穿好衣服，会系鞋带

分组内容	操作方法	参考标准	标准解读	解决方案
能自己穿好衣服，会系鞋带	日常生活中，在穿衣服环节，观察幼儿是否穿着整齐并系好了鞋带	A. 熟练地穿好衣服，会系鞋带	自我照顾能力及手的灵活性好	鼓励幼儿的行为，给幼儿更多的生活体验的机会
		B. 能自己穿好衣服，不会系鞋带	自我照顾能力及手的灵活性较好	鼓励幼儿的行为，给幼儿更多的生活体验的机会
		C. 协助下穿衣，不会系鞋带	自我照顾能力及手的灵活性一般	鼓励幼儿的行为，给幼儿更多的生活体验的机会
		D. 不会穿，也不会系鞋带	自我照顾能力及手的灵活性有限	让幼儿自己穿衣服，给予适当协助，给幼儿更多的生活体验的机会

延伸解读　穿好衣服，系好鞋带是幼儿自我照顾能力的表现，也是幼儿手灵活性的体现，穿衣的过程需要幼儿认识衣服的前后、如何伸胳膊和腿等，所以幼儿穿衣的过程也是认知及运动协调锻炼的过程。

表 5-4-40　主动帮老师布置餐桌或拿教学材料

分组内容	操作方法	参考标准	标准解读	解决方案
主动帮老师布置餐桌或拿教学材料	在进餐环节或教学环节，能否主动帮助布置餐桌或帮助老师拿教学材料	A. 主动帮助布置餐桌或帮助老师拿教学材料	独立性与合作性好	鼓励幼儿的行为，通过安排值日生的形式，让每个幼儿体验这个过程，需要有明确的提示或示范
		B. 听从指令后会帮助布置餐桌或帮助老师拿教学材料	独立性与合作性较好	继续以上活动
		C. 需要带领下完成	独立性与合作性一般	继续以上活动
		D. 除非特别要求，一般不会主动	独立性与合作性有限	继续以上活动

延伸解读　主动协助做事情，是幼儿合作意识及独立性的表现，也是自我管理能力的体现，同时也锻炼幼儿的理解及推理能力，建立生活秩序感。轮流值日可以让每个幼儿都有机会参与

班级劳动，同时培养幼儿的责任心。

表 5-4-41　保护材料或玩具

分组内容	操作方法	参考标准	标准解读	解决方案
保护材料或玩具	在日常活动环境中，观察幼儿收拾区角的行为	A. 轻拿轻放，节约使用材料，经常说：剩余的还可以做什么	独立性及理解推理能力好	鼓励幼儿的行为，老师需要经常给幼儿示范
		B. 收拾玩具，不知道轻拿轻放，使用材料相对节约	独立性及理解推理能力较好	鼓励幼儿的行为，老师需要经常给幼儿示范
		C. 需要引导后才能做到	独立性及理解推理能力一般	鼓励幼儿的行为，老师需要经常给幼儿示范
		D. 经常扔玩具，做美工时不节约材料，如油画棒经常弄断或扔掉	独立性及理解推理能力好有限	老师需要经常给幼儿示范，如何整理玩具，节约使用材料

延伸解读　保护玩具及节约材料，是幼儿独立性及理解推理能力发展的标志，同时幼儿有很好地利用资源和环境保护的意识。这需要成人为幼儿做好示范，并在日常活动中经常和幼儿分享这些东西还可以做什么，启发幼儿思考和创造力。

表 5-4-42　不用提醒能洗漱干净

分组内容	操作方法	参考标准	标准解读	解决方案
不用提醒能洗漱干净	观察幼儿的日常行为，外出回来或饭前在不用提醒的情况下能否洗手洗脸、用肥皂、洗干净肥皂沫、擦干、把毛巾放回原来的地方并摆放整齐等	A. 不用提醒完成 6 项	个人健康及自我管理能力好	鼓励幼儿的行为
		B. 不用提醒完成 4～5 项	个人健康及自我管理能力较好	鼓励幼儿的行为，示范正确的洗漱流程，方便幼儿形成好的习惯
		C. 不用提醒完成 2～3 项	个人健康及自我管理能力一般	鼓励幼儿的行为，示范正确的洗漱流程，方便幼儿形成好的习惯
		D. 需要提醒	个人健康及自我管理能力有限	提醒后引导幼儿自己完成，并按照洗漱流程，方便幼儿形成习惯

延伸解读　主动洗漱干净是幼儿个人健康意识的建立，也是幼儿自我管理的开始，这也是幼儿健康教育的一部分。日常生活中不要代替或包办，要让幼儿自己来完成。可以设计一个相对固定的洗漱的清单流程，并要每天重复，方便幼儿形成习惯。

3. 5~6 岁幼儿观察记录清单与解读

（1）运动能力

表 5-4-43　单脚向前连续跳

分组内容	操作方法	参考标准	标准解读	解决方案
单脚向前连续跳	在户外宽阔的场地活动时，鼓励幼儿单脚连续跳，观察幼儿的行为	A. 能连续跳 10m 以上	身体的控制力及协调性好	继续这个活动，为了增加活动的兴趣，可以进行接力活动
		B. 能连续跳 8~9m	身体的控制力及协调性较好	继续以上活动
		C. 能连续跳 6~7m	身体的控制力及协调性一般	继续以上活动
		D. 能连续跳不到 4m	身体的控制力及协调性较有限	继续以上活动

延伸解读　单脚向前连续跳可以锻炼幼儿的身体协调性及控制力，同时锻炼幼儿的专注力及耐力，以及身体的迸发力。幼儿跳的距离的远近和平时的活动方式有关，经过锻炼的幼儿都能够很快达到标准。

表 5-4-44　边走边踢球

分组内容	操作方法	参考标准	标准解读	解决方案
边走边踢球	在户外活动时，给幼儿准备球，让幼儿边走边踢球，观察幼儿的行为	A. 对球的控制比较好，每次都可以踢到球	脚眼协调及控制力好	在户外活动时，可以独立进行活动，也可以进行分组活动
		B. 大部分能控制，偶尔会失去	脚眼协调及控制力较好	继续以上活动
		C. 大部分不能控制，偶尔踢球	脚眼协调及控制力一般	继续以上活动
		D. 只踢一次，不能控制好球	脚眼协调及控制力有限	继续以上活动

延伸解读　对幼儿的能力发展判断，我们往往只关注了幼儿的手眼脑协调能力，忽略了脚眼脑协调能力。边走边踢球活动，既是对幼儿脚眼脑协调能力的锻炼，又是对幼儿身体平衡协调及空间能力的锻炼。

表 5-4-45　踮脚尖站立

分组内容	操作方法	参考标准	标准解读	解决方案
踮脚尖站立	室内外的大运动练习，让幼儿踮着脚尖站立，观察站立的时间	A. 15s 以上	身体控制力及支配能力好	多参加适合室内外的活动。可以让幼儿比赛，看谁坚持的时间长
		B. 10～14s	身体控制力及支配能力较好	继续以上活动
		C. 5～9s	身体控制力及支配能力一般	继续以上活动
		D. 只能踮脚尖走但站不住	身体控制力及支配能力有限	继续以上活动

延伸解读　踮脚尖站立是幼儿对身体控制力及支配能力的锻炼，也是对身体专注力的锻炼。在踮脚尖站立时，注意力一定要集中，否则就很难保持平衡。这个活动也有利于幼儿学习专注力的锻炼。集体活动时可以开展比赛，幼儿之间的比赛结果并不重要，主要增加活动乐趣。

表 5-4-46　用绳子打结

分组内容	操作方法	参考标准	标准解读	解决方案
用绳子打结	给幼儿一根 30cm 长的绳子，观察幼儿是否会打结（允许幼儿按照自己的方式打结）	A. 很快打好完整的结，还能解开	手眼协调及控制力及空间感觉好	鼓励幼儿的行为，活动结束后，及时把绳子收回，防止发生意外
		B. 结比较松，能自己解开	手眼协调及控制力及空间感觉较好	继续这个活动，及时把绳子收回，防止发生意外
		C. 在帮助下完成，不能解开	手眼协调及控制力及空间感觉一般	鼓励幼儿的行为，如果幼儿喜欢可以继续，及时把绳子收回，防止发生意外
		D. 随意玩或不会	手眼协调及控制力及空间感觉有限	和幼儿一起玩，活动结束后，及时把绳子收回，防止发生意外

延伸解读　绳子也是幼儿喜欢的玩具之一，因为绳子是可以根据幼儿自己的要求变化的。打结的活动主要锻炼幼儿手眼协调及手指灵活性及控制力，让幼儿了解物体本身的属性及关系，同时建构空间知觉及顺序概念。允许幼儿按照自己的方式完成。能打成什么结并不是最重要的，最重要的是让幼儿主动动手尝试，活动结束后把绳子放在幼儿够不到的地方。

（2）认知能力

表 5-4-47　扩展事件的发展顺序

分组内容	操作方法	参考标准	标准解读	解决方案
扩展事件的发展顺序	在给幼儿讲一件事情或一个故事的时候，引导幼儿发言，老师可以问：还可以怎么样？后来呢？等，观察幼儿是怎么说的	A. 有逻辑性地扩展事件的发展顺序	逻辑思维及判断力好	在讲故事的环节，让幼儿说出故事的多种结尾
		B. 有逻辑性地扩展事件，但顺序有点乱	逻辑思维及判断力较好	在讲故事的环节，让幼儿说出故事的多种结尾
		C. 在引导下有逻辑性地扩展事件	逻辑思维及判断力一般	鼓励幼儿的行为，在讲故事的环节，让幼儿说出故事的多种结尾
		D. 只能回答一个问题	逻辑思维及判断力有限	鼓励幼儿的行为，在讲故事的环节，让幼儿说出故事的多种结尾

延伸解读　有逻辑性地说出事件的发展顺序，是幼儿逻辑思维能力及判断能力的一种表现，也是幼儿语言表达能力的体现，同时也可以激发幼儿的创造力。和幼儿讨论一件事情时，引导幼儿说出事情的多种结尾及可能发生的事情，以及发生这种事情如何处理，等等。

表 5-4-48　描述天气

分组内容	操作方法	参考标准	标准解读	解决方案
描述天气	在早间分享及演讲的环节，让幼儿说说今天的天气，及自己的感受，如：舒服、冷、热等，应该穿什么衣服，适合做什么活动等，观察幼儿的行为	A. 准确说出天气情况，并说出自己的感受等，说出 4 个以上内容	观察分析及联想能力好	在分享及演讲的环节，让幼儿说出天气情况及自己的感受
		B. 准确说出天气情况，并说出 3 个内容	观察分析及联想能力较好	在分享及演讲的环节，让幼儿说出天气情况及自己的感受
		C. 准确说出天气情况，并说出 2 个内容	观察分析及联想能力一般	在分享及演讲的环节，让幼儿说出天气情况，自己的感受，如果表达内容有限，老师可给出答案，让幼儿做选择
		D. 只能说出天气情况	观察分析及联想能力有限	继续以上活动

延伸解读　观察天气情况可以培养幼儿的自然智能及观察分析能力，同时也是对幼儿思维逻辑及联想能力的锻炼。说出对不同天气的感受是让幼儿体验内在的感觉，穿什么衣服、做什么活动是让幼儿在不同情况下，做出正确的判断，能培养幼儿解决问题的能力。在分享或演讲的环节，可以让幼儿展开讨论，激发幼儿的想象力及语言表达能力。

表 5-4-49　理解顺序

分组内容	操作方法	参考标准	标准解读	解决方案
理解顺序	准备10个大小不一的物品，让幼儿按照从大到小或从小到大的顺序布置物体，说出哪个是比较大的或比较小的，观察幼儿的行为	A. 按照从大到小或从小到大的顺序布置物体，说出哪个是比较大的或比较小的	观察记忆力及推理能力好	和幼儿讨论顺序摆放的特点，比较大的和小的区别
		B. 按照从大到小或从小到大的顺序布置物体，不能准确说出比较大的或比较小的	观察记忆力及推理能力较好	和幼儿讨论顺序摆放的特点，比较大的和小的区别
		C. 按照从大到小或从小到大的顺序布置物体，不会说比较大的或比较小的	观察记忆力及推理能力一般	和幼儿讨论顺序摆放的特点，引导幼儿观察比较大的和小的区别
		D. 不能完全按照从大到小或从小到大的顺序布置10个物体，只能完成5～8个	观察记忆力及推理能力有限	引导幼儿按照从大到小或从小到大的顺序摆放，开始的时候不要太多，根据幼儿的情况逐渐增加，讨论顺序摆放的特点

延伸解读　按照从大到小或从小到大的顺序摆放物体，可以培养幼儿的逻辑思维能力、观察记忆力及推理能力，也是对幼儿概念形成的锻炼及视觉秩序的建立。开始的时候可以数量少一点，逐渐增加数量和种类并混合在一起，让幼儿反复尝试。

表 5-4-50　建议解决问题的其他方式

分组内容	操作方法	参考标准	标准解读	解决方案
介绍建议	日常活动中或在讨论的环节，当老师或同伴提出一个问题的解决方案时，幼儿是否能向同伴介绍建议别的解决问题的方式，如突然下雨了却没有带雨伞、手划伤了、渴了、着火了等	A. 听到问题时，能很快建议新的有效的解决方案，并说出这样做的理由（符合常识）	解决问题与推理能力好	鼓励幼儿的行为，在分享的环节，老师提出问题，让幼儿进行讨论，最后选出最有效的方案
		B. 听到问题时，能很快建议新的有效的解决方案，但不能解释理由	解决问题与推理能力较好	继续以上活动
		C. 听到问题时，幼儿有方案，但是方案不可执行或执行的可能性不大，也不能说出理由	解决问题与推理能力一般	继续以上活动
		D. 没有建议	解决问题与推理能力有限	老师建议方案，让幼儿做出选择，关注幼儿的个性，不要强迫

延伸解读　幼儿能提出其他解决问题的建议，说明幼儿有很好的解决问题及推理能力，也有很好的观察分析能力。日常生活中可设定一些常见的问题，引导幼儿想想能有多少种解决的方法，最有效的方式有哪些，一方面激发幼儿的想象力，另一方面培养幼儿在应急情况下的处理方式。

（3）语言能力

表 5-4-51　用 4 张或以上相关联的图片讲故事

分组内容	操作方法	参考标准	标准解读	解决方案
用 4 张或以上相关联的图片讲故事	让幼儿根据图片讲故事，观察幼儿的行为	A. 有逻辑性地讲故事，加入自己的情感或感受	语言的理解及表达能力好	鼓励幼儿的行为。准备图片让幼儿自己编故事，然后和幼儿讨论
		B. 有逻辑性地讲故事，不会加入自己的情感或感受	语言的理解及表达能力较好	鼓励幼儿的行为。准备图片让幼儿自己编故事，然后和幼儿讨论
		C. 能讲但缺乏逻辑性	语言的理解及表达能力一般	不评价幼儿的行为，允许幼儿按照自己的方式讲
		D. 随意说，没有逻辑	语言的理解及表达能力有限	要给每个幼儿机会。不评价幼儿的行为，允许幼儿按照自己的方式讲

延伸解读　使用图片讲故事可以锻炼幼儿的逻辑推理、语言理解表达能力，以及对事物的观察分析能力。日常活动中，经常和幼儿讨论看到的事物，还可以和幼儿讨论故事的过程和结尾等。用图片讲故事，也是培养幼儿阅读兴趣的方式。

表 5-4-52　能区分出各种情感

分组内容	操作方法	参考标准	标准解读	解决方案
能区分出各种情感	在日常活动中，能理解他人的各种情感，如生气、高兴、喜欢、不喜欢、疲劳等	A. 准确地区分和表达感受	情感接受与表达能力好	参与娃娃家及角色扮演的活动，让幼儿体验不同的情感的不同感受，要和幼儿讨论，让幼儿说出自己的感受
		B. 能区分，表达不准确	情感接受与表达能力较好	继续以上活动，关注幼儿的个性特点
		C. 不能准确区分，表达不准确	情感接受与表达能力一般	继续以上活动，关注幼儿的个性特点
		D. 不在意或反复讲述后理解	情感接受与表达能力有限	继续以上活动，关注幼儿的个性特点

延伸解读　情感的表达和接受虽然是幼儿通过语言表达出来，但却很难表达准确。日常生活中，可通过娃娃家及角色扮演的活动，让幼儿体验不同的情感的不同感受，和幼儿讨论，引导幼儿说出自己的感受，以丰富幼儿内在体验。娃娃家及角色扮演活动可以满足幼儿的体验，但也要关注到幼儿的个性不同。

表 5-4-53　有效地传达指令

分组内容	操作方法	参考标准	标准解读	解决方案
有效地传达指令	在活动中，观察幼儿能否有效地传达指令，如：请你把球发给小朋友，让他们踢球，最后把球放回箱子里等	A. 能完整的传达有 3 个动作以上的命令	听觉记忆力和分辨能力好	鼓励幼儿的行为，可以和幼儿一起玩传达指令的活动，让小朋友站成一排，说一句话，按照顺序传下去。或让幼儿通过动作表示
		B. 只能传达有 2 个动作的命令	听觉记忆力和分辨能力较好	继续以上活动
		C. 只能传达有 1 个个动作的命令	听觉记忆力和分辨能力一般	继续以上活动
		D. 不会传达，自己会做	听觉记忆力和分辨能力有限	继续以上活动

延伸解读　有效地传达指令，可以锻炼幼儿的语言理解和表达能力、听觉的分辨能力及记忆力，以及合作能力。在活动时，可以让幼儿自己讨论活动形式，激发幼儿的兴趣。但要给幼儿简单的指令，方便幼儿理解和执行。

表 5-4-54　重复有节奏的句子或段落的故事

分组内容	操作方法	参考标准	标准解读	解决方案
重复有节奏的句子或段落的故事	在读书或讲故事的环节，也可以是听录音，让幼儿重复有节奏的句子，观察幼儿的行为	A. 完整准确的重复	听觉记忆力及语言表达能力好	鼓励幼儿的行为，在给幼儿听录音或讲故事时，让幼儿重复其中好玩的一句话
		B. 重复大部分的内容	听觉记忆力及语言表达能力较好	继续以上活动
		C. 提示后重复大部分的内容	听觉记忆力及语言表达能力一般	继续以上活动
		D. 提示后重复一半的内容	听觉记忆力及语言表达能力有限	让幼儿说简单的，或让幼儿观察他人的表演

延伸解读　完整准确地重复语言和故事，是幼儿听觉记忆力及分辨能力的表现，也是语言表达及合作能力的良好表现。听故事录音、艺术表演是幼儿非常喜欢的活动，可以锻炼幼儿的团队合作能力。

（4）社交能力

表 5-4-55　在集体环境中，对他人有支持和帮助性的行为

分组内容	操作方法	参考标准	标准解读	解决方案
在集体环境中	观察幼儿的行为，是否对他人有支持和帮助性的行为，如当他人在搬运东西或摔倒、收拾玩具或房间时的行为等	A. 看到后主动帮助，并且做事有条理	理解及合作能力好	在集体活动中，设计幼儿可以互相帮助的活动，比如分组用积木搭农场、搬运物品等
		B. 看到后主动帮助，行为偶尔不当，如东西摆放不当或不整齐	理解及合作能力较好	继续以上活动
		C. 提示后会帮助	理解及合作能力一般	鼓励幼儿的行为，设计幼儿可以互相帮助的活动，但需要清楚的指令
		D. 不在意	理解及合作能力有限	设计幼儿可以互相帮助的活动，给幼儿清楚的指令，并引导幼儿和他人合作

延伸解读　在集体环境中，对他人有支持和帮助性的行为，是培养幼儿合作能力和锻炼幼儿理解能力，让幼儿体验团队力量的良好方法。集体活动的支持和帮助会让幼儿体验到自己是不可缺少的一员，体验自己的能力及合作带来的快乐。但需要和幼儿一起讨论活动的规则，让幼儿明确授权及要求，培养幼儿的责任感。

表 5-4-56　通过特征而不是名字来区别人

分组内容	操作方法	参考标准	标准解读	解决方案
通过特征而不是名字来区别人	在分享或演讲的环节，让幼儿通过观察一个人的特征，描述自己熟悉的人，如个子高或矮、胖或瘦、喜欢大声说话、吃饭快或慢等	A. 准确说出 5 个及以上	观察记忆力及交往能力好	在分享或演讲的环节，让幼儿说出自己熟悉或喜欢的人的特点，可以和幼儿讨论
		B. 准确说出 4 个	观察记忆力及交往能力较好	继续以上活动
		C. 准确说出 3 个	观察记忆力及交往能力一般	继续以上活动
		D. 准确说出 2 个	观察记忆力及交往能力有限	继续以上活动

延伸解读　通过特征而不是名字来区别人是幼儿具有观察记忆力及交往能力的表现，也是逻辑思维能力的表现。因为在描述个性特征的时候，幼儿要整合自己的语言结构，并且和这个人要一致。日常生活中，可以经常和幼儿讨论所看的，既锻炼幼儿的观察理解能力，又锻炼幼儿的社会交往能力。

表 5-4-57　遵守游戏或活动规则

分组内容	操作方法	参考标准	标准解读	解决方案
遵守游戏或活动规则	在日常活动中，观察幼儿的行为，是否能够主动遵守游戏或活动规则	A. 主动遵守游戏或活动规则，并协助老师	理解及合作能力好	鼓励幼儿的行为，教师在教学中，使用微型课程，引导幼儿主动遵守规则。规则需要和幼儿一起讨论制定
		B. 主动遵守游戏或活动规则	理解及合作能力较好	继续以上活动
		C. 经提醒后主动遵守游戏或活动规则	理解及合作能力一般	继续以上活动
		D. 不遵守或经反复提醒后才遵守	理解及合作能力有限	规则需要和幼儿一起讨论制定。把特殊的幼儿放在身边，使用微型课程，和幼儿一起执行规则

延伸解读　遵守游戏或活动规则是幼儿逻辑推理及理解能力好的表现，也是幼儿具有合作及社会交往能力的表现。和幼儿讨论活动的规则，引导幼儿自觉遵守，这也是对幼儿最基本的尊重。教学过程中，教师使用微型课程及有效提示，利于幼儿遵守规则。

表 5-4-58　主动组织小组活动

分组内容	操作方法	参考标准	标准解读	解决方案
主动组织小组活动	在活动过程中，观察幼儿是否主动组织小组活动	A. 主动组织小组活动，并且自己可以遵守规则	社会交往及理解合作能力好	在班级活动中，可以分配每个幼儿做值日生，给幼儿授权，让幼儿主动承担责任
		B. 在提示的情况下，自己组织小组活动	社会交往及理解合作能力较好	继续以上活动
		C. 需要协助组织小组活动	社会交往及理解合作能力一般	继续以上活动
		D. 不会或不敢	社会交往及理解合作能力有限	继续以上活动

延伸解读　组织小组活动，锻炼幼儿的主动管理能力，也是对幼儿社会性、理解能力和合作能力的一种锻炼。通过值日生的活动，给幼儿部分授权，让幼儿在活动中体验成就感。但也要关注幼儿的个性特点。

（5）自理能力

表 5-4-59　了解身体所有部位，同时展示自己身体的功能

分组内容	操作方法	参考标准	标准解读	解决方案
知道身体的所有部位	知道身体的所有部位，同时展示自己身体的功能，观察幼儿的行为	A. 熟练地展示身体能力，并能完全说出自己的身体部位的特点，如脚比较大、牙齿比较白等	自我认知及语言表达能力好	在户外活动或音乐活动的环节，让幼儿展示自己身体的功能，也可以通过分享或演讲的环节，让幼儿说出自己的特点
		B. 熟练地展示身体能力，并部分说出自己的身体部位的特点	自我认知及语言表达能力较好	继续以上活动
		C. 不能熟练展示身体能力，很少说出自己的身体部位的特点	自我认知及语言表达能力一般	继续以上活动
		D. 不会展示身体能力，提示后说出自己的身体部位的特点	自我认知及语言表达能力有限	继续以上活动

延伸解读　熟练地展示身体能力，并能完全说出自己的身体部位的特点，可以锻炼幼儿很好的自我认知能力。对于幼儿来说最好的乐器是自己本身，所以在音乐活动的环节让幼儿充分活动自己的身体。引导幼儿说出自己身体的特点并引导幼儿学会自我欣赏，让幼儿为自己感到自豪。但要关注幼儿的个性特点，外向型和内向型幼儿表达方式不同。

表 5-4-60　过马路时不用提醒，自己会看红绿灯或左右看看再过

分组内容	操作方法	参考标准	标准解读	解决方案
过马路时	在过马路时观察幼儿的行为	A. 不用提醒，自己会看红绿灯或左右看看再过，能独立过马路	个人安全及规则意识好	在活动中，让幼儿体验生活中常见的场景，如过马路、远离危险地方等
		B. 需要提醒后关注到，然后自己过	个人安全及规则意识较好	继续以上活动
		C. 反复提醒后，需要家长牵手过	个人安全及规则意识一般	继续以上活动
		D. 不会看或不在意	个人安全及规则意识有限	继续以上活动

延伸解读　过马路时看红绿灯或左右看看，是幼儿对规则的理解，也是幼儿安全及规则意识的建立。在日常坐车时让幼儿系上安全带，培养幼儿生活中的安全意识。

表 5-4-61　对自己的物品表示出责任心

分组内容	操作方法	参考标准	标准解读	解决方案
对自己的物品表示出责任心	在家里或活动场所，是否能管理好自己的物品	A. 主动把自己的物品放回原来的位置，并且保持物品的清洁及整齐	独立性及自我管理能力好	鼓励幼儿的行为，给幼儿提供适合放置物品的衣柜或其他地方
		B. 主动把自己的物品放回原来的位置，但不会保持物品的清洁卫生	独立性及自我管理能力较好	继续以上活动
		C. 需要提醒才能放好	独立性及自我管理能力一般	继续以上活动
		D. 经常丢东西	独立性及自我管理能力有限	继续以上活动

延伸解读　对自己的物品有责任心，体现了幼儿对自己物品的归属清晰，同时也是幼儿独立性及自我管理能力的良好表现。日常活动中，给幼儿提供适合的衣柜，让幼儿来完成归类归位。既是分类计数的练习，又是幼儿安排自己生活的过程，学会整理对幼儿成长很重要。

参考文献

1. Debby Cryer Theline Harms Beth Bourlad，审定．0-1 岁婴儿学习活动指导手册［M］．华爱华，鲍立铣，傅敏敏，译．少年儿童出版社，2006.

2. 区慕洁主编．中国儿童智力方程 0-3 岁婴幼儿能力家庭测评与指导［M］．北京：中国妇女出版社，1998.

3. 鲍秀兰等．0-3 岁儿童最佳人生开端［M］．北京：中国妇女出版社，2013.

4. ［美］Carol E. Catron，［美］.Jan Allen．学前儿童课程　一种创造性游戏模式［M］．王丽，译．中国轻工业出版社，2002.

5. 教育部教师工作司组编．幼儿园教师专业标准解读（试行）［M］，北京：北京师范大学出版社，2013.

6. ［美］阿图．葛文德．清单革命［M］．王佳艺，译．杭州：浙江人民出版社，2012.

7. 吴汉荣．儿童学习困难的预防及其矫治［M］．武汉：华中师范大学出版社，2000.